Zu diesem Buch

«‹Eigentlich wollten wir einfach glücklich sein, aber wir konnten nicht miteinander reden.› Dieser Satz eines Paares, das sich trennte, ist für mich der typische Abgesang der heute allseits belasteten Beziehungen.

Gibt es überhaupt noch eine Chance für eine bessere Beziehung? Ich glaube, ja. Miteinander-Reden macht glücklichere Paare. Nur wie? Der entscheidende Weg ist das wesentliche Zwiegespräch. Die in ihm enthaltenen Grundansichten aus der Psychoanalyse der Zweierbeziehung haben auch mein Paarleben tiefgreifend verändert. Ein Paar: ‹In den letzten drei Monaten mit Zwiegesprächen haben wir mehr voneinander erfahren als in zehn Ehejahren vorher.›» *Michael Lukas Moeller*

Der Autor wurde 1937 in Hamburg geboren. Studium der Medizin und Philosophie. Als ausgebildeter Psychoanalytiker habilitierte er sich für das Fach Psychotherapie und Psychosomatische Medizin. Seit 1973 hatte er in Gießen eine Professur für seelische Gesundheit inne. 1983 übernahm er den Lehrstuhl für Medizinische Psychologie an der Universität Frankfurt. Zur Zeit ist er dort Geschäftsführender Direktor des Zentrums der Psychosozialen Grundlagen der Medizin.

Bekannt geworden ist er durch seinen Einsatz für die Selbsthilfegruppen. Seit anderthalb Jahrzehnten widmet er sich besonders der Psychoanalyse der Paarbeziehung. Neben zahlreichen wissenschaftlichen Arbeiten stehen die Buchveröffentlichungen: Anders helfen. Selbsthilfegruppen und Fachleute arbeiten zusammen. Stuttgart 1981 (Klett-Cotta), Selbsthilfegruppen. Anleitungen und Hintergründe (rororo 9987), Die Liebe ist das Kind der Freiheit. Reinbek 1986 (rororo 8719), Die Einheit beginnt zu zweit. Ein deutsch-deutsches Zwiegespräch, zusammen mit Hans-Joachim Maaz, Reinbek 1991 (rororo 9364), Der Krieg, die Lust, der Frieden, die Macht, Reinbek 1992 (rororo aktuell 13175) und zuletzt Worte der Liebe. Erotische Zwiegespräche. Ein Elixier für Paare. Reinbek 1996 (Rowohlt).

Michael Lukas Moeller

Die Wahrheit
beginnt zu zweit

Das Paar im Gespräch

Rowohlt

158.–172. Tausend Februar 1998

Veröffentlicht im Rowohlt Taschenbuch Verlag GmbH,
Reinbek bei Hamburg, Februar 1992
Copyright © 1988 by Rowohlt Verlag GmbH,
Reinbek bei Hamburg
Umschlaggestaltung und Illustration von Cathrin Günther
Autorenfoto S. 2 Digne M. Marcovicz
Satz Sabon (Linotron 202)
Gesamtherstellung Clausen & Bosse, Leck
Printed in Germany
ISBN 3 499 60379 9

Inhalt

Für Célia

Einmaleins

Einer hat immer Unrecht: aber mit zweien
beginnt die Wahrheit. –
Einer kann sich nicht beweisen: aber zweie
kann man bereits nicht widerlegen.
*Friedrich Nietzsche, Die fröhliche
Wissenschaft, Drittes Buch, Nr. 260*

Wovon die Rede ist

O ihr Guten! auch wir sind
Tatenarm und gedankenvoll!
Friedrich Hölderlin;
Ode an die Deutschen

«Mein Essen mit André»

«Wenn du lange mit jemandem zusammengelebt hast, wirst du ständig hören: ‹Was ist denn bloß los?! So toll wie früher ist es auch nicht mehr, aber das ist ja natürlich. Der erste Blütenstaub ist hin. Aber so ist das nun mal.› Ich bin gar nicht dieser Meinung, aber ich denke, du müßtest dir eigentlich ständig diese Frage stellen – und zwar mit schonungsloser Offenheit: ‹Ist meine Ehe überhaupt noch eine Ehe? Ist das sakrale Element noch da?› Genau wie die Frage nach dem sakralen Element in deiner Arbeit: ‹Ist es noch da?› Glaub mir, es ist ein ziemlich schreckliches Erlebnis, plötzlich sagen zu müssen: ‹Mein Gott, ich dachte, ich hätte mein Leben gelebt, aber ich hab überhaupt nicht gelebt. Ich bin Künstler gewesen. Ich habe niemals wirklich gelebt. Ich hab die Rolle des Vaters gespielt ebenso wie die des Ehemannes. Ich hab die Rolle des Gauners, des Regisseurs gespielt. Ich hab mit jemandem im gleichen Zimmer gelebt, hab ihn aber nicht bemerkt. Ich hab ihn auch niemals gehört, war nie wirklich mit ihm zusammen.› Ja, ich weiß, manche Leute, die leben oft völlig aneinander vorbei. Ich meine, das Gesicht des Betreffenden könnte sich in ein Wolfsgesicht verwandeln – und es würde gar nicht auffallen. Es würde gar nicht auffallen. Nein, es würde gar nicht auffallen.»

Wovon die Rede ist

Wer so von sich sprechen kann, wieviel Glück hat er im Leben gehabt – und ist doch nie glücklich geworden. Mich beeindruckte diese Passage aus dem Film «Mein Essen mit André» von Louis Malle, weil sie ein typisches menschliches Dilemma widerspiegelt – nicht nur der Männer, meine ich.

André leidet an seinem ungelebten Leben.[1] Nun muß er sich «eigentlich ständig diese Frage stellen – und zwar mit schonungsloser Offenheit»: Warum lebe ich lange mit jemandem zusammen, lebe mit ihm im gleichen Zimmer – und nehme ihn doch nicht wahr? Warum habe ich ihn niemals gehört? Warum war ich nie wirklich mit ihm zusammen? Warum haben wir beide, auf engstem Raum bei Tag und Nacht, aneinander vorbeigelebt?

Die meisten Menschen leiden stumm an ihrem Leben ohne Liebe. Sie können darüber nicht sprechen. Sie haben resigniert. Darum sagen sie sinngemäß, was André von anderen dauernd zu hören bekommt: «So toll wie früher ist es auch nicht mehr. Aber das ist ja nur natürlich. Der erste Blütenstaub ist hin, aber so ist das nun mal.»

Ich bin seit über zwanzig Jahren in der Praxis und in der wissenschaftlichen Forschung als Paartherapeut tätig. Wie gut kenne ich dieses tonlose Leiden an einer verbrauchten Liebes- und Lebensbeziehung: «So ist das nun mal.»

«Ich bin gar nicht dieser Meinung», sage ich mit André dagegen. Gerade weil ich mit Hunderten von ratlosen Paaren gearbeitet und dabei erlebt habe, daß es so nicht sein muß. Daß wir

1 Vgl. dazu A. Zacher, Der Begriff des «ungelebten Lebens» im Werk Viktor von Weizsäckers. Psychotherapie, Psychosomatik, Medizinsche Psychologie 34 (1984), S. 237–241

etwas tun können gegen die Resignation. Daß unsere häusliche Misere keineswegs der natürliche Lauf der Dinge ist, sondern hausgemacht. Jawohl: hausgemacht – wenn auch unter dem Druck der gesellschaftlich bedingten Verhältnisse. Ein verheiratetes Paar in den USA bringt täglich nur noch vier Minuten für ein gemeinsames Gespräch auf.[1] Es dürfte bei uns nicht viel anders sein.

Wenn ich beispielsweise Paare im psychotherapeutischen Gespräch frage, wann sie denn zum letztenmal zusammenhängend und intensiv miteinander gesprochen hätten – und zwar über das, was sie erlebt haben und was sie wirklich bewegt –, beginnen die meisten zu stutzen, zu überlegen und schließlich erstaunt zu antworten: «Ich kann mich gar nicht mehr erinnern – vielleicht im Urlaub letztes Jahr?»

Dann fragt sich, warum sie überhaupt noch eine Beziehung haben. Manche haben sie, *weil* sie sich reibungslos vermeiden. Sie machen in der Paarpraxis dementsprechend den Eindruck, als seien sie nur aus Versehen da. Leider nur wenige kommen, um rechtzeitig zu verhüten, was unvermeidlich bevorzustehen scheint: das langsame Abstumpfen der Beziehung, das Versanden im Alltag, das Dahinsinken der Lebendigkeit und nicht zuletzt der Liebe. Alle sagen, daß Blütenstaub eben vergehe. Doch macht das Unisono diese Behauptung nicht wahrer. Dennoch ist wohl nicht zu bestreiten, daß ein Verblassen der Beziehung die traurige Regel ist. Mit diesem Buch will ich aufzeigen, daß eine solche Entwicklung kein Zwang des Schicksals ist. Sie muß und sollte nicht einfach hingenommen werden.

Denn für das Dahinschwinden der Beziehung gibt es klare Ursachen. Wenn wir in einer Zeit leben, die denkbar schlechte Bedingungen für die Beziehung und die Liebe bietet, müssen wir etwas tun. Und das können wir, weil die Verhältnisse sich

[1] Priority Management Pittsburgh Inc., Three-Times-Study, Pittsburgh 1988

weitgehend durch uns selbst auswirken. Viel ist schon gewonnen, wenn wir eine Beziehungskrise wenigstens so weit klären können, daß sie nicht das übliche, haßerfüllte Ende nimmt. Noch mehr haben wir erreicht, wenn es uns gelingt, ernste Krisen, alltägliche Gereiztheit oder zu glattes Nebeneinander gar nicht erst entstehen zu lassen. Warum ist das so schwer? «Wir wollten einfach glücklich sein. Wir liebten uns, aber wir konnten nicht miteinander reden.» Dieser Satz über eine gescheiterte, geschiedene Ehe hat sich mir eingeprägt. Er trifft ins Schwarze: Die Sprachlosigkeit der Paare, ihre Kommunikationskluft gilt unter Psychotherapeuten als die größte Bedrohung, ja als Ursache des weltweiten Beziehungssterbens. Von denen, die heiraten, wird sich heute in Mitteleuropa bereits jede dritte Frau, jeder dritte Mann scheiden lassen. Das ist aber nur die Spitze des Eisbergs. Das Getrenntsein bei bestehender Ehe – wie André es im Extrem beschreibt – ist viel umfassender, wahrscheinlich schon der Normalfall.

Die meisten Paare, die zu mir kommen, haben – ähnlich wie André – immerhin entdeckt, daß ihre Beziehung brachliegt. Sie wissen nicht mehr, wo sie eigentlich stehen. Sollen sie zusammenbleiben oder nicht? Lohnt sich ihre Beziehung überhaupt noch?

Einer meinte: «Ehrlich gesagt, weiß ich gar nicht, was Beziehung überhaupt ist.» Er scheint mir eher die Regel als die Ausnahme zu sein. Obwohl die Antwort auf diese Frage sehr einfach ist, brauchte ich Jahre, bis es mir schließlich wie Schuppen von den Augen fiel: *Wenn wir uns aufeinander beziehen, halten wir unsere Beziehung lebendig.* Aber genau das tun wir immer seltener, immer oberflächlicher, immer aufgabenbezogener. Dinge, die wir zu erledigen haben, Erziehungsfragen, Urlaubspläne, Berufsprobleme, Geldausgaben – darüber zu sprechen, gilt heute schon als höchst persönlich und ist doch nur eine Form der Alltagsverwaltung, in der wir uns auf anderes, nicht auf uns beziehen. Sofern Paare heute noch miteinander reden, geht es um dieses organisierende, regelnde, sachbezogene, sozusagen technische «Gespräch über etwas» und nicht um das unmittelbare, erlebnisnahe «Sprechen aus sich heraus». Doch nur das Sich-einander-Mitteilen hält eine Beziehung am Leben und befähigt sie zur Entwicklung.

Es kommt also darauf an, daß wir lernen, miteinander wesentlich zu reden. Genau darum geht es in diesem Buch. Es handelt von der Wiederentdeckung des Selbstverständlichen: dem persönlichen, konzentrierten, regelmäßigen Paargespräch.

Die Ehe ist vor allem ein langes Gespräch, sagt Nietzsche. Und er fragt den Leser, den er sich – wie vor hundert Jahren üblich – als Mann vorstellt: «Glaubst du, dich mit dieser Frau bis ins Alter hinein gut zu unterhalten? Alles andere in der Ehe ist transitorisch, aber die meiste Zeit gehört dem Gespräche an.»[1]

Auch wer kein Paartherapeut ist, weiß, wie sehr das zutrifft. Sich lieben heißt vor allem: sich verstehen. Das ist: verstanden werden und sich verständlich machen. Und das bedeutet: gut miteinander reden können. Die Kunst des Liebens gründet auf dem wechselseitigen Gespräch, dem «Kreislauf des Paares». Glückliche Paare unterscheiden sich darin von unglücklichen.

Diese *Zwiegespräche* stelle ich an Beispielen aus dem Leben von Paaren vor. Weil sie sich von anderen wesentlichen Gesprächen erheblich unterscheiden – beispielsweise durch ihre Kontinuität, durch die wachsende Bindung an diesen gemeinsamen seelischen Ort und durch das erklärte Ziel, sich einfühlbar zu machen –, bewirken solche *Zwiegespräche* ein freundlicheres Klima in der Beziehung. Ja, sie können als seelisches Aphrodisiakum gelten. Denn fast alle erotischen Störungen und Flauten entstehen, weil wir – oft ohne es gewahr zu wer-

---

1 Friedrich Nietzsche, Werke in drei Bänden (Hg. Karl Schlechta), Band I, Menschliches, Allzumenschliches, Erster Band, Nr. 406, München (Hanser) 1956, S. 651

den – Probleme mit unserer Beziehung haben; weil wir zuwenig über unsere wirklichen Wünsche und Ängste sprechen; und weil sich Mißverständnisse zwischen uns legen.

Erst nach und nach erkannte ich den Zusammenhang einiger grundlegender Einsichten in die Psychodynamik der Zweierbeziehung. Sie ergaben sich gleichermaßen aus meinen Forschungen zur Psychoanalyse des Paarlebens – vor allem im Rahmen eines Projektes zur Entwicklung der Paargruppentherapie – wie aus meinem Engagement für die Selbsthilfegruppenbewegung. Beide Schwerpunktaktivitäten haben sich hier wechselseitig befruchtet. *Zwiegespräche* kann man als die Tätigkeitsform einer Zweipersonen-Selbsthilfegruppe ansehen. Mit ihnen erreicht die Bewegung der Selbsthilfegruppen den privaten Bereich. Darin liegt meines Erachtens die hohe sozialpolitische Bedeutung dieser *Zwiegespräche*. Viel zu wenig wird beachtet, wie abhängig unsere Gesundheit und Krankheit vom Paarleben sind. Werden *Zwiegespräche* auch von Psychotherapeuten, Ärzten, Psychologen, Sozialarbeitern und ähnlichen Berufsgruppen vermittelt – wie ich es seit Jahren mit gutem Erfolg bei meinen Klienten tue –, dann eröffnet sich hier eine ganz neue Perspektive für die Zukunft des Helfens.

Die bis zum Überdruß bekannten Streitstrategien und Partnerschaftsdebatten, diese endlose Beziehungsdiskutiererei – das sind keine *Zwiegespräche*, das sind Zwiespaltgespräche. In solchen «Beziehungskisten» will ich dem anderen weismachen, wie er wirklich ist. Mein seelischer Schwerpunkt liegt beim Gegenüber. Dagegen versuche ich im *Zwiegespräch*, dem anderen zu zeigen, wie ich mich selbst gerade erlebe. So bleibe ich mit meinem Schwerpunkt bei mir und damit – für viele überraschend – im Zentrum der Beziehung.

Genau so redet André. Weil er wirklich von *sich* spricht, macht er sich einem *anderen* verständlich – einem eher entfernten Freund in diesem Falle. Indem er bei sich bleibt, indem er anschaulich sagt, was er meint, indem er den anderen teilnehmen läßt an seinen Selbstbeobachtungen und Überlegungen, kann ihn der andere miterleben. Darin sehe ich das Ideal einer lebendigen Partnerschaft. André entwirft für sich und für seinen Freund ein Selbstporträt – kein statisches, sondern ein werdendes, nicht als Fertigprodukt, sondern als offene Entwicklung. Damit beginnt er sein Leben zu ändern, ja, er beginnt zu leben, er, der von sich sagt: «Mein Gott, ich dachte, ich hätte mein Leben gelebt, aber ich hab überhaupt nicht gelebt.»

Wäre der angesprochene und zuhörende Partner seine Ehefrau, seine Gefährtin oder eine andere wesentliche Person – Kind, Vater, Mutter oder Freund – und redete sie ebenso wie er offen, ausführlich und gefühlsnah über das, was sie bewegt, dann sähen wir ein Zwiegespräch vor uns, ein Austausch von Selbstporträts, eine Beziehung zweier Menschen, die sich mehr und mehr verstehen, statt sich zu entfremden; die sich miteinander entwickeln, statt ihr Dasein nebeneinander fortzufristen; die ihre Bindung vertiefen, statt abzustumpfen – und sei es auch, um zu erkennen, daß sie besser nicht zusammenlebten. Diese Gegenwärtigkeit in der Beziehung ist für mich das von André so genannte «sakrale Element».

Allerdings: der seelische Umbruch, der Aufbruch dieses Mannes, dem es gelingt, zu sich zu stehen, statt wie üblich beschuldigend auf seine Partnerin auszuweichen, ist ebenso klar, wie seine Worte in einem entscheidenden Moment fehl am Platze sind. Sie wenden sich nicht an den Menschen, den es angeht. Sie bleiben – so wahr und echt sie auch sind – beziehungslos und können daher die wesentliche menschliche Bindung nicht entwickeln helfen. André, Sinnbild für viele von uns, bleibt also nach wie vor Gefangener jener selbstbewirkten Isolation, die er mit den Worten beschrieb: «Ich hab mit jemandem im gleichen Zimmer gelebt, hab ihn aber nicht bemerkt. Ich hab ihn auch niemals gehört, war nie wirklich mit ihm zusammen.» Wer einige Zeit *Zwiegespräche* geführt hat, wird glücklicherweise diesen Leidenszustand hinter sich haben. Denn er hat nicht nur wieder Sprechen gelernt, sondern ebenso Zuhören.

Wer leicht «über etwas» reden kann, vermag häufig nur schwer von sich zu sprechen. Die eigentümliche Hemmung, wenn das Gespräch persönlich wird, hat wohl jeder erfahren – am deutlichsten, wenn die Sprache angesichts eines geliebten Menschen versagt, dem wir uns noch nicht eröffnet haben. Ähnliche Ängste mobilisieren auch *Zwiegespräche*. Sie werden deshalb mit zahllosen Argumenten abgewehrt. Ein häufiger Anfangswiderstand versteift sich beispielsweise auf die Behauptung, *Zwiegespräche* seien zu künstlich, zu gewollt. Von einem geplanten Filmbesuch, Theaterabend oder Freundestreffen würde man das nie sagen. Solche Ängste schwänden zwar durch die *Zwiegespräche*, doch verhindern sie diese eben auch. Mit unbewußter Konsequenz vereiteln sie ihre eigene Auflösung. Indem ich mit diesem Buch auch das Bewußtsein für solche geheimen Vorbehalte zu schärfen versuche, will ich zu den Paar-Zwiegesprächen ermutigen und befähigen.

Daß diese Kunst zu erlernen ist, habe ich in vielen Jahren beruflich und auch persönlich erfahren. Ohne das regelmäßige, konzentrierte *Zwiegespräch* der Liebenden bleibt die Beziehung brach liegen, sie stumpft ab und verstummt. Wir verlernen es, uns aufeinander zu beziehen, wenn es uns an wesentlichem, wechselseitigem Austausch mangelt. So stirbt die Beziehung ab, sie wird im wahrsten Sinne totgeschwiegen – oft ohne daß wir es merken. Aus dem Gespräch kommt Heilung. Sigmund Freud nannte die psychoanalytische Methode «talking cure», «Redekur».[1]

In einer Zeit der Überflutung durch pausenlos tönende Massenmedien steigt die Skepsis gegenüber Worten. Wie wir

---

1 Sigmund Freud 1909, Gesammelte Werke, Band VIII, Frankfurt (Fischer) 1945, Seite 7 und 17

mit ihnen die Wahrheit sagen können, so können wir auch mit ihnen lügen. Der Boom bei Angeboten, die Beziehung körpernah und ohne Worte neu zu erfahren, ist eine deutliche Antwort darauf. Sicher ist Sprache nicht alles, aber ebenso sicher ist ohne Sprache alles nichts. Daß wir miteinander reden können, macht uns zu Menschen.

Das *Zwiegespräch* ist ein einfaches, uns Menschen natürliches Verfahren: Es ist fast ein angeborenes Verhalten. Wer es erlebt hat, will es nicht mehr missen. Ich selbst habe in der Therapie mit Paaren, in der Lehrtätigkeit mit Studierenden, in Seminaren mit Interessierten und in meinem persönlichen Leben als Mann, Freund, Vater die wohltuende Wirksamkeit, die Mobilisierung der Entwicklung zu zweit, ja das «Glückspotential» regelmäßiger *Zwiegespräche* erfahren. Ich verstehe nun besser, was Nietzsche mit dem Satz meinte: «Einer hat immer Unrecht: aber zu zweien beginnt die Wahrheit» – wenn sie auch dort nicht endet.[1]

1 Friedrich Nietzsche, Werke in drei Bänden (Hg. Karl Schlechta), Band II, Die fröhliche Wissenschaft, Drittes Buch, Nr. 260, München (Hanser) 1956, S. 158f

Sprachlose Paare

«Sie leben gerade so viel zusammen,
daß sie sich nicht kennenlernen können.»
Silvia Giacomoni, Lob der Ehe

Wohl brach ich die Ehe –
aber zuerst brach die Ehe – mich.»
Friedrich Nietzsche,
Also sprach Zarathustra [1]

1 Werke in drei Bänden (Hg. Karl Schlechta), Band II, München (Hanser) 1956, S. 457

Von Küssen, die nicht sprechen können

Es war einmal eine Zeit, in der sich jungen Engländerinnen und Amerikanern reichlich Gelegenheit bot, Rendezvous' zu erleben. Doch schien der Teufel seine Hand im Spiel zu haben: Erst lief alles nach Wunsch, man kam sich näher und näher, fast ganz nah... Doch dann war es aus: Die Liebenden waren schockiert, empört und plötzlich abgekühlt. Ernüchtert gingen die britisch-amerikanischen Liebespaare auseinander.

Was war geschehen?

Der Amerikaner hielt bald nach dem Kennenlernen die Zeit für gekommen, einen zärtlichen Kuß zu wechseln, einen leichten, nicht allzu verbindlichen, aber natürlich auch keinen flüchtigen. Erschrocken bemerkte er, wie erschrocken seine englische Partnerin war. Sie zeigte sich im Laufe des Abends zunehmend bedeckt. Die Atmosphäre war gestört. Er schien mit einem harmlosen Kuß seine Erwählte verletzt zu haben. Was hatte er nur falsch gemacht?

Es gab aber auch Engländerinnen, die den ersten Kuß deutlich erwiderten. Am Ende wollten sie aber gleich mit aufs Zimmer. Das nun fanden die jungen Amerikaner zu plötzlich, fast obszön. Sie begannen, an ihrem guten Geschmack zu zweifeln, und beschlossen, mit solchen «Ladies» lieber Schluß zu machen.

Die Lösung des Rätsels ist einfach: Ein Kuß bedeutete damals in den vierziger Jahren einer Engländerin sehr viel. Er ging in ihrem Erleben so weit, daß er ein gemeinsames Bett verhieß. Die Amerikaner sahen den Kuß aber nicht so. Er war für sie eine freundliche Geste, eine leichte Berührung unter Menschen, die sich nähergekommen sind. Mehr nicht. Zwischen Kußgeben und Miteinanderschlafen lagen Welten für die jungen Männer aus Übersee.

So mußte der erotische Anfang schiefgehen. Das unterschiedliche Erleben des Küssens entzweite das ahnungslose Paar: die Engländerin fand empörend, wie schnell der Amerikaner mit diesem Kuß zur Sache ging, während der Amerikaner sie für eine spröde Zicke halten mußte, die schon bei einem so harmlosen Beginn die Flucht ergriff.

Ging es aber, wie er es gewohnt war, dann war es nicht so, wie er dachte: Erwiderte die Engländerin nämlich seine Zärtlichkeit, dann verstand sie seinen und ihren Kuß schon als Sesam-öffne-dich und nicht, wie er, als ersten, zarten Annäherungsversuch. Sollten dann Taten folgen, zog sich, in den Augen der Engländerin, der amerikanische Eroberer plötzlich und kränkend zurück. In seinen Augen war sie hingegen gleich ein Flittchen. Kurz: Es wurde nichts aus ihnen. Weil ihr Erleben nicht aufeinander abgestimmt war, enttäuschten sie sich bitter.

Diese Geschichte ist für mich ein Gleichnis für das Dilemma heutiger Paare. Sie berichtet vom Mißlingen der Beziehung durch Sprachlosigkeit.

Denn: Keine Enttäuschung, keine Abwertung, keine Verletzung, keine plötzliche Trennung hätte sich entwickelt, wenn beide miteinander über sich und ihr Erleben gesprochen hätten. Das Nächstliegende lag ihnen fern: statt am anderen herumzurätseln, sich mit ihm auszutauschen. Dann hätten sie die Küsse zum Sprechen gebracht und eine schöne Zeit gehabt.

Woher wissen wir heute, was die alliierte Liebe damals, vor fast fünfzig Jahren, so schwierig gemacht hat? Wir wissen das aus einer Untersuchung unter Mitwirkung von Margaret Mead, die bei der Stationierung amerikanischer Truppen in England im Zweiten Weltkrieg die einzigartige Chance erkannte, die Dynamik der Begegnung fremder Kulturen besser zu verstehen.[1] Die Kommunikationstheoretiker teilten die erotische Begegnung in eine amerikanische und eine englische Schrittfolge von jeweils dreißig Stufen ein: vom ersten Blick bis zum vollzogenen Beischlaf. Lag ein Kuß bei den Amerikanern in ihrer Skala ganz am Anfang (etwa Stufe 5), so war er bei den Engländerinnen eher am Ende (etwa Stufe 25) zu finden. So einfach ließen sich Schmerz und Durcheinander in die Reihe bringen. Peinlich für die Wissenschaft – und ausgerechnet für die Kommunikationstheorie – ist die Kommunikationslosigkeit, die in dieser Untersuchung enthalten ist. Fasziniert von den sauberen Skalen und Relationen entdeckte keiner den wirklichen Herd des Mißlingens. Denn daß wir anders sind als unsere Partner, ist keine menschliche Tragik. Des Pudels Kern ist, daß wir uns wechselseitig nicht einfühlbar machen. Wir reden einfach zu wenig über das, was uns wesentlich angeht.

Wer aber das Elend nicht sieht, kommt nicht aus ihm heraus. Der hauptsächliche Erkenntnisgewinn für ein gutes Paarleben ist klar: Reden tut not. Nicht in Form des fruchtlosen Kreisdiskutierens innerhalb einer Beziehungskiste, sondern so, daß wir einander miterleben können. Dafür sind die *Zwiegespräche* entworfen.

2
«Wer die Einsamkeit fürchtet, sollte nicht heiraten»

Diesen Satz Anton Tschechows hätte ich nicht verstanden, als ich in die Ehe ging. Wer aber wagt, diese ungemütliche Einsicht späterhin zu bestreiten?

1 Vgl. Paul Watzlawick, Janet H. Beavin, Don D. Jackson, Menschliche Kommunikation, Bern, Stuttgart, Wien (Huber) 1969, S. 20

Sie gilt dreifach:

Trotz der Beziehung bleiben wir allein. So verstehe ich ihre erste Bedeutung.

Die Einsamkeit wird innerhalb der Beziehung stärker empfunden als im Alleinsein. Das empfinde ich als zweite Erkenntnis.

Drittens heißt es für mich auch: Mißbrauche die Heirat nicht, um deine Trennungsängste zu beschwichtigen.

Trifft der Ausspruch Tschechows denn wirklich auf uns zu? Wir können uns selbst befragen. Aber der Blick in die eigene Beziehung ist unzuverlässig. Er gleicht Angaben von Augenzeugen, die in das Geschehen verwickelt waren. Schauen wir anderen zu. Da überblicken wir unsere eigene Lage klarer.

«Nach Einschätzung der Mehrheit verlaufen die meisten Ehen gleichgültig oder unglücklich», ergibt die letzte repräsentative Umfrage in der Bundesrepublik.[1] Frauen sind noch skeptischer als Männer. Sie sind benachteiligter in der Gesellschaft, belasteter und ehrlicher. Ginge es Männern ebenso, wären die Antworten gleichlautend. In den letzten Jahrzehnten verstärken sich Tendenzen: Weniger Ehen werden geschlossen. Mehr werden geschieden. Jede dritte Heirat löst sich auf. Viele Paare heiraten erst gar nicht.

Das ist die Spitze eines Eisbergs. Sie zeigt: Es ist schwerer geworden, eine Beziehung einzugehen, zu führen und zu halten.

Ein Ausweg aus dem Dilemma ist das reibungslose Nebeneinander in der Zweierbeziehung. Wie eine sich langsam ausdehnende Wüste verdrängt es das Miteinander. Ein Widerspruch wächst heran und wird Alltag: *die Beziehungslosigkeit in der Beziehung*. Sie bedeutet doppelte Einsamkeit.

---

1 Renate Köcher: Familie und Gesellschaft. In: Elisabeth Noelle-Neumann, Renate Köcher: Die verletzte Nation, Stuttgart (dva) 1987, S. 84

3
Wir müssen zu unserer Beziehung
Beziehung gewinnen

Wir leben in Beziehungen. Aber die Beziehung leben wir nicht. Auch wenn sie uns das Leben bedeutet. Das jedoch ist kein Schicksal. Wir machen ja unsere Beziehung selbst. In tausend kleinsten Handlungen Tag für Tag. Wir schieben uns wechselseitig die Schuld zu. Das ist die Illusion, die uns entlasten soll. Wir irren uns.

Was ist zu tun? Wir müssen zu unserer Beziehung Beziehung gewinnen. Wie? Indem wir uns bewußt vornehmen, was im verplanten Alltag verlorengeht: wesentlicher miteinander über uns zu sprechen.

«Wir haben im letzten Vierteljahr durch unsere Zwiegespräche mehr über uns erfahren als in zehn Ehejahren vorher», sagte eines der Paare, denen ich diese «wesentlichen Gespräche» empfohlen und erläutert hatte. Den meisten geht es ähnlich. Ich kann das gleiche von mir sagen. In den Beziehungen, die mir viel bedeuten, erlebe ich Zwiegespräche als die beste Chance, sich wechselseitig einfühlbar zu machen.

Es klingt paradox: weil keiner den anderen durchröntgen will, wird die Beziehung durchsichtig. Dann gelingen Bindung oder Trennung leichter. Auch schwere Probleme werden lösbar. Der andere ist wirklich anders – entdecken wir nach einiger Zeit – und bleibt uns trotzdem nah. Die Gelegenheiten, die Beziehung zu genießen, mehren sich. Zwiegespräche sind ein seelisches Aphrodisiakum. Und es ist kein Geheimnis, warum: Das erotische Erleben zeigt uns mit entwaffnender Deutlichkeit, wie es um uns wirklich steht. Zwiegespräche entstören und beleben die Beziehung. Manchmal so intensiv, daß wir sie körperlich fortsetzen wollen: indem wir Liebe machen.

So kam es, daß Susanne sich eines Tages versprach. Sie

hatte es schwer mit den «Zwies». Deshalb war sie besonders verblüfft über ihre Fehlleistung: «Wann machen wir denn unsere Sweets?» fragte sie Alexander.

«Da war mir nun endgültig klar, daß uns die Gespräche guttaten», meinte sie später. Es machte ihr besondere Mühe, die eigenen Gefühle wahrzunehmen und auszudrücken. In ihrer Kindheit und auch heute noch brachten die Eltern keinerlei Interesse auf, wenn sie einmal von sich erzählen wollte. Solche seelische Mitgift ist vielleicht die größte Hürde für Zwiegespräche. Sie ist inzwischen leider unsere häufigste Ausstattung. Die Beziehungsschwäche zwischen Eltern und Kindern kennzeichnet die Bundesrepublik gegenüber anderen europäischen Ländern und Nordamerika.[1] Aber auch diese Barriere wird in Zwiegesprächen nach und nach abgebaut.

«Die gute Wirkung habe ich erst bemerkt, als wir die Gespräche hin und wieder haben ausfallen lassen. Alexander wurde für mich blasser, schemenhafter. Die Stimmung war schneller gereizt. Nicht schlimm, aber deutlich zu spüren. Ganz ohne Zwies wäre mir das wohl überhaupt nicht aufgefallen.»

Seit einem guten Jahr hatten sie den Rhythmus der Gespräche gefunden. «Ich glaube», sagt Alexander, «wir genießen die Gespräche inzwischen. Auch wenn es mal hart hergeht. Weil so viel ausgesprochen ist, durchströmt mich zum Schluß fast immer ein versöhnliches Gefühl.»

---

1 Elisabeth Noelle-Neumann: Nationalgefühl und Glück. In: Elisabeth Noelle-Neumann, Renate Köcher: Die verletzte Nation. Stuttgart (dva) 1987, S. 22

4

«Alle streben danach zu ergreifen,
was sie nicht wissen,
keiner strebt danach zu ergreifen,
was er schon weiß.»

Tschuangtse

Wesentliche Gespräche kennt jedes Paar. Nur zu wenig. Vor allem zu unregelmäßig, etwa bei besonderen Gelegenheiten: nach Krach, an Hochzeitstagen und falls es im Urlaub einmal wirklich Ruhe geben sollte. Da kann sich nicht viel entwickeln. Wir wissen das alle aus eigener Erfahrung. Erstaunlich, fast unheimlich ist nur, daß wir das eigene Wissen nicht ergreifen.

Warum liegt die Eigenerfahrung so brach? Warum fällt es uns so schwer, zu ihr zu stehen? Ist es wirklich *nur* die Abwehr unbehaglicher seelischer Erfahrungen, die Angst vor uns selbst und dem Dunkeln in der Beziehung, was uns den Zugang zu dem, was wir bereits wissen, versperrt? Daran denke ich zwar als Psychoanalytiker zuerst, doch glaube ich es nicht. Es steckt mehr dahinter. Denn die Einsicht, daß Reden heilt, klären hilft und Beziehung stiftet, ist längst gewonnen. Sie wird nur nicht angewandt. Wir sehen alles ein, tun aber nichts. Es ist für mich die *Abwehr des Tuns*. Sie ist die Schwester einer weiteren wenig beachteten Abwehrform: *der Wendung in die Passivität*. Träumen wir zum Beispiel von anderen Menschen, die etwas tun, was wir nicht tun würden, empören wir uns gern. Wir verkennen, daß wir jede kleinste Einzelheit im Traum selbst entworfen haben. Wer sonst? Wir sind diese anderen selbst.

So verfahren wir auch in der Beziehung. «Der andere ist schuld» fühlen, denken und sagen wir. Aber der gerechte Beobachter in uns weiß, daß jede Beziehung eine unteilbare Schöpfung zu zweit ist.

Wir haben viel gewonnen, wenn wir unsere verborgene Aktivität wiederentdecken. Denn erst wenn wir erkennen, daß wir unsere Beziehungen selber machen, können wir begründet hoffen, daß unser Handeln sie auch ändert. So versuche ich hier nur aufzuzeigen, was Sie alles schon wissen. Vielleicht gewinnen Sie auf diesem Wege größeres Zutrauen zu Ihrer eigenen Erfahrung. Und ergreifen sie auch. «Es gibt nichts Gutes, außer man tut es» (Erich Kästner). Diese Wahrheit ist so einfach wie haarig. Auch sie beginnt zu zweit.

5
«Wenn jemand hungert, gib ihm keine Fische, lehre ihn zu fischen»
Chinesisches Sprichwort

Um im Bild zu bleiben: Zwiegespräche sind keine geschenkten Fische. Vielmehr lernt mit ihnen ein Paar, wie man sich aus dem Strom ernährt.

Es genügen anderthalb Stunden einmal in der Woche. Es sollte nicht weniger sein, sonst reißt der sich entspinnende unbewußte Faden. Nur in Ausnahmefällen ist mehr zu empfehlen. Nehmen Sie sich eine ungestörte Zeit, wann immer Sie wollen. Aber vereinbaren Sie das Zwiegespräch wirklich zu zweit. Da nämlich fangen die Schwierigkeiten meist schon an. «Ich habe doch ganz klar gesagt...» beginnen unsere Vorwurfsätze. Aber wir haben selten darauf geachtet, ob der andere es gerade aufnehmen konnte. So sprechen wir als Einzeltäter. Das Zwiegespräch aber lebt von Anbeginn aus dem Zweierhandeln. Anders wird es nichts.

Zwiegespräche dienen dem *Austausch von Selbstporträts*. Das ist der entscheidende Unterschied zur fruchtlosen Diskussion, zur «Beziehungskiste». In ihnen will einer dem *anderen* weismachen, wie er wirklich ist. Der seelische Schwerpunkt

28

liegt dann ganz beim anderen. Im Zwiegespräch dagegen zeige ich dem anderen, wie ich mich selbst gerade erlebe. Da bleibe ich mit meinem Schwerpunkt bei mir – und damit auch in der Beziehung.

Entscheidend ist das eigene Erleben während des Miteinandersprechens. Das entwickelt sich von selbst: durch unbewußte, gleichsam natürliche Selbstregulation. Sich die Vorgänge bewußt zu machen, ist manchen eine zusätzliche Lust oder Sicherheit. Aber keine Voraussetzung.

6

«Es ist klar, daß überflüssige Güter
das Leben selbst überflüssig machen»

Pier Paolo Pasolini[1]

Wissen ist heute das zentrale Produkt der Informationsgesellschaft. Wir müssen es herstellen und konsumieren. Wie alles expandiert auch das Wissen. Die Beschleunigung der Wissensproduktion läßt jede Information schnell veralten. Wir werden informationsabhängig, informationssüchtig, informationskrank. Es ist nur selten klar, ob Wissen uns orientiert oder verwirrt. Rudolf Augstein: «Das gedruckte Wort verliert langsam an Kraft, es wächst die Zahl derer, die durch zu viele Informationen nicht mehr informiert sind.»[2] Eine Krankheitslehre der Information steht zu erwarten.

Der Glaube an das Expertenwissen ist *das* Haupthindernis jeder Eigeninitiative. Das sind meine Erfahrungen im Bereich

1 Freibeuterschriften, Q96, Berlin (Wagenbach) 1979, S. 46
2 Rudolf Augstein zur Informationslandschaft anläßlich der Verleihung der Ehrendoktorwürde für Design in Wuppertal. Der Spiegel, Dezember 1987, Rückspiegel, S. 162

der Selbsthilfegruppen. Diese selbstgesteuerten Gruppen haben sich dennoch stürmisch entwickelt. Nicht zuletzt mit Hilfe einer paradoxen Berufsgattung: den Helfern zur Selbsthilfe. Deren Wissen besteht hauptsächlich darin zu vermitteln, wie und wann es ohne Expertenwissen gut oder gar besser geht. Das ist theoretisch verzwickt, denn gelehrt wird, daß besser nicht gelehrt wird. Aber es bewährt sich praktisch. Seit anderthalb Jahrzehnten habe ich erfahren, wie Selbsthilfegruppen mit gutem Erfolg angeregt und ermutigt werden können.

Ich trete also entschieden für maßvolles Wissen ein: so wenig wie möglich, so viel wie nötig. Wir vergessen gern: Gemessen an der weltweiten Wissensexplosion werden auch die Wißbegierigsten und Lerneifrigsten unter uns täglich dümmer. Und wir denken selten daran, daß es auch eine Überdosis Wissen gibt, die giftig sein kann. Es kommt heute besonders darauf an zu wissen, was für ein lebendiges Leben zu wissen nötig ist. «Es ist klar, daß überflüssige Güter das Leben selbst überflüssig machen.» Dieser Satz von Pasolini ist für mich jenes Lebenswissen, um das es geht. Er gilt auch für die Wissensgüter.

So gehören beispielsweise zum erfreulichen Bereich des Basiswissens Kenntnisse über das Mißlingen von Zwiegesprächen. Denn mit diesen Einblicken gelingen sie.

7
Geteilte Freude ist doppelte Freude –
Geteiltes Leid ist halbes Leid:
ein Grundgesetz der Beziehung

Unsere Zuneigung zueinander wächst, je mehr wir voneinander erfahren. Das ist ein klassisches Ergebnis der Sozialpsychologie und der menschlichen Verhaltensforschung. Diese Erkenntnis bleibt für das Verhältnis der Menschen zueinander sträflich ungenutzt.

Viele befürchten das Gegenteil. Ihre Schwächen wollen sie mit Distanz abschirmen. Doch kann sich die Bindung sehr vertiefen, wenn es gelingt, die eigenen Unsicherheiten und Ängste dem anderen einzugestehen. Wörtlich bedeutet Sympathie «Mitempfinden». Einander-Mitteilen stärkt dieses Mitempfinden am wirkungsvollsten. So wächst Sympathie. Wir müssen uns nur Gelegenheiten bieten, um die Fähigkeit zu entwickeln, die Welt mit den Augen des anderen zu sehen. Zwiegespräche sind dafür wie geschaffen. Jeder von uns hat das schon erfahren. Aber seltsam: Wir stehen nicht zu uns und unserer Erfahrung.

«Geteilte Freude ist doppelte Freude – geteiltes Leid ist halbes Leid.» Diese einfache Gleichung ist ein grundlegendes Beziehungsgesetz. Es macht leuchtend klar, warum Lebensbindungen uns trotz aller Widrigkeiten so mächtig anziehen.

Frauen sind gesprächsbegabter als Männer. Sie sind gefühlsnäher, angstoffener und situationsgebundener. Das sind in den entwickelteren Kulturen die drei bedeutendsten seelischen Geschlechtsunterschiede. Ausnahmen gibt es auch bei uns. In der Regel aber teilen sich Frauen offener mit als Männer. Ihnen müßte mehr Sympathie im Leben entgegenkommen. Anders gesagt: Sie müßten mehr geliebt werden als Männer. Das ist nach den neuesten Befunden kaum noch zu vertuschen. Denn Männer wollen die Beziehung eher bewahren als Frauen.[1] Sie lieben ihre Frauen mehr als diese sie. Frauen scheinen im Paarleben also die geliebteren Wesen zu sein. Dennoch finden sie offensichtlich den Zugang zu ihren wortkargen Männern nicht mehr so gut. Männer scheinen auf eine besondere Art zu klammern: Sie wollen die Frau im Haus behalten. Die Brüsseler EG-

1 Hans W. Jürgens und Katharina Pohl, Partnerbeziehung und generatives Verhalten, Ergebnisse einer Longitudinaluntersuchung, Zeitschrift für Bevölkerungswissenschaft, Heft 3, 1978, S. 247–268, besonders S. 263

Kommission hat den bundesdeutschen Männern beim Thema Gleichberechtigung ein schlechtes Zeugnis ausgestellt, nur 26 % wünschen eine gleiche Verteilung der Rollen in der Ehe (beide berufstätig, beide teilen sich die Hausarbeit), in Frankreich sind es 45 %. Die «bundesdeutschen Paschas»[1] stehen noch nach den Spaniern und Griechen am unteren Ende. Bezahlte Tätigkeit für Frauen wünschen nur 31 % der Männer, in der EG insgesamt aber 47 %.

Männer ließen die Frauen im Stich, ist heute eine überholte Ansicht. Sie dürfte sich halten, weil Männer wenig über Beziehung sprechen und Frauen dadurch der Schulddruck genommen wird, den eine vollzogene oder beabsichtigte Trennung entstehen läßt. Wer sich trennen möchte, muß ein starkes Beziehungsgefühl haben: denn nur deswegen leidet er am Beziehungsmangel.

Vielleicht sagt deshalb der portugiesische Dichter José Saramago: «Außer vom Gespräch der Frauen wird die Welt von den Träumen in ihrer Umlaufbahn gehalten.»[2]

Die Wahrheit aber beginnt zu zweit. Die Träume der Männer und ihre Gespräche sind nur verschollen. Sie müssen wieder aufgefunden werden.

8
Ein Paar, das nicht miteinander spricht, verlernt sich kennen

Ein Erstgespräch in meiner Praxis. Kurt B., ein Mann in den mittleren Jahren, saß vor mir. «Mein Freund ist plötzlich von seiner Frau verlassen worden, stellen Sie sich das einmal vor. Er ahnte wirklich nichts. Aus heiterem Himmel.»

1 Der Spiegel 19/1988, 9. Mai 1988, Panorama, S. 19
2 José Saramago, Das Memorial, Reinbek (Rowohlt) 1986, S. 147

Kurt B. sprach bezeichnenderweise nicht von sich. Auch bemerkte er nicht, daß er von sich sprach, während er nicht von sich sprach. Er spricht in der üblichen Art, in der wir alle von uns sprechen. Achten Sie einmal darauf. Die alltäglichen Belanglosigkeiten, auf die wir in einem Gespräch wie zufällig kommen, das Wetter, der Klatsch, die neueste Nachricht: Es sind nicht nur beliebige Fakten, sondern zugleich Symbole, Gleichnisse der Beziehung, die uns im Augenblick bewegt. Die Fähigkeit, das Ausgesprochene auf seine tiefere Bedeutung hin zu übersetzen, ist recht schnell zu erlernen. Aber wir scheuen uns davor. Wir nehmen in der Regel Abstand von uns. Merkwürdig befangen bleiben wir, wenn wir uns zeigen, wie wir ohnehin sind.

«Hätten Sie meinen Freund einen Tag vorher gefragt, wie es um seine Ehe steht, er hätte sie als wirklich gut bezeichnet.» Das ist eine Standardmelodie in der Paarpraxis. «Mir kann so etwas nicht passieren», fuhr Kurt B. entschlossen fort. «Meine Ehe ist in Ordnung.»

«Da könnten Sie nun genau in der Lage Ihres Freundes sein», warf ich ein. «Wollen Sie mir das vielleicht sagen?»

Kurt B. ist in keiner ungewöhnlichen Situation. Sie ist in der Paarpraxis alltäglich. Und dies in doppeltem Sinne: Sie gilt nämlich für Patienten ebenso wie für Psychotherapeuten. Beide Gruppen haben vermehrt mit Beziehungsstörungen zu ringen.[1] Ich gehe davon aus, daß ich mich auch deswegen so für die Klärung von Beziehungen einsetze.

Die plötzliche Trennung, wie Kurt B. sie schließlich vor sich

---

1 Vgl. Jürg Willi: Higher incidence of physical and mental ailments in future psychiatrists as compared with future surgeons and internal medical specialists at military conscription. Soc. Psychiatry 18 (1983): 69–72 oder «Sind Psychotherapeuten Patienten mit kontraphobischer Abwehr?» Vortrag im Rahmen des Sonderforschungsbereiches 32, Gießen 5.11.75, Manuskript

sah, ist ein Symptom der Sprachlosigkeit. Zu ihr gehören zwei. Lange hat sich – wie beim Herzinfarkt – dieser Tag des Schmerzes vorbereitet, Jahre, vielleicht Jahrzehnte.

Bei vielen allerdings schwelt die Krise, ohne je zu einer Trennung zu führen. Es entwickelt sich eine «Beziehungslosigkeit in der Beziehung», ein reibungsloses Nebeneinander statt eines lebendigen Miteinanders. Entwickelt es sich aber wirklich aus der untergründigen Krise oder gar erst nach dem Eklat, wie die meisten annehmen? Nein. Alles spricht dafür, daß die Methode, eine krisenhafte Beziehung unbearbeitet abzubrechen statt sie aufzulösen, dasselbe Verhalten ist, das zur Krise führte.

Es ist eine Meisterleistung der täglichen, energieverzehrenden Verleugnung, sich wechselseitig die Signale der Distanzierung, der Trennung und der Kritik nicht bewußt zu machen. Wenn die Wahrnehmungsschranke aber geschlossen bleiben soll, muß sie von beiden geschlossen gehalten werden. Auch das geschieht im wesentlichen unbewußt. Bewußtes Verschweigen ist nur eine letzte Absicherung. Besonders absurd wird dieses Paarverhalten, bedenkt man die seelischen Vorgänge der unbewußten Beziehung. Das tägliche Zusammensein – und sei es auch noch so kärglich in seiner Substanz – übermittelt ununterbrochen von Unbewußtem zu Unbewußtem alles, was vorgeht. So wie die Kinder alles vom Familiengeschehen mitbekommen, ohne zu wissen, was, so erfährt Unbewußtes vom Unbewußten alles «irrtumslos»[1]. Wir «wissen» also schon längst die Geheimnisse, die wir uns gestehen wollen oder nicht. Allerdings können wir sie mit unserem unbewußten Wissen nicht zuordnen. Das Gefühl verwirrt uns. Wir bleiben unterschwellig mißtrauisch und finden doch immer wieder alles in Ordnung.

[1] Gerhard Scheunert, Zum Problem der Gegenübertragung, Psyche 13, 1960, S. 574 ff

So dürfte der Paaralltag bei vielen aussehen. Es kommt nicht zur offenen Krise. Das ist kein Trost. Das chinesische Schriftzeichen für Krise setzt sich zusammen aus dem Bild für Gefahr und dem Bild für Rettung. Ein Paar, das eine Krise riskiert, hat plötzlich seine wesentliche Beziehung wieder. Jetzt kann es sich mitteilen – und verstehen.

Vorteilhafter, als eine Krise zu bearbeiten, ist es natürlich, sie gar nicht erst aufkommen zu lassen. Das bedeutet: auch ohne Leidensdruck für sich tätig zu werden und sich den Entwicklungsgewinn bewußt zu machen. Dafür ist dieses Buch geschrieben.

9
Paaren mangelt es an Austausch:
«communication gap» – Kommunikationskluft

Der bedeutendste und unstrittigste Befund zur Paarbeziehung in den modernen Industriegesellschaften ist ihr Mangel an wesentlichem wechselseitigem Austausch. Die Paartherapeuten nennen das «communication gap», Kommunikationskluft.

Dieser Befund ist politisch, vor allem ökonomisch verursacht. Paaren fehlt heute Zeit für sich selbst. Zeit ist Geld – auch die sogenannte private Zeit. Die Durchfunktionalisierung des Menschen vom Kindergarten an fordert ihren Tribut. Die Sprachlosigkeit der Paare ist im Klartext Beziehungslosigkeit. Sie nimmt zu. Ich erinnere noch einmal an die kärglichen vier Gesprächsminuten, die ein durchschnittliches Paar täglich für sich aufbringt (siehe Seite 12).

Ich kann hier nur die drei Hauptwurzeln andeuten: den allesdurchdringenden Wirtschaftszwang, die Massenmedienfreizeit und den fundamentalen Wandel seelischer Entwicklungsbedingungen. Ein gemeinsamer Nenner ist die psychosoziale Beschleunigung – nach meiner Einschätzung zur Zeit das stärkste seelische Gift. Sie ist das Resultat der immer schneller aufeinanderfolgenden technischen Innovationen.

Im Zentrum steht der Wirtschaftszwang. Menschen müssen funktionieren, das heißt etwas leisten. Daß sie wirklich leben (wie auch lieben) und ihre Identität ausbilden, gilt als sogenannte Privatangelegenheit, ja als «provinzielles» Problem.[1]

Im privaten Raum aber geschieht nichts Besseres. Freizeit wird heute von der Freizeitindustrie bedient und beherrscht. Die Massenmedien – einzig mögliche Träger der kritischen Bewußtseinsbildung – vermitteln vor allem Unterhaltung. Diese Zerstreuung des Selbst kostet nicht nur Geld. Sie sorgt zugleich für eine doppelte Beziehungslosigkeit. Die erste entsteht dadurch, daß sich mit dem Massenmedium nicht kommunizieren läßt. Die zweite hat Alexander Mitscherlich in den Satz gefaßt: Das Fernsehen lenkt zu Hause von zu Hause ab.[2] Konsumiert einer Fernsehen, Radio oder Zeitung, so geht die Beziehung zum anderen verloren. Das ist ein unbemerktes Training in Beziehungslosigkeit, täglich fünf Stunden nach den letzten Berechnungen für jeden Bundesbürger.[3] Massenmedien berauben die Konsumenten also ihrer persönlichen Kommunikation. Das ist ihre strukturelle Hauptwirkung, jenseits aller Inhalte.

Die seelischen Entwicklungsbedingungen – vor allem der entscheidenden ersten drei Lebensjahre – verändern sich so rapide, daß die Wissenschaft mit der gesellschaftlichen Entwicklung nicht Schritt halten kann. Ich habe die Situation unter dem Begriff «Männermatriarchat» skizziert.[4] Kurz gesagt, steht in der

1 Vgl. Jürgen Habermas, sich auf Niklas Luhmann beziehend: «Können komplexe Gesellschaften eine vernünftige Identität ausbilden?» in: J. Habermas, D. Henrich, Zwei Reden, Frankfurt (Suhrkamp) 1974
2 Alexander Mitscherlich, Auf dem Weg zur vaterlosen Gesellschaft, München (Piper) 1965, S. 423
3 ARD Fernsehen 2. 8. 1987, 18.05 Uhr «Wir über uns»
4 Männermatriarchat, Nachwort zu Barbara Franck, Mütter und Söhne, Hamburg (Hoffmann und Campe) 1981

vaterlosen Gesellschaft die Mutter wider Willen als einzige Identifikationsfigur für die Kinder zur Verfügung. Die Einfühlung – eine Eigenschaft der Beziehung, nicht der Person – ist zwischen der überlasteten Mutter und dem Kind stark behindert. Der Wechsel von den neurotischen zu den narzißtischen Störungen seit dem letzten Weltkrieg ist durch diese «Uneinfühlsamkeit» bedingt. Er wird beschleunigt durch den rapiden Beziehungsverlust der ersten Kindheitsjahre: Kleinstfamilie, Vaterentzug, Geschwisterlosigkeit. Die überforderte, selbst an Beziehungsarmut leidende und enttäuschte Mutter ist die Mutter der Enttäuschung. Sie wird später im Leben bei jedem intensiveren Paarleben als sogenannte «negative Mutter» wechselseitig übertragen. Diese kaum vermeidbare Aktualisierung macht die Beziehung unwirtlich und beschwerlich – fatalerweise gerade bei tieferen Bindungen. Auch sie läßt die Zweierkommunikation veröden.

Die Qualität der Beziehungen definiert die Lebensqualität entscheidend. Gesundheit und Krankheit sind von der Paarbeziehung abhängig.[1] Das wird in der Wissenschaft ebensowenig wahrgenommen wie unter Laien. Unsere Verleugnung richtet sich gegen unsere allseitige Abhängigkeit. Wir wollen nicht wahrhaben, daß wir das abhängigste aller Lebewesen sind, das Erfahrungstier mit der längsten Kindheit.

Die Abhängigkeit der Partner einer Paarbeziehung voneinander ist dem Bewußtsein so gut wie entzogen. In dieser *Bewußtlosigkeit gegenüber der eigenen Beziehung* sehe ich das Haupthindernis einer sinnvollen persönlichen Strategie für das eigene Leben. Nur deswegen werden heute die offenkundigen Symptome des «Paarsterbens» – Gesprächsschwund, Scheidungsquoten, Kindermangel – selten im Zusammenhang gese-

1 Vgl. etwa James J. Lynch, Das gebrochene Herz, Reinbek (Rowohlt) 1979, und ders., Die Sprache des Herzens. Wie unser Körper im Gespräch reagiert, Paderborn (Junfermann) 1987

hen. Aber auch beim Wäldertod mußte die Katastrophe erst augenfällig werden, bevor sich die Verleugnungsschranke hob.

Hat sich die Kommunikationskluft eines Paares zu sehr vertieft, ist also die Bereitschaft und die Fähigkeit dahin, miteinander über sich zu sprechen, dann allerdings hilft keine Hilfe mehr. Ein Paar sollte also zumindest imstande sein, seine Beziehung aufzuzeigen – und sei es auch noch so unzulänglich. Dann ist Hoffnung berechtigt, auch die schwierigste Lage zu klären: zu einer guten Verbundenheit oder zu einer guten Trennung.

In den zwanzig Jahren, in denen ich mich der Paarbeziehung schwerpunktmäßig widmete, vor allem in der Zeit eines zehnjährigen Forschungsprojektes zur Entwicklung der Paargruppentherapie, tröstete ich mich damit, das Verblassen des «wesentlichen Gespräches» betreffe ja nur die wenigen, die eine Therapie suchen.

Dieser Trost hielt sich allerdings nicht gegen die Erkenntnis: Diejenigen, die eine Paartherapie wünschen, sind ja wenigstens bereit, miteinander zu sprechen. Sie bringen den Mut auf, sich mit sich selbst zu konfrontieren. Viele, die davon nichts wissen wollen, scheinen nach aller Erfahrung nicht weniger Probleme zu haben, hüten sich aber vor einer klärenden Aussprache.

Dazu paßt der Befund, daß im psychotherapeutischen Bereich die Leidenden den Therapeuten desto mehr meiden, je stärker ihre Störung ist.[1] Man nennt das «Arztaversion». Bei Zahnweh drängt uns der Schmerz zum Arzt. Er macht uns arztaffin. In der Paarpraxis kommen also eher noch Gesunde und weniger die eher arztaversen Kranken.

1 Vgl. M. L. Moeller, Krankenverhalten und Krankenversorgung in der psychosozialen Medizin, in: V. Volkholz u. a., Analyse des Gesundheitswesens, Frankfurt (Fischer-Athenäum) 1974, S. 140ff

Männer, die ihre Frauen sofort wiederheiraten würden, werden von diesen Frauen nicht mehr gewollt: Sprachlose Beziehungen

Gerd und Erika Fuhrmann, protokollierte Evelyn Holst in einem lebensnahen Bericht[1], waren zehn Jahre verheiratet. Sie haben eine gemeinsame Tochter Lea und einen Adoptivsohn, Karsten. Plötzlich ist alles zerbrochen: Scheidung.

Auf einen Satz kommt es mir in dieser Ehegeschichte besonders an: «Fast bis zum Schluß haben sie ihre Ehe für unzerstörbar gehalten.» Denn wieder tritt hier diese eigenartige Ahnungslosigkeit auf, die schon bei Kurt B. verblüffte.

Erika sagte im nachhinein: «Ich habe mich sofort in seine warmen Augen verliebt. Aber in unserer Ehe war von Anfang an der Wurm drin, wir haben's bloß nicht gemerkt.»

Warum merken Paare erst so spät, was los ist? Erika und Gerd geben eine indirekte Antwort. Sie schätzen ihr gemeinsames Leben ganz gegensätzlich ein. Unverbunden stehen sich zwei Weltbilder gegenüber, die während der zehn Jahre offensichtlich nie angesprochen wurden. Diese Sprachlosigkeit für den wesentlichen Bereich der Beziehung bedingt die Polarisierung und langfristig das Ende einer Zweierbeziehung.

So sagt Gerd beispielsweise: «Unsere vor der Geburt sehr gute sexuelle Beziehung wurde schlecht.» Erika aber stellt fest: «Es hat mir *nie* Spaß gemacht mit ihm. Zuerst hat's mich bloß gelangweilt, später war's mir unangenehm... Wenn er mich gestreichelt hat, war's wie Temperaturmessen.» Sie bezog sich auf die ganze Zeit ihrer Ehe.

Gerd: *«Eigentlich wollten wir einfach glücklich sein. Wir liebten uns, aber wir konnten nicht miteinander reden.»* Die Sätze verdienten wegen ihrer Allgemeingültigkeit in Gold gefaßt zu werden.

1 Stern 18, 25. April 1985, «Scheidung«, S. 70 ff

Gut, werden einige sagen, das Sexuelle, das ist so eine prekäre Sache. Wenn ich auch meine, ein liebendes Paar sollte gerade hier die Scheu vor den schönen Details ablegen und ausführlich bereden, was gefällt und was eben nicht, die Sprachlosigkeit von Erika und Gerd ist nicht aufs Sexuelle beschränkt.

Gerd: «Die Harmonie in unserer Familie war so groß, daß wir uns eine möglicherweise schwierige Adoption zutrauten.» Erika: «Als Gerd später seine eigene Arztpraxis hatte, war er so selten zu Hause, daß Lea oft gesagt hat, wenn er kam: ‹Mami, da ist unser Besuch.›»

Ist das Nebeneinander glatt genug, so stört wirklich nichts mehr. Sollte man das aber noch gemeinsames Leben nennen?

Erika und Gerd bauten sich ein Haus. Gerd: «Wir hatten ein Nest, und alles schien in Ordnung. Dann sagte Erika: ‹Wir müssen über unsere Ehe reden.› ‹Wieso?› frage ich erstaunt, und da ist sie fast ausgeflippt, und wir haben nicht darüber gesprochen. Kurze Zeit später hat sie Raimund kennengelernt.» Das ist der Normalfall: Was wesentlich ist, wird nicht besprochen. Fließend geredet wird nur, wo wir über uns selbst nichts sagen.

Einem Paartherapeuten will man ja so lange nicht gern Glauben schenken, bis es passiert ist. Diese Paare sehe ich natürlich in meiner Praxis. Ich war lange Zeit der allgemeinen Meinung, bei mir sähe ich nur die Mühseligen und Beladenen. Weit gefehlt. Der Befund der Untersuchungen von Hans W. Jürgens und seinen Mitarbeitern lautet: In jeder dritten Ehe von wenigen Jahren Dauer hat sich eine Situation entwickelt, in der der Mann diese Beziehung möchte, die Frau aber nicht.[1] Statistisch: 50 Prozent der Frauen wollen ihre Beziehung nicht mehr, aber nur 20 Prozent der Männer.

1 Hans W. Jürgens und Katharina Pohl, Partnerbeziehung und generatives Verhalten, Ergebnisse einer Longitudinaluntersuchung, Zeitschrift für Bevölkerungswissenschaft, Heft 3, 1978, S. 247–268, besonders S. 263

Wie kann eine solche radikale Polarisierung in Dagegen und Dafür entstehen? Nur, wenn ein Paar sich über längere Zeit und über immer größere Bereiche nicht offen miteinander austauscht. Warum? Weil es andernfalls zu einer Vermischung der getrennten Positionen von Ja und Nein käme.

11
Den Partner wählen wir,
um uns von uns selbst zu entsorgen

Es kann als Grundregel des Paarlebens gelten, daß eine stärkere innere Zwiespältigkeit, eine Ambivalenz also, die einem zu schaffen macht, mit der Zeit entschärft wird. Wer etwa eine Beziehung wünscht und gleichzeitig nicht recht will, müßte sich ständig mit dem inneren Hin und Her auseinandersetzen. Nun ist man zu zweit, und da fällt *ein* Ausweg leicht: unbewußt verteilt das Duo die lästige Gleichzeitigkeit von Ja und Nein auf zwei klare Rollen. Einer delegiert eine Hälfte des Zwiespalts auf den anderen. Man ist erlöst. Nun sagt einer ja, der andere nein. Das ergibt zwar eine kämpferische Beziehung, aber die dauernde innere Zerrissenheit ist man los. Wer welche Rolle zugeschrieben erhält, entscheiden die inneren und äußeren Bedingungen. Oft ist zu beobachten, daß die so fest vertretenen Rollen plötzlich wechseln. Das macht nichts. Denn der Ambivalenzschutz bleibt bewahrt.

Eine weitere Grundregel besagt: Das Tun des einen ist das Tun des anderen.[1] Was im einen vorgeht, erlebt bewußt oder unbewußt auch der andere. Diese prinzipielle Gleichartigkeit der inneren seelischen Vorgänge gründet auf dem gemeinsa-

[1] Vgl. Helm Stierlin, Das Tun des Einen ist das Tun des Anderen, Frankfurt (Suhrkamp) 1971

men Unbewußten des Paares. Die seelische Symmetrie wird nur deswegen nicht offenkundig, weil die individuellen Abwehrformen und besondere Angstbereitschaften unterschiedlich sind. Das bedeutet: ein gemeinsames unbewußtes Thema – sagen wir Selbständigwerden – wird ganz unterschiedlich verarbeitet. Der eine erlebt mehr Angst und Geborgenheitsverlust, der andere Freiheitslust und Wunscherfüllung. Auch das aber wird in einer Paarbeziehung unbewußt aufeinander abgestimmt. Denn in der Regel erleben beide beides und verteilen ihre Rollen, so daß die Gesamtmenge an Angst und Lust untergebracht ist. Das Nein der Frau zur Beziehung ist ebenso das Nein des Mannes, wie das Ja des Mannes das Ja der Frau mit übernimmt. Unbewußt gleichen sie sich. Ja und Nein sind in beiden vorhanden.

Wer in seinem Paarleben so weit ist, diese Perspektive der inneren Symmetrie zu beachten, erspart sich viel Leid. Die Regel ist es leider nicht. *Wir sind die beiden Gesichter einer einzigen Beziehung und sehen es nicht.*

Anna klagt über Jakobs Verschlossenheit. Jakob bemerkt, er richte sein Leben so ein wie die Rose von Jericho. Diese Pflanze könne jahrelange Dürre überstehen. Sie rolle sich faustgroß ein und lasse sich wurzellos durch die Wüste wehen. Beim ersten Regen grüne sie wie durch ein Wunder.

Dieses *Einrollen* ist ein treffendes Bild für das unbewußte Verhalten vieler Paare. Dazu gehört die Blindheit für jedes Signal, das auf die Gefährdung der Beziehung schließen lassen könnte. Es ist das Paar-Pendant zur individuellen Verdrängung (der inneren Wahrnehmung) und Verleugnung (der äußeren Wahrnehmung). Es gehört zu den Fundamenten der Zweierabwehr. Die Bedrohung durch Trennungsangst und Ablösungsschuld soll abgewendet werden.

Für viele wird schon die Vorstellung, sich über ihre wirkliche Beziehung auszutauschen, zu einer möglichen Bedrohung. Sie meinen dann, andere könnten glauben, mit ihnen stimme etwas nicht. Oder sie glauben es gar selbst. So wird Miteinanderreden negativ bewertet: als Zeichen des Unheils statt als Weg zur Verbundenheit. Glückliche Paare unterscheiden sich von unglücklichen gerade durch die Intensität ihrer Gespräche.[1] Sie reden nicht nur, weil sie glücklich sind. Vielmehr werden sie glücklich, weil sie reden. Zwar gehört noch mehr dazu, glücklich zu sein. Aber ohne Austausch gibt es kein wirkliches Glück. Der Existenzphilosoph Karl Jaspers sagte: «Daß wir miteinander reden können, macht uns zu Menschen.»[2] Wenn Jakob sich fühlt wie die Rose von Jericho, trifft das Bild nach der Symmetrieregel auch Anna – obwohl sie so anders scheint, wenn sie über Jakobs Verschlossenheit klagt. Solange sie sich seiner Wortkargheit sicher ist, kann ihr Protest lautstark bleiben. Er ändert nichts.

Das ist die Gelegenheit, die dritte Grundregel der Beziehung zu nennen: Ich kann den Partner nicht ändern. Wäre es möglich, dürfte ich es nicht einmal; denn es wäre ein Übergriff, eine Verletzung seiner Menschenrechte. Wenn ich Glück habe, kann ich mich selber ändern. Dann allerdings ändert sich auch die Beziehung deutlich.

Es ist mir auch nicht leichtgefallen, im täglichen Leben einzusehen, daß alles, was ich an meiner Partnerin nicht mag, von mir mitbedingt wird, ja sogar ein Teil von mir ist. Jawohl: unsere sogenannte bessere Hälfte hat ihre große Lebensbedeutung nicht zuletzt als *Ort der Ent-Sorgung*. Das soll heißen: Sie oder er nimmt uns die Sorge ab, die wir mit uns selbst haben. Mit Projektion, Delegation und weiteren unbewußten Ab-

---

1 Vgl. z. B. James M. Honeycutt; Charmaine Wilson; Christine Parker, Effects of sex and degree of happiness on perceived styles of communication in and out of the marital relationship, Journal of Marriage and the Family, May 1982, Vol. 44 (2), S. 395 ff, und Howard J. Markman, Prediction of marital distress: A five-year follow up, Journal of Consulting and Clinical Psychology, Oktober 1981, Vol. 49 (5), S. 760–2
2 in: Wohin treibt die Bundesrepublik? München (Piper) 1966, S. 6

wehrmethoden[1] verlagern wir unsere Schwächen und Peinlich-
keiten auf den Partner, also das, was wir an uns nicht sehen
wollen und nicht leiden können, kurz: unser negatives Selbst.
Und was heißt dann noch «unsere bessere Hälfte»? Sie ist die
Idealisierung des anderen, die wie eine Schicht Putz darüber
liegt.

Hans W. Jürgens erwähnte Längsschnittuntersuchung umfaßt mehr als den Befund, daß Frauen Männer nicht mehr wollen, die ihre Frauen sehr wohl noch wollen. Er bedeutet auch,
daß jedes fünfte Paar – zwanzig Prozent – beiderseits Schluß
machen will, das heißt keine Beziehung zu seiner Beziehung
mehr hat. Hinzu kommen einige der polarisierten Paare, die
sich trennen werden. Jede dritte Ehe mündet daher heute in
einer Scheidung. Schon 1983 kamen auf 320000 Eheschlie-
ßungen in der Bundesrepublik Deutschland 120000 Scheidun-
gen. Das sind etwa eine Viertelmillion frischgeschiedener Menschen Jahr für Jahr. Hunderttausende von Kindern werden in
diese Dramen verwickelt. Sie sind vielleicht am stärksten betroffen. Die Anzahl steigt beschleunigt.[2]

Wir wissen nicht genau, was die Paare im einzelnen dazu
brachte. Alle Erfahrung spricht dafür, daß sie es auch nicht
wissen. Erika: «In unserer Ehe war von Anfang an der Wurm
drin, wir haben es bloß nicht bemerkt.» An diesem Beispiel
wird sichtbar, wie wertlos die Gründe sind, die man im nachhinein fürs Ende findet.

Wie entstehen diese Gründe? Darauf gibt es eine klare Antwort: aus der Sprachlosigkeit der Paare, also aus der unglück-

1 Vgl. z. B. Stavros Mentzos, Interpersonale und institutionalisierte Abwehr, Frankfurt (Suhrkamp) 1976, 1988
2 Besonders in den Großstädten: «In Hamburg wird fast jede zweite Ehe
geschieden – Tendenz steigend... Mit einer Scheidungsquote von mehr als
vierzig Prozent liegt Hamburg im Vergleich bundesdeutscher Großstädte
neben Düsseldorf hinter Berlin und Köln auf Platz zwei.» Hamburger
Abendblatt, 23./24. 4. 1988

lichen Gewohnheit, über vieles zu reden, nicht aber über sich selbst. Wer im täglichen Leben auf diese stumme Weise die Beziehung zu seiner Beziehung verliert, wird sie schließlich ganz verloren haben.

Die Beziehung wird selten in Freundschaft gelöst. Meist wird sie einfach abgebrochen. Eine wirkliche Ab-Lösung kommt gar nicht zustande. Wer die Beziehung nicht leben konnte, wird sich auch nicht trennen können. Denn sich zu trennen, erfordert intensive und gute Beziehungsarbeit. «Wir haben uns nicht gerade wie reife Menschen getrennt, und der bittere Nachgeschmack bleibt wohl noch einige Zeit», schrieb ein junger Mann. «Ich kann auch mit niemandem darüber reden, und eigene Gedanken stoßen oft an Grenzen, Grenzen aus Unerfahrenheit, aus blindem Zorn, Uneinfühlsamkeit oder einfach aus Denkfaulheit.»

Viele können für ihre Beziehung im nachhinein nicht tätig werden, weil sie es nicht wollen, und wollen es nicht, weil sie es nicht können. Trennungen und Abgrenzung sind allerdings auch für eine bestehende Beziehung tägliche Notwendigkeit. So kann man sagen: Wer sich nie trennen konnte, muß eines Tages abbrechen. Die Trümmerstücke muß dann die nächste Beziehung aufarbeiten. Eine harte Arbeit. Unter den erschwerenden Bedingungen des falschen Platzes wird sie noch mühseliger. Da bleibt sie meist ganz aus.

Was not tut, ist eine neue Gewohnheit. Paare brauchen eine regelmäßige Gelegenheit, ungestört, ausführlich und lebensbegleitend miteinander zu reden, und zwar so, daß beide einander wirklich folgen können. Wenn ich mein Ideal der Partnerschaft nennen soll, so sage ich: *wechselseitiges Sichmiterleben*. Dies wird durch die wesentlichen Gespräche geschaffen.

Sprechen Paare unzureichend miteinander, so entstehen zwei verflochtene Teufelskreise.

Der erste Teufelskreis verstärkt die Sprachlosigkeit: Zu wenig miteinander reden → zu geringe Abstimmung der Bedürfnisse → Enttäuschung → Mißstimmung → noch weniger miteinander reden → und so fort.

Der zweite Teufelskreis läßt die Erotik erlahmen: Zu geringe Abstimmung der Bedürfnisse → Abflauen erotischer Gefühle füreinander → vertiefte Enttäuschung → stärkere Gereiztheit → noch weniger miteinander reden → schwächere Abstimmung → Vergehen der Lust → und so fort.

Wenn zwei zu wenig miteinander reden, lassen sie wesentliche Bedürfnisse unausgesprochen. Deswegen kann das Paar diese wesentlichen Bedürfnisse weder genügend wahrnehmen noch aufgreifen. Noch verheerender wirkt die Unmöglichkeit, sich miteinander abzustimmen. Das sind die beiden Hauptwurzeln der Enttäuschung.

Nichts enttäuscht uns tiefer als die Unmöglichkeit, nach unserem eigenen Wesen zu leben. Die wesentlichen Bedürfnisse gehören zu unserem Selbstzentrum. Wir leben nicht als diejenigen, die wir sind, solange es uns nicht gelingt, ihnen Gehör zu verschaffen. Das gilt für beide gleich. Ein Paar, das sich nicht abstimmen kann, verhindert die Selbstverwirklichung beider Partner. Aber nicht nur das: Es verhindert die eigene Beziehung. Schlimmer kann es kaum kommen.

Aus dieser meist unbemerkten, aber massiven Enttäuschung stammt ein ebenso massiver Zorn. Täglich produzieren wir in winzigen Mengen diese Aggressivität. Sie lagert sich – wie ein

Sediment – am Boden der Beziehung ab. Paare verbittern nach Jahren und Jahrzehnten, versteinern, haben sich nichts mehr zu sagen.

Wir möchten aber nicht dauernd gereizt und wütend auf unseren Partner sein. Also machen wir gute Miene zum bösen Spiel – soweit uns das noch gelingt. Wir verbrauchen enorme Energien, um die bis zur Destruktivität anwachsende Enttäuschungswut in Schach zu halten. Wir verleugnen sie. Wir wenden sie ins Gegenteil: geben also vor, daß im Grunde alles harmonisch sei. Wir verheimlichen, gehen gleichsam hinters Haus, sofern wir das Glück haben, die Wut noch zu spüren. Sonst verdrängen wir. Depressive Verstimmungen, psychosomatische Beschwerden sind die Folge. «Statt in den vielen Jahren unserer Ehe an dir Kritik zu üben, bin ich depressiv geworden», sagte Marianne, als es zu spät war. Doch ist diese Kritik meist eine Beschuldigungsneigung, mit der wir Selbstvorwürfe an den Partner loszuwerden versuchen. Wir halten uns (in der Projektion) vor, daß wir uns selbst versäumten, und wollen es nicht wahrhaben.

In jedem Falle sorgt der Zorn für eines: daß wir schlecht aufeinander zu sprechen sind. Er vertieft die Sprachlosigkeit.

Das tut er gleich dreifach: Wir haben keine Lust, mit dem zu sprechen, der uns wütend macht. Wir wenden uns also ab. Wir nehmen auch Abstand von ihm, um uns nicht noch mehr zu enttäuschen und damit aggressiv zu machen. Und wir wollen uns nicht mit der eigenen Wut und der des anderen auseinandersetzen – erst recht nicht mit ihren Hintergründen.

So schließt sich der erste Teufelskreis: Sprachlosigkeit macht Enttäuschungszorn. Der vertieft die Kommunikationskluft. Und so fort.

Wo die Liebe und die Bereitschaft, aufeinander zuzugehen, groß sind, könnte diese erste Enttäuschungsschleife doch gelöst werden, bleibt zu hoffen. Leider tritt in der Regel des Alltags das Gegenteil ein: eine zweite Enttäuschungsschleife entsteht aus der ersten.

Dem täglich sich ansammelnden Sediment von Gereiztheiten kann auch die größte Liebe nicht gewachsen sein. Enttäuschung und Zorn sind Widersacher der Liebe. Nicht wenige Paare können sich eine Zeitlang mit Sex aus jeder Krise retten. Dann aber verlegt die tägliche Enttäuschungsquote auch diesen Befreiungsweg. Die verborgene Wut läßt die Erotik langsam, aber sicher erlöschen. Eine weitere schwere Enttäuschung kommt damit zu den anderen.

Dann geht gar nichts mehr: weder das Miteinanderreden noch das Miteinanderschlafen. Die zweite Enttäuschungsschleife ist geschlossen: anwachsende Gereiztheit → Erlöschen der Liebe → verstärkte Unzufriedenheit → und so fort.

Die beiden Teufelskreise sind aneinander angeschlossen: über Enttäuschung, Zorn und die Unlust, sich einander zu widmen. Oft zeigt sich diese Verknüpfung in einem eigenartigen unbewußten Zusammenspiel: «Ich schlafe nicht mit dir, wenn du nicht mit mir sprichst», sagt der eine – «Ich rede nicht mit dir, wenn du nicht mit mir schläfst», sagt der andere Partner.

Wenn wir so wenig zu uns selbst kommen können, engt uns die Beziehung ein. Sie wird zur Fessel. Paare in Selbsterfahrungsgruppen träumen vom «Beziehungsgefängnis», aus dem sie sich befreien möchten.

Was tun? Man muß genau in dieses Elend sehen, um die Befreiung zu entdecken. Ehre dem Zorn, der alles aufklären kann. Die doppelte Enttäuschungsschleife enthält eine klare Hoffnung. *Wenn es nämlich gelingt, ihren Hauptherd, die Sprachlosigkeit, zu beseitigen, entsteht ein doppelter positiver Verstärkungskreis.* Wer in Zwiegesprächen wieder sprechen lernt, kann seine wesentlichen Bedürfnisse und die des anderen klarer wahrnehmen. Dann entstehen zwar unvermeidliche Konflikte. Die aber können erstmals zu einem befriedigenden Kompromiß führen. Denn die Wünsche sind sichtbar und nicht versteckt. Der gemeinsame Weg wird *beiden* gerecht. Es entsteht ein gutes Gefühl. Die Gereiztheit wird geringer. Beide beginnen, sich stärker einander zuzuwenden. Das Zwiegespräch wirkt als Aphrodisiakum.

So kehren die gemeinsamen Gespräche die beiden Teufelskreise um *zu sich selbst verstärkenden Erfüllungen:*

Daß wir miteinander reden, macht uns zu Menschen: größere Abstimmung → höhere Selbstverwirklichung → verminderte Gereiztheiten → offenerer Austausch → und so fort.

Die Liebe kann sich vertiefen, statt zu versanden: größere Abstimmung → stärkere Erotik → tiefere Geborgenheit → gewagtere Entwicklung → Vergehen der Mißstimmungen → freieres Miteinanderreden → und so fort.

Bei einigen geht es schnell. Bei anderen dauert es Jahre. Das Tempo sollte einem wenig Sorgen machen. «Fürchte dich nicht vor dem langsamen Vorwärtsgehen, fürchte dich nur vor dem Stehenbleiben», sagt ein chinesisches Sprichwort. Das Abstumpfen eines lebendigen Paarlebens ist kein unvermeidliches Schicksal: bewußtlos stellen wir es selbst her. Also können wir es auch ändern. *In Zwiegesprächen lernen wir, daß wir imstande sind, unsere Wünsche nach einer guten Beziehung selbst zu erfüllen.* Allerdings bemerkte Arthur Schopenhauer: «Ein eigentümlicher Fehler der Deutschen ist, daß sie, was vor ihren Füßen liegt, in den Wolken suchen.»[1]

---

1 Parerga und Paralipomena, Zur Rechtslehre und Politik, § 120, Kleine philosophische Schriften II, Sämtliche Werke Band 5, Darmstadt (Wissenschaftliche Buchgesellschaft) 1968

Erstes Kapitel

«In den letzten drei Monaten
mit Zwiegesprächen
haben wir mehr voneinander
erfahren als in zehn
Ehejahren vorher»

«Wer nicht genügend vertraut,
wird kein Vertrauen finden»
Laotse, Tao Te King [1]

«Kein Reden wird je wiederholen,
was das Stammeln mitzuteilen weiß.»
Martin Buber, Ich und Du [2]

1 Übersetzt von Gia-Fu Feng, aus dem Englischen von Sylvia Luetjohann (Irisiana) 1981. Das Zitat findet sich in Vers 23
2 in: Das dialogische Prinzip, Heidelberg (Lambert Schneider) 1979, S. 98

Anna und Matthias im Zwiegespräch

Menschen, die einander lieben, scheinen verblüffenderweise nicht die Absicht zu haben, einander auch zu verstehen. Das, so scheint es, wollen sie am allerwenigsten.

Der Grund ist einfach: Die Einsicht in den anderen raubt einem Illusionen. Daß aber seine Wirklichkeit besser ist als unsere Vorstellung von ihm, trauen wir dem Leben nicht zu. So erfahren wir es zu wenig. Wir mühen uns in der Zweierbeziehung, die beiderseitigen Projektionen möglichst störungsfrei bestehen zu lassen. Beide schützen wir uns damit vor der je eigenen Angst. Wir wiegen uns in seelischer Sicherheit. Manchmal glauben wir sogar, auf diese Weise besser lieben zu können. Aber wir bleiben mit einem Phantom verklebt. Denn mit diesem alltäglich projizierten Scheinbild unseres Partners errichten und festigen wir die Abwehr des inneren Unbehagens vor uns selbst. Daß der geliebte andere Mensch uns von uns selbst ent-sorgen soll, hören wir nicht gern. Dann dürfen wir uns auch nicht wundern, wenn die Partnerschaft unbegreiflich lahm wird oder gereizt. Die geheime Absicht fast jedes Paares ist Angstentlastung. Die entscheidende Angst aber sind wir uns selbst.

Wer nun Zwiegespräche führt, zieht aus, es anders zu machen. Und das Fürchten zu lernen. Der Gewinn heißt nicht nur Angstfähigkeit. Vielmehr entwickelt sich das Paarleben in eine ganz andere Wirklichkeit: wir lernen, wie lebendig eine Beziehung sein kann.

Seit zwölf Jahren kennen sich Anna und Matthias nicht. So bin ich versucht zu sagen, seit mir klar wurde, wie wenig sich ein Paar wirklich kennenlernt. Die Augen öffneten mir die beiden mit dem Satz: «In den letzten drei Monaten mit Zwiegesprächen haben wir mehr voneinander erfahren als in zehn Ehejahren vorher.» Sie sprachen für viele. Die Befunde zum «communication gap» sprechen für sie.

Anna, Ende Zwanzig, ist Ärztin, Matthias, Anfang Dreißig, Apotheker. Vor einem halben Jahr haben sie sich zu Paar-Zwiegesprächen entschlossen. Sie sind keine Anfänger mehr. Die gröbsten Schwierigkeiten haben sie erfahren und überwunden: Sie unterbrechen sich nur wenig. Ihre Redezeiten sind fast gleich verteilt. Sie achten darauf, möglichst von sich zu sprechen.

Kein Zwiegespräch gleicht dem anderen. Es gibt keines als Beispiel für alle. Jedes Paar spricht auf seine Weise. Doch bietet der folgende Ausschnitt, finde ich, einen guten Einblick zum Kennenlernen.

MATTHIAS: Nach dem letzten Zwiegespräch hab ich mich wohler gefühlt, zum erstenmal. Es kam mir hitzig vor und hat auch ganz schön reingehauen. Wir haben uns ja schon öfter gefetzt, aber zum erstenmal hatte ich das Gefühl, es hat mir auch für die Beziehung was gebracht. Bis jetzt war es immer so, daß ich mich danach schlecht gefühlt habe. Ich hab mir gesagt: Nein, ich hab keine Lust mehr zu diesen Gesprächen, wenn es da Beziehungskiste gibt und Krach.

ANNA: Hattest du das Gefühl, daß es für dich persönlich reingehauen hat, daß du konkret was gelernt hast, oder daß du mir eher etwas sagen konntest?

MATTHIAS: Beides. Wir haben ziemlich haarige Sachen ausgesprochen, es war aber gut. Es war für mich ein Schlüsselerlebnis. Ich bin jetzt viel motivierter zu solchen Zwiegesprächen. Früher hatte ich immer Horror vor Streit mit dir. Jetzt geht es mir auch besser in der Beziehung, ich fühle mich wohler mit dir. Ich merke oft, wie ich an dich denke und dabei körperliches Verlangen nach dir habe und ein Gefühl, ganz eng mit dir verbunden zu sein.

ANNA: Das Zwiegespräch letzte Woche war auch was Besonderes, weil wir uns doch vorher im Auto so schlimm gestritten hatten. Du hast mich sehr scharf angegriffen, wie ich mich verhalte und so weiter. Das hat mich wütend gemacht. Aber beim Zwiegespräch hatte ich das dann schon verarbeitet, war ich gefaßter.

MATTHIAS: Aber betroffen hat dich das Zwiegespräch doch auch? Oder meinst du, daß du dich vor lauter Verletztheit nicht so gut besinnen konntest und erst mal die Rolläden runtergelassen hast?

ANNA: Vielleicht nach außen, aber in mir arbeitet es. Es ist nicht so, daß ich dann nicht zuhöre. – Aber, um was ging's denn eigentlich? Das hab ich schon wieder vergessen.

MATTHIAS: Um unseren Urlaub in den Bergen. Um's Klettern. Und darum, daß du keine Lust hattest, das Sichern zu lernen.

ANNA: Und das hattest du dann persönlich genommen.

MATTHIAS: Ja, du hast klipp und klar gesagt, du lernst es nicht, wenn du keine Lust dazu hast. Und ich solle so konsequent sein, wenn ich mich mit dir unsicher fühlte oder gar mein Leben durch deine Laschheit beim Sichern bedroht sähe, daß ich dann mit dir nicht mehr klettere.

ANNA: Hm. Aber ich habe doch das Gefühl, daß es in erster Linie um mich und mein Verhalten ging das letzte Mal.

MATTHIAS: Es ging aber auch um mich. Du hast ebenfalls ein paar Sachen gesagt, die mir nicht gepaßt haben: wie ich im Urlaub morgens aufstehe und aus dem Zelt rauskrauche.

ANNA: Ja, das habe ich gelernt aus den Zwiegesprächen: dir lieber zu sagen, weshalb ich wütend bin, als den Ärger stumm hinunterzuschlucken und den ganzen Tag depressiv zu sein. – Aber ich glaub schon, das letzte Zwiegespräch ist deswegen lange nicht so heftig geworden wie sonst, weil wir uns vorher draußen angefaucht hatten. Ich habe da im Auto eine höllische Wut gehabt. Das hast du nicht gemerkt.

MATTHIAS: Natürlich hab ich das gemerkt.

ANNA: Ja, gut. Aber als ich weggegangen bin, da hab ich mich hinter dem Haus abreagiert. Das kann ich dir ja jetzt erzählen. Ich bin tatsächlich hinterm Haus stampfend und trampelnd herumgestapft. Ich hätte auch gern noch weiter mit dir gesprochen, aber dann hätte ich dabei meine Wut dir gegenüber herauslassen müssen. Ich finde Wut weniger schädlich als du, denke ich. Es war besser, daß ich für mich allein Dampf abgelassen habe.

MATTHIAS: Aber das heißt doch fürs Zwiegespräch, wenn irgend etwas aufkommt, worauf du mit Wut reagierst, dann müssen wir das Thema gleich beiseite lassen.

ANNA: Nein, das sage ich nicht.

MATTHIAS: Aber du sagtest doch, konstruktiv sei es nur, wenn du deine Wut rauslassen kannst.

ANNA: Ja, aber ein Gespräch kann trotz Wut konstruktiv sein. Wir müssen einfach wahrnehmen, daß da eine Menge Gefühle drin sind. Sie sind da und müssen raus. Das muß nicht gleich gegen dich gerichtet sein. Aber ich habe jetzt überhaupt erst gemerkt und erlebt, daß solche wilden Regungen in mir sind und mit aller Macht nach außen drängen. Da hätte ich am liebsten einen Sandsack vor mir gehabt, auf den ich hätte einschlagen können mit Boxhandschuhen. Du hast dann immer das Gefühl, ich würde die Klappe zumachen. Das stimmt nicht. Ich hab alles sehr gut gehört, was du gesagt hast, und habe es auch verarbeitet. Aber ich kann mich nicht von Anfang an im Zaum halten. Das Denken schon, die Gefühle aber nicht.

MATTHIAS: Wie hätte sich wohl alles entwickelt, wenn wir uns vorher im Auto *nicht* so heftig gestritten hätten, wenn wir unseren ganzen Ärger wieder in uns reingefressen hätten? Der wäre doch bestimmt beim Zwiegespräch ausgetreten.

Und wir hätten danach wieder das Gefühl gehabt, das Gespräch sei schiefgelaufen – wie nach dem Streit im Auto.

ANNA: Da hatten wir uns auch richtig zerstritten und uns gar keine Mühe gegeben, auf den anderen zu hören.

MATTHIAS: Aber nach einigen Zwiegesprächen hatten wir auch das Gefühl, daß sie völlig verunglückt waren.

ANNA: Vielleicht ist das normal. In solchen Momenten setzt sich etwas in Gang: erst langsam und knirschend. Bis alles schön warm geworden ist und rundläuft, das braucht seine Zeit.

MATTHIAS: Ich fand immer, das hätte so nicht laufen dürfen. Unsere Beziehung war danach auch immer ein paar Tage ganz schön schwierig. Jeder hat sich zurückgezogen. Und wenn nach drei Tagen die Wut verraucht war, hatte ich immer noch das Gefühl, wir hätten eine Dummheit begangen. Man kann eben im Gespräch nicht einfach aufstehen und in die Küche gehen, um Joghurtbecher kaputtzuhauen. Da entlädt sich die Wut eben mit Worten.

ANNA: Ja. Vielleicht müssen wir einfach die Entwicklung abwarten. Ich weiß auch nicht, wie es anders gehen soll. Ich habe den Eindruck, daß ich so einen Streit eher verkrafte als du. Ich hab auch noch kein Zwiegespräch so negativ empfunden wie du.

MATTHIAS: Mir machen deine aggressiven Reaktionen zu schaffen. Du wirkst auf mich, als ob du dann die Zugbrücken hochklappst und die Burgtore schließt und mir zurufst: Alles stimmt nicht. Und ich verstehe: auch ich nicht.
Na ja, auf jeden Fall fand ich das letzte Zwiegespräch gut. Mir geht es seitdem viel besser.

ANNA: Aber der Umgang mit unserer Aggressivität bleibt ein Problem, über das wir nachdenken wollen. Vielleicht müssen wir uns anders einschätzen lernen. Wenn du zum Beispiel sagst, jetzt würde ich zu laut werden, dann kann ich mich mit allergrößter Mühe vielleicht ein bißchen leiser halten, aber letztlich schreie ich doch, weil ich etwas Quälendes in mir habe, ein Problem, eine Sprengladung. Vielleicht solltest du versuchen, das einmal so zu sehen.

MATTHIAS: Ja, gut, das ist eine emotionale Aufgabe. Ich kann mich halt schwer eine halbe Stunde anschreien lassen. Und du schreist wirklich brutal. Aber wir können das ja mal mit dem Kassettenrecorder kontrollieren. Maria hat mir erzählt, sich das Zwiegespräch hinterher anzuhören, das öffne einem die Augen.

Das eigentliche Zwiegespräch von Anna und Matthias hat noch gar nicht begonnen. Dies ist erst der Rückblick auf das vorige Zwiegespräch. Und doch deutet sich schon an, in welchen neuen Lebensraum die beiden gelangen.

Entwicklung kennt keine Sicherheit: Alles fließt

> «Woran glaubst du?
> Daran: daß die Gewichte aller Dinge neu bestimmt werden müssen.»
>
> *Friedrich Nietzsche* [1]

Matthias hat viel Geduld bewiesen. Er war zuerst enttäuscht von den Zwiegesprächen. Jetzt hat er sein Schlüsselerlebnis. Sein Urteil über das gemeinsame Reden, sein Selbstgefühl, sein Empfinden für die Beziehung und für Anna haben einen blauen Himmel über sich. Was sich weiter verändert, wissen wir nicht. Daß sich etwas verändern wird, ist allerdings gewiß. In einem halben Jahr sieht wieder vieles anders aus.

[1] Friedrich Nietzsche, Werke in drei Bänden (Hg. Karl Schlechta), Band II, Die fröhliche Wissenschaft, München (Hanser) 1956, S. 159

Und Anna? Auch sie spricht ihre Entwicklung klar an – in jener Form von Bewußtsein, die einem oft nicht bewußt wird. Erst wenn man genau hinsieht, entdeckt man, wieviel sich tut.

«Ja, das habe ich gelernt aus den Zwiegesprächen: dir lieber zu sagen, weshalb ich wütend bin, als den Ärger stumm hinunterzuschlucken und den ganzen Tag depressiv zu sein.»

Diese Erfahrung kann Anna nicht mehr verlieren. Sie ist unschätzbar. Es ist der entscheidende Schritt der Selbstverwirklichung. Und zwar da, wo sie am schwersten ist: innerhalb der Beziehung.

Diese Offenheit wächst mit den Zwiegesprächen. Es ist eine doppelte Offenheit: sich selbst und dem Partner gegenüber. Anders gesagt: Selbstbeziehung und Paarbeziehung entwickeln sich in gleichen Schritten.

Wie bedeutsam dieser Schritt aus dem Selbstgefängnis ist, zeigen Untersuchungen zum «deutschen» Geschlechtsunterschied. Deutsche Frauen unterscheiden sich seelisch von deutschen Männern vor allem durch ihre stärkere Depressivität. Anna zeigt, wie man aus ihr herauskommt. Nicht allein durch das Äußern der Wut. Die Wut ist eine Reaktion auf eine Enttäuschung. Diese wird oft nicht bewußt. Zorn und Aggressivität flammen um wesentliche Wünsche auf, die bislang nicht klar wahrgenommen, geschweige denn realisiert wurden. Solche wesentlichen Wünsche aber entstammen dem Zentrum unseres Selbst. Entscheidend ist also, daß Anna ihre Wut ausbrechen läßt. Daß sie sich zu ihrem Gefühl bekennt. Daß sie zu sich selbst stehen kann.

Anna sieht noch eine andere Form ihrer Offenheit entstehen. «Aber als ich weggegangen bin, da hab ich mich hinter dem Haus abreagiert. Das kann ich dir ja jetzt erzählen.» Sie kann offenlegen, was sie sonst verschwieg. Das berichten viele Zwiegesprächler als ersten Erfolg, der ihrer Beziehung zugute kommt. Besonders, weil die Offenbarung des sonst Verschwiegenen auf beiden Seiten des Paares geschieht. Sie stärkt das wechselseitige Vertrauen. Und je mehr das Vertrauen wächst, desto mehr ängstigende Probleme kann das Paar aufkommen lassen, desto konfliktfähiger wird es.

Noch eine dritte Entwicklung bahnt sich für Anna an. Sie erläutert Matthias ihre Wut. «Wir müssen einfach wahrnehmen, daß da eine Menge Gefühle drin sind. Sie sind da und müssen raus... Ich habe jetzt überhaupt erst gemerkt und erlebt, daß solche wilden Regungen in mir sind und mit aller Macht nach außen drängen.» So beginnt ein starkes Gefühl, nach und nach sein wahres Gesicht zu zeigen. Wut ist vielleicht nicht nur Wut: Vielleicht versteckt sich dahinter Angst oder Schmerz oder Trauer; oder eine Liebe, die mir zu dicht wird; oder Neid; Eifersucht oder sadistische Lust, Abwehr von Schuldgefühlen oder Kritik an einem Verhalten des Partners, die sich noch nicht geklärt hat; oder die geheime Absicht, bestraft zu werden. Das kann am Anfang keiner wissen. Es wird sich zeigen.

Für Anna wird nicht nur ihr aggressives Gefühl durchsichtiger werden, sondern jede andere Empfindung auch. Zwiegespräche lohnen sich allein schon wegen dieser Gefühlsbildung, dieser langsamen «Erziehung des Herzens».[1] Wir haben nicht nur beim Denken grobe Begriffe, die mehr verhüllen als klären. Wir fühlen oft auch ungestalte Gefühle, deren Gehalt versteckt bleibt. Zu zweit entschlüsseln sie sich leichter. Denn solche Gefühle entstehen zwischen beiden, sie richten sich auf den je anderen, darum können beide sie besser erkennen als eine/r allein.

«Vielleicht müssen wir uns anders einschätzen lernen. Wenn du zum Beispiel sagst, jetzt würde ich zu laut werden ... aber letztlich schreie ich doch, weil ich etwas Quälendes in mir

---

1 Nach dem Titel des Romans von Gustave Flaubert «L'éducation sentimentale» aus dem Jahre 1869

habe, ein Problem, eine Sprengladung.» Was Anna hier ausspricht, ist der vierte Entwicklungsschritt. Er ist keine Beson-
derheit dieses Gespräches. Er ist das einfache Voranschreiten
der Beziehung in den Zwiegesprächen. Die Beziehung vertieft
und erweitert sich. Klischees des anderen zerfallen nach und
nach. Die wechselseitige Erläuterung läßt für Projektionen keinen Platz mehr. Hier nimmt Annas Erläuterung Matthias auch
noch die Angst vor ihrer Aggressivität.

Annas Entwicklungen beeindrucken, wenn man sie so zu-
sammenstellt. Üblicherweise verstreuen sie sich in den Zwiegesprächen. Sie bleiben fast unbemerkt. Auf die Frage, was sie
denn bisher aus den Zwiegesprächen gelernt habe, wüßte
Anna wahrscheinlich nichts Genaues zu antworten. Erst nach
längerer Zeit fällt einem auf, daß man anders geworden ist.
Man weiß nicht so recht, wie es dazu kam.

Die Entwicklungen von Matthias und Anna haben noch
einen besonderen Vorzug: *Sie sind nicht auf einen von beiden
beschränkt.* Vielmehr nimmt Anna an Matthias' und Matthias
an Annas Entwicklung unmittelbar und verstehend teil. Das ist
allerdings beachtenswert. Selbstverwirklichung geschieht hier
nicht in der Isolation vom andern, sondern mit ihm verbunden.
So ist durch sie nicht die Beziehung gefährdet – wie sonst oft zu
beobachten ist im Verlauf von Psychotherapien, Selbsterfahrungsgruppen oder nichtgeleiteten Gesprächsgemeinschaften.
Im Gegenteil: Die Selbstverwirklichung verstärkt sich wechselseitig. Was Matthias erkennt, kommt Anna ebenso zugute, wie
die Einsichten von Anna in Matthias mitreifen. Auch in dieser
Sicht gleicht kein Zwiegespräch dem anderen. Jedes birgt eine
Reihe von Erfahrungs- und Lernschritten. Und das Schöne an
der Erfahrung ist, daß wir nicht hinter sie zurückfallen können.
Der Gewinn bleibt.

Das aber nimmt uns nicht die Angst vor Entwicklung.
Neues, Unbekanntes kommt auf uns zu. Davor fürchten wir
uns mehr, als uns lieb ist. Aber auch die Fähigkeit, diese Form

der Angst zu ertragen, erwirbt man sich in den Zwiegesprächen. Anna: «Vielleicht müssen wir einfach die Entwicklung abwarten. Ich weiß auch nicht, wie es anders gehen soll.»

«Krieg ist aller Dinge Vater»[1]

«Der eigentliche Unterschied verläuft zwischen Angepaßten und Unangepaßten: Alles übrige ist Literatur und zwar schlechte Literatur.»

Fernando Pessoa[2]

Ein Zorn steht im Zentrum des Zwiegesprächs. Seine Bedeutung geht weit über die Situation von Anna und Matthias hinaus. Er ist der Stachel jeder Emanzipation zu zweit. Die Frauenbewegung erreicht nach und nach alle Paare. Ob es einer Frau bewußt ist oder nicht, sie gewinnt an Selbstgefühl. Das verändert die bisherige Balance der Beziehung. Wenn nämlich einer sich ändert, muß es auch der andere tun. Die Rollen von Mann und Frau bedingen sich wechselseitig. Wir stimmen uns täglich aufeinander ab. Wer zu zweit lebt, kommt um kritische Situationen nicht herum. Selten geht es reibungslos. Der winzige Vorfall ist ein Beispiel für den großen Wandel derzeitiger Paarbeziehungen.

Deutlich ist die Angst von Matthias vor Annas Aggressivität. Er fühlt sich angegriffen und im Stich gelassen. Anna aber braucht die Wut. Sie ist die Triebkraft ihrer Selbstfindung. *Autonomiezorn und Verlassenheitsangst ringen miteinander.*

1 Heraklit, vgl. Hermann Diels, Die Fragmente der Vorsokratiker, Reinbek (Rowohlt) 1957, S. 27 (53. Fragment des Herakleitos von Ephesos)
2 Das Buch der Unruhe des Hilfsbuchhalters Bernardo Soares, Zürich (Ammann) 1985, S. 53

Das ist die typische Beziehungskrise von Paaren in der Emanzipation.

«Bis jetzt war es immer so, daß ich mich danach schlecht gefühlt habe. Ich hab mir gesagt: Nein, ich hab keine Lust mehr zu diesen Gesprächen, wenn es da Beziehungskiste gibt und Krach.» Das Zwiegespräch spiegelt den augenblicklichen Zustand der Beziehung, der im Alltag oft gar nicht bewußt wird. Matthias beklagt die ganze Beziehung, wenn er die Gespräche ablehnt. Genaugenommen wehrt er die Beziehung ab, wie sie sich nun in den Zwiegesprächen offenbart.

«Früher hatte ich immer Horror vor Streit mit dir.» Wenn aber der Streit der Vater aller Dinge ist – wie es Anna sieht –, verlegt sich Matthias einen wesentlichen Entwicklungsweg. Er hat Angst, daß mit dem Zorn alles aus sein könnte. «Aber das heißt doch fürs Zwiegespräch, wenn irgend etwas aufkommt, worauf du mit Wut reagierst, dann müssen wir das Thema gleich beiseite lassen.» Selbst nach der beruhigenden Versicherung Annas, daß es so nicht sei, bleibt seine Skepsis virulent: «Wie hätte sich wohl alles entwickelt, wenn wir uns vorher im Auto *nicht* so heftig gestritten hätten…? Das wäre doch besimmt beim Zwiegespräch ausgetreten.» Er sagt das, obwohl er doch erfahren hat, welche guten Dinge der Zorn mit sich brachte. «Aber nach einigen Zwiegesprächen hatten wir auch das Gefühl, daß sie völlig verunglückt waren.» Woher bei ihm diese Angst vor Aggressivität? Das läßt sich nicht bis auf den seelischen Boden erkennen. Doch einiges wird deutlich. «Ich fand immer, das hätte so nicht laufen dürfen», sagte er einmal. Es scheint, daß er stärkere Schuldgefühle wegen Aggressivität erlebt. Sie darf nicht sein. «Mir machen deine aggressiven Reaktionen zu schaffen. Du wirkst auf mich, als ob du dann die Zugbrücken hochklappst und die Burgtore schließt und mir zurufst: Alles stimmt nicht. Und ich verstehe: auch ich nicht.» Mit diesen Worten beschreibt Matthias seine Angst vor dem Verlassenwerden: die Beziehung zu

Anna scheint ihm in der Hitze des Gefechts abgebrochen. Er fühlt sich entwertet, alleingelassen. Er denkt, Anna verneine alles, was er sage, und lehne ihn selbst ganz ab. Sein alles umfassender Schreck wird zur Klage und Anklage: «Ich kann mich halt schwer eine halbe Stunde anschreien lassen. Und du schreist wirklich brutal.»

Aber vergessen wir nicht, daß alles, was zu zweit geschieht, auch zu zweit gemacht ist. Mit heftiger Wut will sich Anna oder ihr noch Unbewußtes Gehör verschaffen. Das hat sie bisher nicht gefunden, weil Matthias Angst bekommt. So steigert seine Angst ihre Wut – und umgekehrt.

Doch schon die erste klärende Nachfrage von Anna zeigt, daß sie den Zorn ganz anders verwendet. «Hattest du das Gefühl, daß es für dich persönlich reingehauen hat, daß du konkret was gelernt hast, oder daß du mir eher etwas sagen konntest?» Der Streit eröffnet einen Weg.[1] Sie erlebt in der Wut keinen Abbruch der Beziehung – ganz anders als Matthias. «In mir arbeitet es. Es ist nicht so, daß ich dann nicht zuhöre.» Ihre Aggressivität erlebt sie nicht als zerstörerisch. «Ja, aber ein Gespräch kann dann trotz Wut konstruktiv sein.» Es gelingt ihr nur nicht, sich ganz im Zaum zu halten. Sie muß ihre Gefühle rauslassen, um dann zu sehen, was in ihnen steckt. Es ist leicht zu erkennen, was zum Vorschein kommen will. Es sind ihre wesentlichen Wünsche. Die sind bisher nicht zum Zuge gekommen. Deswegen blieben sie unbesprochen, unverwirklicht, enttäuscht. Die Enttäuschung ist die Wurzel fast jeden Zorns. Der Zorn ist also eine unvermeidliche Station auf dem Weg der Selbstverwirklichung zu zweit. Für die Zweierentwicklung ist eine Fähigkeit unersetz-

[1] Vgl. z. B. Monica Moebius, Streiten nach allen Regeln der Kunst, Psychologie Heute, Januar 1987, 14. Jahrgang, Heft 1, S. 20–29.
George R. Bach, Peter Wyden, Streiten verbindet, Gütersloh (Bertelsmann) 1970. Fritz Fischaleck, Faires Streiten in der Ehe, Freiburg (Herder) 1978

lich: *in der Beziehung zu bleiben, wenn der Zorn aufflammt.*
Die meisten rennen davon, knallen mit der Tür, schalten ab
oder hören nicht zu, indem sie sich sofort verteidigen oder ge-
genklagen. Mit diesen Fluchtmethoden geschieht nur eines:
die Wut wird bewahrt. Sie steigert sich, weil sie nicht angenommen wird. Anna beschreibt, wie ungünstig das ist. «Da
hatten wir uns auch richtig zerstritten und uns gar keine
Mühe gegeben, auf den anderen zu hören.» Das bezieht sich
auf den Streit im Auto. Und sie zeigt auch einen guten Ausweg: «Vielleicht müssen wir uns anders einschätzen lernen.»
Vielleicht sollte Matthias, sagt sie dann, versuchen, ihr Problem zu sehen, das sich im Zorn offenbart.

Es gehört zu meinen wertvollsten Erfahrungen in Zwiegesprächen, zornige Attacken, Wutanfälle, Haßausbrüche oder
aggressive Vorwürfe auszuhalten, vor denen ich früher lieber
davonlief. Es kommt darauf an, sie wirklich bis zum Ende anzuhören. Erst so lernte ich das natürliche Ausmaß einer Wut
kennen, die ich früher immer für grenzenlos hielt. Vor allem
aber kam dabei etwas heraus, das sich fast immer lohnte. Der
Zorn ist ein seelischer Geburtshelfer, wenn er nicht zurückge-
schlagen wird.

Entfesselter Zorn und seelische Entbindung hängen zusammen. Sie machen uns zu schaffen, weil sie mit Schuldgefühlen
einhergehen. Anna: «Du hast mich sehr scharf angegriffen,
wie ich mich verhalte und so weiter. Das hat mich wütend gemacht.» Etwas später: «Aber ich habe doch das Gefühl, daß
es in erster Linie um mich und mein Verhalten ging das letzte
Mal.» Ihre Wut stammt auch aus den Vorwürfen, die ihr Matthias entgegengeschleudert hatte. Wenn die Schuldspannung
hoch steigt, versucht ein Paar, ein Gleichgewicht des schlechten Gewissens zu erreichen. Fruchtloses Vorwurfspingpong ist
dann an der Tagesordnung. Es hat nur einen Erkenntniswert:
daß der Schuldgefühlpegel im Paar, also bei beiden, hoch ist.
Jeder kann sich in einem solchen Fall besinnen, weswegen er

wohl Schuldgefühle hat. Er wird meistens fündig, wenn er noch in der akuten Situation zu suchen beginnt. Matthias wählte einen anderen Weg zum Lastenausgleich der Schuldgefühle. Er nahm Schuld auf sich, indem er antwortete: «Es ging aber auch um mich. Du hast ebenfalls ein paar Sachen gesagt, die mir nicht gepaßt haben.» So war der Vorwurfsdruck auf beiden Seiten in Balance.

Geboren heißt verlassen werden

Nun zu den tieferen Zusammenhängen: Wenn das Tun des einen das Tun des anderen ist, dann ist das, was Anna an Matthias und Matthias an Anna auszusetzen hat, jeweils von ihnen selbst mitbewirkt. Nehmen wir den Zorn von Anna und die Angst von Matthias beispielsweise. Eines verstärkt das andere.

Bin ich aber geheimer Mittäter des anderen, was sollen da Vorwürfe? Sie sollen eines: von dieser Einsicht ablenken. Machen wir Ernst mit dieser Erkenntnis des wechselseitigen Mitwirkens, dann ist jedem Vorwurf der Boden entzogen. Denn ich klage an, was ich selbst mitgetan habe. Auch zu Selbstvorwürfen ist kein Anlaß. Ich bin mitbestimmt – meist ohne es zu merken.

Was geht denn nun mit Anna und Matthias vor? Sie durchleben ein Drama. Ihr gemeinsames Unbewußtes schreibt es. Sie spielen es mit verteilten Rollen. Anna ist die zornige junge Frau, die zu sich selbst kommen möchte. Matthias erlebt die Angst vor dem Verlassenwerden. Anna übernimmt mit ihrer Selbstbehauptungsrolle auch den Part von Matthias, den er ihr überlassen hat. Und Matthias leidet die Angst, verlassen zu werden, auch für Anna. Ihr Drama könnte den Titel tragen: Geboren heißt verlassen werden.

Das ist zum Glück nicht immer so. Aber diese schlimme Gleichung gilt, wenn einem eine freundliche Abgrenzung oder Ablösung schwerfällt.

Die häufigste Ursache ist unseligerweise die eigene Mutter. Ihren Kindern eine leichte seelische Geburt zu bieten, fällt insbesondere Müttern schwer, die selbst kaum eine Chance zu einer schuldfreien eigenen Existenz hatten. Das sind – kann man im Zeitalter narzißtischer Störungen ruhig sagen – nahezu alle.

Diese bedrückte, depressive Mutter verinnerlichen wir. Es bleibt uns auch gar nichts anderes übrig in der «vaterlosen Gesellschaft». Wir tun uns also mit der Ablösung ebenso schwer wie sie. Genau gesagt: Wir erleben in Momenten wesentlicher Entwicklungsschritte beide Seiten dieser Mutter-Kind-Verklebung: die mütterliche Angst, verlassen zu werden oder allein und isoliert dazustehen, und die Schwierigkeit, frei zu werden oder wie immer man den Gang in die Zwänge der Gesellschaft nennen mag.

Diese Schwierigkeit, sich als selbständiger Mensch abzugrenzen, ist ein Gefühlsknäuel. Was ist da eingeflochten?

– Ich bin unschlüssig, ob ich wirklich hinausgehen oder nicht doch lieber in der Geborgenheit bleiben soll.

– Ich bin schon zu oft enttäuscht gewesen darüber, daß ich nicht zu mir gefunden habe, gar nicht herausfinden konnte, wer ich wirklich bin.

– Ich möchte mich mit Wut losreißen.

– Ich habe Schuldgefühle, meine Mutter(figur) zu verletzen, die trotz allem das Inbild von Schutz blieb.

– Ich habe Angst, überfordert zu sein, wenn ich so alleingestellt bin.

Das ist die Seite dessen, der verläßt. Aber ich erlebe auch den mütterlichen Part, das Verlassenwerden.

- Ich werde verlassen und leer sein.
- Ich kann mit mir allein nichts anfangen.
- Ich bin nichts wert.
- Ich habe einen Haß auf alle, die nicht mehr zu mir stehen.
- Ich neide andern ihre freie Entwicklung.
- Ich bin empört, daß keiner meine Mühen der Zuwendung und Fürsorge schätzt.
- Mich beschleicht ein schlechtes Gewissen, daß ich etwas falsch gemacht habe. Vielleicht habe ich zu sehr festgehalten oder eine Entwicklung unterdrückt.
- Ich fühle mich bedroht durch die Entwicklung der anderen und durch meine eigene.

Autonomiezorn und Verlassenheitsangst sind mit Schuldgefühlen und Selbstzweifeln durchmischt. Anna und Matthias durchleben diese Krise des seelischen Geborenwerdens. Eine Paarbeziehung, die sich gut entwickeln möchte, kann dieses Dilemma nicht vermeiden.

Es tritt im Leben immer dort auf, wo neue Verantwortung entsteht: bei einer Prüfung, neuen Bindung, Heirat, Geburt eines Kindes, neuer beruflicher Aufgabe. Unsere Beziehung ist stets mit betroffen. Sie lebt nicht im Vakuum.

Auch Unbehagen und Abneigung Zwiegesprächen gegenüber gründen in diesen gemischten Gefühlen von Schuld, Angst und Entwertung. Sie lösen sich zwar durch Zwiegespräche auf. Das Schlüsselerlebnis von Matthias und die Entwicklungen von Anna belegen es. Aber viele kommen erst gar nicht dazu. Der unbewußte Widerstand verhindert schon das erste Gespräch. Sigmund Freud nannte ihn den «Widerstand gegen die Aufdeckung von Widerstand».[1]

---

1 Die endliche und die unendliche Analyse, Gesammelte Werke, Band XVI, Frankfurt (Fischer) 1952, S. 85

Zwiegespräche:
Fenster zum gemeinsamen Unbewußten

Matthias hatte oft «keine Lust mehr zu diesen Gesprächen». Er hat sie dennoch eingehalten. Anna und Matthias blieben sich zugewandt – trotz allen Zorns. So geschah nicht, was durchaus drohen kann: daß Zwiegespräche sich selbst verhindern. Das tritt ein, wenn der unbewußte Angstpegel zu hoch steigt. *Die Lustlosigkeit zum Zwiegespräch ist ein Symptom des gemeinsamen Unbewußten. Tritt sie auf, sollte sie sofort und vorrangig Thema werden und nicht einem fadenscheinigen Abbruch dienen.* Auch darin verteilen zwei gern ihre Rollen. Anna: «Ich hab auch noch kein Zwiegespräch so negativ empfunden wie du.»

Abgewehrt werden Zwiegespräche, weil sie nicht so belanglos sind, wie man sie gern hinstellen möchte. Sie wirken stärker, als uns manchmal lieb ist. Genauer gesagt: wir bewirken durch sie viel mit uns.

«Unsere Beziehung war danach auch immer ein paar Tage ganz schön schwierig. Jeder hat sich zurückgezogen. Und wenn nach drei Tagen die Wut verraucht war, hatte ich immer noch das Gefühl, wir hätten eine Dummheit begangen.» So Matthias früher. Die Zwiegespräche wirken sich auf die ganze Beziehung aus. Und ihr Einfluß hält an. Was Matthias sagen kann, ist ja nur das, was ihm bewußt wird. Die unbewußte Reichweite der Gespräche ist andauernder und umfassender.

Die schwierige Beziehung beeinflußte in dieser Zeit das ganze Leben. Das Unbewußte erfaßt schneller und mehr als das Bewußtsein, das immer hinterherhinkt. Als Anna preisgab, daß sie heimlich hinter dem Haus ihren Zorn entlud, sprach das Unbewußte doppelt. Denn «hinter dem Haus» ist die Realität außen wie innen. Symbolisch heißt der wirkliche Tatort gleichzeitig: «hinter dem Haus unserer Beziehung», also «noch nicht offen» – aber schon bewußt.

Das Unbewußte spricht gern in Bildern. Es nutzt die Rede doppelsinnig, ja mehrdeutig. Anna: «Um was ging's denn eigentlich? Das hab ich schon wieder vergessen.» Matthias: «Um unsern Urlaub in den Bergen. Ums Klettern. Und darum, daß du keine Lust hattest, das Sichern zu lernen.»

Auf eine Frage erhält man nur eine Antwort, mehr nicht, sagte der Psychoanalytiker Michael Balint. Da ist sie nun. Es hört sich an, als behaupte sich Anna gegen das Bevormunden und Führen von Matthias. Es geht vielleicht um einen Autonomiekampf am unglücklichen Objekt, weil das Sichern in den Felsen auch für Anna lebenswichtig ist. Beispielsweise könnte sich Anna unbewußt durch das erhöhte Risiko belasten wollen. Damit kann sie in realitätsgerechter Vorstellung, ernsthaft bedroht zu sein, Schuldgefühle abtragen – wie in einer Art Buße. Das Ablösen von Matthias und dem, was er bedeutet, der Mutter, ruft diese Schuldgefühle, das heißt: diese Strafbedürfnisse hervor.

Aber es geht noch viel weiter. Anna: «Und das hattest du dann persönlich genommen.» Wenn wir etwas persönlich nehmen, ist das, worum es vordergründig geht, nur Symbol. Es geht um mehr. Nämlich um das, was sich in der scheinbar nur äußerlich realen Szene an Unbewußtem abspielt.

Matthias: «Ja, du hast klipp und klar gesagt, du lernst es nicht, wenn du keine Lust dazu hast. Und ich solle doch so konsequent sein, wenn ich mich mit dir unsicher fühlte oder gar mein Leben durch deine Laschheit beim Sichern bedroht sähe, daß ich dann mit dir nicht mehr klettere.» Diese Sätze betreffen ganz handgreiflich ein Kletterproblem. Und zugleich ein Beziehungsproblem! Es ist beides in eins: Ich bin selbständig, sagt Anna, und Matthias hört heraus: Wenn das zu bedrohlich ist für dich, dann laß die Beziehung ganz. Auch daß es lebensbedrohlich sein könne, stimmt zur seelischen Lage.

Denn wer nicht loslassen kann, hat seine Gründe: er (miß)-braucht den anderen für seine Existenz.

Anna hat gut reden, denn sie weiß, daß Matthias die Beziehung nicht gleich aufgibt. Sie braucht sich nicht zu sichern, weil sie gesichert ist. Andererseits möchte auch Matthias selbständig werden, sonst entstünde das Drama nicht zwischen beiden.

Das Klettern bietet ein Beispiel für doppelbödiges Sprechen. In äußerlichen Ereignissen, die ein Paar ahnungslos erörtert, ist ein Beziehungsmoment eingekleidet. Das ist keine Ausnahme, kein Zufall, sondern immer so. Es kommt zwischen zweien gar nichts zur Sprache, was nicht sie angeht. Alles ist Abbildung der Beziehung. Auch wenn wir nur am Äußeren haftenbleiben, auch wenn wir uns über scheinbare Nichtigkeiten aufregen — wir verhandeln stets unsere innere Lage.

So wissen wir auch nur selten, wie sich etwas in uns ändert durch Zwiegespräche. Tausenderlei haben wir in all dem erlebt, was besprochen wurde. In der Regel gelingt es uns nicht besonders gut zu sagen, was denn nun ausschlaggebend war. Wir nennen dieses oder jenes — und es ist ohnehin nur das, was bewußt wird. Das allein kann es schon deswegen nicht sein. Vor allem aber gibt es im Zwiegespräch keine Einzelteile, die herausgegriffen werden können. *Das sich entwickelnde Ganze wirkt. Der Wunsch, in Beziehung zu bleiben, bewegt beide und das regelmäßige Sich-aufeinander-Beziehen.*

Eines Tages ist es soweit. Matthias hat sein Schlüsselerlebnis, Anna ihre Entwicklungen. Beide haben im Grunde beides, denn es ist ja ihre Beziehung, deren zwei Gestalten sie sind.

Matthias: «Ich bin jetzt viel motivierter zu solchen Zwiegesprächen... Jetzt geht es mir auch besser in der Beziehung, ich fühle mich wohler mit dir. Ich merke oft, wie ich an dich denke und dabei körperliches Verlangen nach dir habe und ein Ge-

fühl, ganz eng mit dir verbunden zu sein.» Zwiegespräche
als Aphrodisiakum zu erproben, steht jedem frei. Aber nicht
nur deswegen lohnen sie sich. Vielmehr kommt man in den
Genuß, endlich die Wahrheit zu sagen mit der Behauptung,
man kenne sich schon einige Zeit. Ob man dann noch, wieder oder erst recht zusammen ist, sagt diese Wahrheit allerdings nicht.

Beziehung heißt
Entwicklung zu zweit

> «Ein menschliches Wesen, das in Beziehung zu einem anderen
> steht, hat nur eine sehr begrenzte Kontrolle über das, was in die-
> ser Beziehung passiert. Es ist Teil einer Zweipersoneneinheit,
> und die Kontrolle, die irgendein Teil über irgendein Ganzes ha-
> ben kann, ist streng begrenzt.»
>
> *Gregory Bateson*[1]

Eine Beziehung ist immer in Bewegung. Sie lebt von den tausend kleinen und kleinsten Handlungen, die wir täglich und
nächtlich vollführen, wünschen, träumen, abwehren oder
vorhaben. Unsere bewußte Wahrnehmung sieht bei gutem
Verstand ein Zehntel dessen, was mit uns vorgeht.[2] Mehr
sollte man also von sich nicht erwarten. Das Unbewußte allerdings erfaßt die anderen neun Zehntel. Das ist für menschliche Verhältnisse so gut wie alles. Daß nun das Ganze nur
etwa einem Billionstel dessen entspricht, was mit allen Mit-

1 Ökologie des Geistes, Frankfurt (Suhrkamp) 1972, deutsch 1981,
S. 350
2 Lawrence S. Kubie, Neurotische Deformationen des schöpferischen
Prozesses, Reinbek (Rowohlt, rde Nr. 244) 1966, besonders S. 32

teln der Neuzeit als Realität gelten kann[1], kräftigt die Gelassenheit.

Das macht das Leben aber desto erstaunlicher.

Was uns immer wieder als dasselbe scheint, die Realität und unser Paarleben, ist aber nicht nur im Fluß, es wird unbewußt auch von uns hergestellt. Selbst der Spießer, der auf Stillstand («Ruhe und Ordnung») aus ist, leistet ununterbrochen Beziehungsarbeit: er wendet alle Kraft auf, sich vor Entwicklung zu bewahren. Täglich repariert er die Beziehung von gestern. Wir alle haben spießige Seiten. Es kostet uns enorme Energien, die fortdauernde Entwicklung zurückzuwenden. Wir tun es immer dort, wo wir Angst haben.

Wir fühlen Angst, weil wir uns – als einzige Lebewesen – unserer Sterblichkeit bewußt sind. Angst ist immer eine Reaktion auf Bedrohung – ganz zuletzt des eigenen Lebens.

Jetzt wird klar, warum wir uns so schwertun, die unablässige Entwicklung wahrzunehmen – unsere eigene, die der Beziehung, die der Gemeinschaft und der Realität. Wir könnten uns dann nämlich nicht vor jener Entwicklung schützen, die wir als letzte ansehen: vor dem Tod oder seinem Pendant im Leben, der Trennung.

Wie es aber kein Bewußtsein des Lebens gibt ohne das Bewußtsein des Sterbens, so gibt es auch kein wirkliches Empfinden für eine wesentliche Beziehung ohne das Bewußtsein der Getrenntheit. Eines erzeugt das andere. Wir leben vom Vergleich. Wie wäre denn eine Beziehung vorzustellen ohne das Bild zweier Getrennter? Und wie erschiene uns eine Trennung ohne das Bild des Zusammenseins, von dem sie sich abhebt?

So wirkt unsere Gesellschaft grotesk, die alles daransetzt, den Tod aus dem Leben zu verdrängen. Denn das heißt gleich-

---

1 Vgl. Hoimar von Ditfurth, Wir sind nicht nur von dieser Welt, Hamburg (Hoffmann und Campe) 1981

zeitig, sich des Lebendigseins nicht recht bewußt werden zu können.

Ähnlich versucht der Spießer in uns eine Beziehung ohne Trennung einzurichten. In diesem Unding der Beziehungsleere möchte er verweilen.

Ich komme darauf, weil Zwiegespräche alles in Fluß bringen. Das ist ihre wesentliche Wirkung, unscheinbar und mächtig. Sie folgt aus dem einfachen Warten auf das, was geschieht. Bringen wir die Geduld auf, unser Unbewußtes wirken zu lassen, so ist auf lange Sicht alles gewonnen. Denn jetzt fügt sich vor unserem erstaunten, erfreuten oder entsetzten Auge zusammen, was wir in anstrengender Abwehr getrennt haben. Schließlich wird auch den unverständigen Selbstanteilen in uns deutlich, daß zusammengehört, was gemeinsam auftritt. Aber wir haben wenig Geduld. Ungeduld ist die Hauptsünde, sagt der Dichter Franz Kafka [1]. Ich habe spät begriffen, wie recht er hat.

Gelingt es einem, die Zwiegespräche durchzuhalten, so kann man erleben, wie Unbewußtes bewußt wird. Zwiegespräche führen die seelischen Gegensätze zusammen. Deswegen machen sie angst. So lange, bis wir entdecken, daß es nie anders war und sein kann: Leben und Sterben, Beziehung und Trennung, Glück und Unglück sind immer eine unauflösbare Einheit. Wir beginnen umzulernen und das Leben anders zu lieben.

1 Franz Kafka, Betrachtungen über Sünde, Leid, Hoffnung und den wahren Weg, in: Hochzeitsvorbereitungen auf dem Lande (Hg. Max Brod), Frankfurt (Fischer Taschenbuch) 1983, S. 30

Zweites Kapitel

«Daß wir miteinander reden können, macht uns zu Menschen»

«Es ist tausendmal besser, ein Licht anzuzünden,
als ewig über die Dunkelheit zu schimpfen»
Chinesisches Sprichwort

«Der erste Beruf des Menschen
ist seine Beziehung»
Malte Rauch, Filmemacher

Erlebnisse der ersten Zwiegespräche

Nachdem ich erzählt hatte, was in diesem Buch steht, entschlossen sich fünf Paare in meiner Vorlesung, selbst einen Versuch zu machen. Einen Monat später berichteten sie im Kreis der anderen über ihre ersten Erfahrungen. Jedes Paar hatte etwa eine Viertelstunde Zeit. Ich wurde zu Kommentaren aufgefordert, damit die Paare von der *allgemeinen* Erfahrung und Theorie etwas gewinnen könnten.

«Wir wollten nicht mehr mit halben Sätzen aneinander vorbeireden»

Karin und Max

MAX: Ich habe durch meine Frau von den Zwiegesprächen erfahren und leider vorher keine Zeit gefunden, darüber was zu lesen. Ich wurde von ihr aufgeklärt, welche Regeln es gibt. Dann haben wir uns einen Termin gesucht. Letzten Donnerstag um halb sieben haben wir unser erstes Zwiegespräch gehabt.

Ja, die ersten fünf Minuten war Ruhe. Ich wußte nicht so richtig, was ich erzählen könnte. Dann begann es langsam. Ich berichtete, was mir an diesem Tag im Kopf herumgegangen war. In der letzten halben Stunde sind wir dann abwechselnd doch tiefer gegangen, nicht die Geschichte der letzten Woche also, sondern, was zu unterschiedlichen Zeiten in unseren Köpfen vorgegangen ist. Bis jetzt haben wir es noch geschafft, uns ausreden zu lassen, und uns nicht vorzeitig einzudrücken. Das zweite Gespräch fand jetzt am Montag statt. Das ist ein sehr guter Termin für uns. Da wurde das Sprechen schon freier und ging stärker ins Gefühlsleben hinein. Wir haben Dinge besprochen, die unsere Beziehung angehen.

Für mich kann ich nur sagen, daß es mir notwendig scheint, mehr über Zwiegespräche nachzulesen.

KARIN: Nachdem ich mich zunächst mit Händen und Füßen gegen die Zwiegespräche gewehrt habe, einfach, weil mir das so künstlich vorkam, habe ich – wie passend – eine Situation in der Beziehung erlebt, in der Max und ich monatelang aneinander vorbeigeredet haben. Wir haben uns überhaupt nicht richtig darüber unterhalten, nur so in halben Sätzen. Es kam nichts raus. Ich war weiter in meinen Gedanken, du warst weiter in deinen Gedanken. Es ging alles aneinander vorbei, obwohl ich immer hätte schwören können, wir wären ein Paar, das über alles redet. Das war dann ein so übles Erwachen, daß ich dachte, mit Zwiegesprächen wäre das nicht passiert. Deswegen habe ich darauf gedrungen. Ich hatte allerdings auch ein komisches Gefühl, meinen Mann zu etwas zu überreden, wovon er überhaupt nichts weiß. Aber es hat ganz gut geklappt. Über die beiden Gespräche kann ich nicht viel sagen. Sie haben mir gutgetan. Sonst führt man ja die guten Gespräche nicht jede Woche, die hat man gewöhnlich doch sehr viel seltener. Mir scheinen Zwiegespräche eine Möglichkeit zu sein, öfter gut miteinander zu sprechen.

ZUHÖRERIN: Was mich interessiert, ist das Thema der Zwiegespräche, und ob es euch gelungen ist, mehr aufeinander zuzukommen.

KARIN: Unser Aneinandervorbeireden hatten wir schon an dem Abend ausgeräumt, an dem wir den Beschluß faßten, jetzt werden aber Zwiegespräche geführt. Unser Thema ist in diesen Gesprächen bisher nicht wieder aufgetaucht, wird aber wohl noch kommen, denke ich...

MAX: ...weil ich einfach glaube, wenn an einem Abend etwas anderes entstanden ist, dann arbeitet das ursprüngliche Thema doch fort. Es kommt immer mal hoch und arbeitet in einem die ganze Woche.

Beim nächsten Termin geht es dann weiter.

KARIN: Ich hatte hier doch heftig gegen die Zwiegespräche protestiert mit der Bemerkung, dann dürfe man wohl während der ganzen Woche sonst über das Problem nicht reden. Das war nun überhaupt kein Problem mehr für mich. Das ist gar kein Problem. Es stellt sich einfach nicht.

M. L. M.: Diese Erfahrung haben ich und viele andere Paare auch gemacht. Erstens kann man selbstverständlich außerhalb der Zwiegespräche darüber reden, wann immer man möchte. Zweitens verändert die Art der Zwiegespräche nach und nach auch alle Alltagsgespräche. Ich jedenfalls empfinde mich als wesentlicher auch in sonstigen Gesprächen.

Eine Frage noch: Haben Sie zwei Termine in der Woche vereinbart, oder sind Sie von Donnerstag auf Montag gewechselt?

MAX: Wir haben gewechselt. Wir machen die Gespräche zu Hause am Küchentisch. Das ist die gemütlichste Ecke, die wir haben. Das Telefon legen wir nebendran oder wählen eine 8 – was nicht ganz legal ist –, aber es ist dann für die Zeit still.

M. L. M.: Es gibt viele Momente, die sich anzusprechen lohnten. Beispielsweise der Beginn. Einer erzählte dem andern von diesen ungewohnten Zwiegesprächen. In diesem Falle lag zu Beginn der Gespräche keine Gleichrangigkeit vor, weil der Hintergrund ähnlichen Wissens nicht gegeben war. Wenn nun aber einer einfach daherkommt und sagt: Jetzt müssen wir aber mal, dann hängt es von der Qualität der Paarbeziehung ab, ob der Vorschlag Gehör findet oder nicht. Es gibt viele Paare, bei denen es auf diese Weise schiefgeht. Das Contra des Uneingeweihten ist häufig schon vorprogrammiert. Oft ist es dann für lange Zeit ganz aus mit der Erwägung von Zwiegesprächen. Nicht zuletzt geschieht das bei meiner Berufsgruppe, den Psychotherapeuten und ihren Partnern. Psychoanalytiker bewegen sich ja ständig in seelischen Tiefen und ziehen wohl oder übel ihre Laienpartner mit hinein. Wenn diese Therapeuten und Therapeutinnen ihren Partnern dann noch schnurstracks mit Zwiegesprächen kommen, bleibt selten große Hoffnung auf Realisierung. Inzwischen ist aber diese Polarisierung in der Beziehung zwischen einem seelisch Aufgerauhten und einem psychologisch Ahnungslosen weit über die Berufsgruppe der seelischen Helfer verbreitet. Denn durch Berichte der Massenmedien wachsen Minipsychotherapeuten in Hülle und Fülle heran und beginnen die Beziehungen der Nation zu infiltrieren. Daher ist Zurückhaltung zu empfehlen. Es ist günstiger, beispielsweise zu sagen: «Hier ist eine Idee: Zwiegespräche. Dazu gibt es auch was zu lesen. Mir gefällt es. Ich wünschte mir, daß wir so miteinander sprechen könnten. Wenn du das in Ruhe durchgelesen hast und auch gut findest, können wir uns ja gemeinsam hinsetzen und überlegen, ob und wie wir das machen.»

Es ist also nicht gleich vom Übel, wenn nur einer mit der Idee kommt, das dürfte vielmehr fast immer so sein. Vom Übel ist ein Bedrängen des anderen, statt ihm seine eigene Entscheidung zu ermöglichen.

«Es ist mehr Bereitschaft da,
erst mal zuzuhören»

Christina und Gerd

CHRISTINA: Wir haben jetzt insgesamt vier Zwiegespräche gemacht. Wir haben uns vorgenommen, diese Zwiegespräche, wenn irgend möglich, Sonntag morgens in der Zeit von halb elf bis zwölf durchzuführen, in Form eines Gespräches beim Spaziergang über die Felder, wo wir ganz unter uns sind. Wir wollten damit auch verbinden, etwas Bewegung und frische Luft zu haben, was uns während der Woche fehlt. Wieder dazusitzen für anderthalb Stunden, hätten wir für unsere Freizeit nicht gut gefunden. Zweimal konnten wir die Gespräche sonntags führen, zweimal mußten wir auf unseren Ersatztermin Montag abends ausweichen, weil wir Gäste hatten. Die vier Gespräche verliefen in ganz unterschiedlicher Atmosphäre. Zwei waren ganz entspannt. Bei einem hatte man zwischendurch sogar das Gefühl, Zärtlichkeiten auszutauschen, sich in den Arm zu nehmen. Es war sehr offen und warm. Ein Zwiegespräch an einem Montag abend war überwiegend von Mißverständnissen geprägt. Die Atmosphäre war richtig unangenehm. Das ging so weit, daß ich weinte. Damit hätte ich vorher nie gerechnet, ich war anfangs gar nicht in einer solchen Stimmung. Ich war richtig verzweifelt, daß meine Worte so anders rübergekommen sind, als ich dachte. Ich war völlig verblüfft über meine Reaktion.

Wir haben bei den Zwiegesprächen Dinge aufgegriffen, die ich im Laufe der vergangenen Jahre immer schon einmal angeschnitten hatte, doch nicht gut weiterführen konnte. Das ging nun in den Zwiegesprächen besser. Es war wirklich mehr Intensität da. Auch mehr Bereitschaft beim Partner,

81

erst einmal zuzuhören und nicht direkt mit seiner Version zu kommen. Das war positiv.

Eine Sache hat mich sehr gestört, fast aggressiv gemacht: Wenn ich beispielsweise gesprochen hatte und ein paar Statements über meine Gefühle abgegeben hatte, dann hab ich erwartet, daß er dazu etwas sagt. Ich war also still. Aber dann dauerte das. Und mit jeder Sekunde stieg dann etwas in mir an. Ich dachte: Du kannst doch nicht gleich wieder nachhaken, das ist doch nicht gut. Aber es staute sich etwas fast bis zur Wut an, daß da keine Reaktion kam.

GERD: Ich habe mir nach jedem Zwiegespräch einige Gedanken aufgeschrieben. Es kann sein, daß das, was ich mir zu Anfang notiert habe, am Ende ein ganz anderes Bild abgibt. Ich gehe also nach diesen notierten Punkten vor.

Es war sehr wohltuend, habe ich zuerst vermerkt, ein Gespräch in einer besonders dafür geschaffenen Atmosphäre und in einer bestimmten, dafür vorgesehenen Zeit zu führen. Vor allem, weil man sich vornimmt, ganz abgeschirmt zu bleiben von allen Störungen, die sonst immer kommen. Eine Erfahrung dazu: einmal hatte am Montag abend das Telefon geschellt – und schon war die Stimmung kaputt. Es ist also tatsächlich so: wenn man das Telefon nicht abstellt, ist die Atmosphäre ständig in Gefahr. Es war uns einfach nicht mehr möglich, vernünftig anzuknüpfen.

Dann macht man die Erfahrung, eine Möglichkeit zu haben, ohne aggressiv zu werden, einen angestauten Zorn freizulegen. Und ohne daß der andere gleich reagiert, denn er ist ja vorbereitet. Er weiß, da darfst du nicht gleich – wie in der Beziehungskiste – drauf reagieren. Andererseits haben wir auch die Erfahrung gemacht: man kommt unheimlich schnell wieder in die Beziehungskiste herein. Das ist uns laufend passiert. Ich habe sogar das Gefühl, daß es zugenommen hat. Ganz zu Anfang ist die reine Lehre noch viel mehr da, man beherzigt die Empfehlungen – und dann auf einmal geht es los. Einer äußert einen Gedanken, schon fühlt der andere sich angegriffen; dann geht das Pingpong der Vorwürfe hin und her. So war es besonders am erwähnten Montag abend, an dem die Atmosphäre gar nicht entspannt war. Es war eine gereizte Stimmung. Vielleicht kam ich gereizt aus dem Geschäft zurück, das weiß ich auch nicht. So jedenfalls sind wir eingestiegen, und so hat auch die Sache keine Frucht getragen. Das war schlecht. Man sollte, finde ich, in einer solchen Stimmung das Gespräch verschieben.

Dann schrieb ich auf: Nach zwei Gesprächen ist eine freudige Hoffnung auf das nächste Gespräch vorhanden. Nach den positiven Erfahrungen habe ich mich auf das nächste Gespräch direkt gefreut. Der Abend, der schieflief, kam später.

Dazu noch ein Gedanke. Es scheint so zu sein, daß die Schwelle zwischen beiden – also vom anderen etwas anzunehmen und etwas zum anderen hinüberzubringen – höher liegt, wenn das Selbstwertgefühl sehr hoch ist. Ich wollte etwas anbringen – nach meiner Meinung, auch heute noch, etwas völlig Neutrales – etwas, was ich nicht in Ordnung fand. Doch meine Partnerin hat ein so hohes Selbstwertgefühl, daß sie von dieser Kritik einfach nicht erreicht wird.

Ein letztes Wort noch: Wenn wir unser Zwiegespräch führen und ich mich nun äußern soll, dann habe ich gar keine Gedanken mehr. Ich hatte sie zwei, drei Tage vorher. Aber jetzt sind sie weg. Da soll ich nun Gedanken äußern, die ich gar nicht mehr habe. Das bringt mich in Stress – und der blockiert mich.

M. L. M.: Mich beeindruckt, wie Sie Ihre Erfahrung dargestellt haben. Eine Frage habe ich noch: Haben Sie für die Sonntagszwiegespräche und die Montagszwiegespräche unterschiedliche Grundgefühle oder ist es eher dasselbe Empfinden?

GERD: Obwohl wir es uns zu Hause montags sehr gemütlich machen, würde ich sagen, das Erleben der Natur während des Spaziergangs ist eine wesentlich bessere Form, das Zwiegespräch zu führen, als zu Hause.

CHRISTINA: Ich hab's genauso empfunden. Man ist wirklich ungestört, allein, alles ist weit um einen herum, ein freies Feld.

M. L. M.: Und wie erleben Sie es, wenn Sie sich dabei nicht ansehen können? Oder schauen Sie sich dabei doch an?

BEIDE: Doch, schon.

M. L. M.: Ich persönlich würde Zwiegespräche nicht so gern beim Spaziergehen machen, weil ich das Gefühl habe, es gibt zuviel Verführung, sich ablenken zu lassen. Ich weiß aber nicht, ob dies anderen auch so geht.

Ein anderer Punkt: Sie sagten, Sie würden Zwiegespräche nicht führen, wenn Sie besonders unter Stress stehen. Dazu gibt es zweierlei zu sagen. Ich habe erwähnt, daß wir uns unsere Gefühle weitgehend selbst machen und gern verdrängen, daß es unsere unbewußten Handlungen mit meist geheimen Absichten sind. Sie brauchen sich also – aus welchen Gründen auch immer – nur ein erhöhtes Stressgefühl zu machen, um damit ein Zwiegespräch ausfallen zu lassen. Diese Chance greift das Unbewußte gern bei Gelegenheit auf. Auf jeden Fall wird dann unklar, aus welchen Gründen das Zwiegespräch nicht stattfindet – tatsächlich aus äußerer Belastung oder aus einem Ausweichen, das für die seelische Entwicklung ungünstig ist. Denn wir können ja Probleme nicht lösen, indem wir sie vermeiden.

Zweitens gibt es eine Gattung Zwiegesprächler, die ich «Oasenredner» nennen möchte. Die reden nur miteinander, wenn sie ganz entspannt sind. Das aber ist nicht die Wirklichkeit des Paarlebens. Wir erleben Stresszeiten und gemütlichere Tage. Wer in beiden Situationen gut miteinander auskommen möchte, sollte auch Zwiegespräche in belasteten

Zeiten nicht umgehen, meine ich. So wäre meine Empfehlung, Zwiegespräche auf den Zeiten zu belassen, die ein Paar gemeinsam vereinbart hat. Nach etwa einem Jahr entsteht eine ganz andere Situation. Dann hat ein Paar bereits so viel Erfahrung mit den unbewußten Ichs, daß es nicht mehr die Anfängerlust verspürt, alles anders zu machen, also nicht mehr mit der Grundordnung der Zwiegespräche ahnungslos herumfuhrwerkt. Dann haben sich häufig auch mehrere günstige Zeiten in der Woche für Zwiegespräche herausgestellt, unter denen man von Zwiegespräch zu Zwiegespräch wählen kann. Das wäre eine Mischform zwischen freier Verfügung und stabilem Rhythmus. Macht ein Paar das aber gleich zu Anfang, dann sorgt es fast immer dafür, daß Zwiegespräche gar nicht stattfinden. Es ist merkwürdig, wie stark Paare so agieren, daß die Zwiegespräche ausfallen.

Die ersten zehn Gespräche kann man als Bildungsphase der Zwiegespräche bezeichnen. In dieser Zeit gewöhnt sich ein Paar an diesen merkwürdigen, neuen Weg zu zweit. Sie haben ja erwähnt, wie die reine Lehre am Anfang wirkt, sich dann aber die Beziehungskiste wieder einstellt. Damit muß jedes Paar rechnen. Das ist ein Zeichen der inneren Mobilisierung. Es ist gut, zu Anfang auf eine Verschlimmerung der Beziehung gefaßt zu sein. Wenn man nach und nach die Auslöser der Kräche erkennt, ändert sich wieder das Klima. Drei klassische Starts von Beziehungskisten sind nach meiner Erfahrung:

- eigene Schuldgefühle nach außen zu drehen als Vorwürfe gegen den anderen;
- Übergriffe oder Grenzüberschreitungen in Form von Verhaltensvorschriften: «Du solltest lieber mal»
- und den anderen nicht ausreden zu lassen.

«Selbst wenn ich zu Beginn hatte
dichtmachen wollen, am Ende fühlte ich mich
entspannt und sehr offen»

Bettina und Sebastian

BETTINA: Wir haben fünf Zwiegespräche gemacht, das letzte
heute, kurz vorher. Unser Termin ist eigentlich Dienstag
nachmittags, Ausweichzeit Mittwoch, anderthalb Stunden.
Ja, das erste Zwiegespräch war für mich das allerhärteste. Es
war eine absolute Stress-Situation für mich gewesen, in das
Gespräch hineinzugehen. Ich habe nur gemerkt, es ist span-
nend. Ich weiß nicht, woher das kam. Ich hab's nicht einord-
nen können. Wir haben uns trotzdem hingesetzt, und ich
war absolut auf Distanz. Ich hab gemerkt, ich bin zu, es geht
überhaupt nichts mehr. Dann kamen aber ganz viele Sachen
hoch. Wir sind noch nicht lange miteinander befreundet.
Deswegen kann ich jetzt schlecht sagen, was für einen Unterschied diese Gespräche insgesamt für die Beziehung bedeuten oder ob sich auch unsere anderen Gespräche intensiviert
haben. Wir stehen, wie gesagt, ziemlich am Anfang der Beziehung.
Jedenfalls hab ich gemerkt – dieses erste Zwiegespräch ging
so stark rein, ich hab es so durchlitten, es war ungeheuer.
Nachher dachte ich, das hältst du nicht jede Woche aus.
Das nächste Zwiegespräch aber war sehr viel entspannter.
Was ich bemerkenswert finde: unser Grundthema stellt sich
jedesmal wieder ein – Distanz und Nähe. Das kommt in allen möglichen Varianten, durch alle möglichen Hintertür-
chen immer wieder rein, wirklich durchgängig.
Mir fällt auch auf, daß das Zwiegespräch eine besondere
Gesprächssituation ist, verschieden von sonstigen Gesprä-
chen, die auch an anderen Tagen natürlich stattfinden. Es ist

die Atmosphäre, in der für beide klar ist: Jetzt ist ein Gespräch dran. Und wir wollen das auch. Wenn ich zum Beispiel heute Kopfschmerzen hatte und eigentlich müde war, wollte ich das Zwiegespräch doch nicht einfach ausfallen lassen. Diese grundsätzliche Bereitschaft ist also als Vorbedingung gegeben. Die wieder verändert die Intensität des Gesprächs deutlich, finde ich.

SEBASTIAN: Noch zur äußeren Form: Wir treffen uns immer bei mir, sitzen auf meinem Bett, über Eck, so daß wir uns ansehen können.

Ich hab das erste Zwiegespräch auch als anstrengend erlebt. Ich hätte zwischendurch am liebsten weglaufen wollen und war nach den anderthalb Stunden einfach erschöpft, sehr müde. Die anderen Zwiegspräche habe ich wesentlich entspannter erlebt. Bei mir ist es so, daß ich schon immer vor den Zwiegesprächen unruhig und nervös bin. Ich glaube deswegen, weil ich das Zwiegespräch als einen Ort erlebe, an dem Wesentliches auf den Tisch kommt, ich aber selber nicht weglaufen kann und auch nicht möchte. Außerdem ist mir da eine Form gegeben, das, was ich fühle, der Bettina zu erzählen.

Unsere Beziehung ist sehr geprägt von dem Thema Nähe und Distanz. Es sind viele Unsicherheiten da, und dieses Gefühl steigt genau am Anfang eines Zwiegespräches auf.

Ich fange das Zwiegespräch meistens so an, daß ich der Bettina sage, wie ich mich konkret am Anfang fühle. Allein das ausgesprochen zu haben, beruhigt mich sehr. So bietet sich für mich auch ein guter Einstieg, weil ich dann schon auf der Gefühlsebene bin, von meinen Empfindungen zu erzählen. Ich finde mich in dem Bild, ein Zwiegespräch sei der «Austausch von Selbstporträts», am besten wieder. Ich gebe der Bettina schon ein Porträt wieder, wie ich mich die Woche über erlebt habe, an markanten Punkten, und wie ich die Beziehung erlebt habe.

87

Eins macht mich noch unsicher. Ich bin ein Typ, der sich schwertut mit Wut und Aggression. Ich hab das Gefühl, das Zwiegespräch fördert nicht gerade meinen Wunsch, Wut zum Ausdruck zu bringen. Denn ich weiß, eigentlich kann mir Bettina nichts. Wenn ich von meinem Gefühl erzähle, dann ist das mein Gefühl. Und umgekehrt halt auch: wenn Bettina von ihren Gefühlen erzählt, dann sind es eben ihre. So ist es in den Zwiegesprächen noch nie vorgekommen, daß wir Wut aufeinander gehabt haben... *(Zuhörer lachen)* Ach so, da habe ich wohl gerade Bettina kolonialisiert. Stimmt. Also, es ist bei mir noch nicht vorgekommen, daß ich wirklich hätte losschreien oder losbrüllen wollen oder daß ich wütend und aggressiv gewesen wäre. Ansätze dazu gibt es nur, wenn mich Bettina unterbricht – etwa während ich dabei bin, ein Gefühl zu vermitteln, und sie dann sofort nachfragt. Dann wird der ganze Vorgang, meinem Empfinden nachzuspüren, unterbrochen. Ich reagiere dann auf die Frage nicht und setze da wieder an, wo ich aufgehört habe.

BETTINA: Ja, das fällt mir auch auf, daß dieses Nachfragen bei mir einreißt. Ich brauche es dann, daß du mich darauf aufmerksam machst. Oft fällt es mir, wenn ich gerade nachgehakt habe, selbst auf – aber dann ich es schon passiert.

Dann noch eine andere Sache: Ich erlebe ungeheure Stimmungsschwankungen innerhalb eines Gesprächs. Das geht bei mir manchmal mit solchen Wellen hoch und runter, daß ich eine wahnsinnige Spannbreite von Gefühlen dabei erlebe. Deshalb kann ich deine Aggressionslosigkeit nicht gut nachvollziehen. Ich erlebe auch Wut und Aggression. Bei mir geht es von Tränen bis zu einem inneren Aufschrei. Beim ersten Gespräch hätte nicht viel gefehlt, und ich wäre in die Luft gegangen. Streckenweise passiert es in jedem Zwiegespräch. Von daher ist es emotional hoch geladen. Wobei ich dann den Unterschied zur Zeit nach dem Zwiegespräch deutlich merke. Dann ist so eine Entspannung da. Ich fühle mich so richtig gut meistens, abgesehen vom ersten Mal. Mir ist freier, entspannter zumute, und ich fühle mich sehr offen. Selbst wenn ich zu Beginn des Zwiegespräches hätte dichtmachen wollen, am Ende ist eine ganz andere Haltung da.

SEBASTIAN: Beim vorletzten Zwiegespräch erging es mir selber schlecht. Da habe ich nach dem Gespräch kein befreiendes Gefühl gehabt. Das hing wohl aber nicht vom Zwiegespräch ab, sondern von meiner Gesamtsituation, in der ich mich nur schwer annehmen konnte. Nach den anderen Zwiegesprächen habe ich mich auch erleichtert, ja, sehr wohl gefühlt. Ich kenne im Zwiegespräch auch Gefühlsschwankungen, aber nicht in solchen Extremen wie Bettina. Was mir noch fehlt, ist eine Kontrollinstanz. Ich habe manchmal das Gefühl, ich löse mich von den Regeln. Oder ich kolonialisiere Bettina, ohne es zu merken.

M. L. M.: Ja, ich höre diese Berichte mit starker innerer Anteilnahme. Ich habe selbst eine Beziehung erlebt, in der Zwiegespräche von Anfang an die Zweierentwicklung begleiteten. Da entsteht eine ganz andere Dynamik und Klarheit als in einer Beziehung ohne Zwiegespräche.

In diesem Bericht dominiert ein wesentlicher Konflikt. Nähe und Distanz sind ein fundamentales Thema jeder Paarbeziehung. Wenn das nicht gelöst ist, kommt ein Paar dauernd ins Schleudern.

ZWISCHENRUFERIN: Das kann man doch gar nicht lösen.

M. L. M.: Doch, das kann gelingen. Die Frage ist zu beantworten: Wieviel Distanz oder Nähe brauchst du, wieviel ich. Stellt sich ein Paar ernsthaft diesem Problem, so ist beinahe vorherzusagen, daß es miteinander zu Rande kommen wird. Solange die Partner sich darüber noch in den Haaren liegen, haben sie ihren inneren Zwiespalt in polarisierte Rollen verwandelt. Polarisierung ist eine Abwehr zu zweit. Was geschieht dabei? Mein Nähewunsch und mein Abstandsverlangen bilden dann nicht in mir selbst einen Konflikt – den bin ich durch die gemeinsam bewirkte Polarisierung scheinbar los. Und meiner Partnerin geht es genauso. Unsere innerseelische Ambivalenz ist in eine Beziehungstörung verkehrt. Je mehr die Partner nun in den Zwiegesprächen befähigt werden, die eigene innere Ambivalenz wahrzunehmen, desto geringer wird auch der Polarisierungsdruck. Dann kann man auf einen gemeinsamen Nenner kommen – vielleicht schon in einem Jahr. Ich wünsche Ihnen sehr, daß Sie es erleben. Alles kommt darauf an, daß es einem Paar gelingt, die Kontinuität der Zwiegespräche zu bewahren. Kontinuität ist das Wichtigste, der Rest kommt von selbst. Wir leben aber in einer Zeit und in einem Alltag, in dem die Diskontinuität, die Zerrissenheit, die Hektik und der springende Wechsel zur Norm geworden sind – wie die Karies. Das ist jedoch *nicht* normal im Sinne von menschenangemessen. Wir müssen also selbst *gegen* die Verhältnisse für Kontinuität sorgen.

Dann erwähnte Sebastian, daß ihm die Kontrollinstanz fehle. Ich meine, die Kontrollinstanz ist das beobachtende Ich des einen und des anderen. Wir sind natürlich nicht immer beobachtend. Das können wir nicht von uns verlangen. Manchmal sind wir mitten im Fühlen und Handeln, wir müssen dann agieren. Doch sehen vier Augen mehr als zwei. Wer etwa zuhört, ist oft schon der beobachtenden Position nahe. Wir können uns wechselseitig aufmerksam machen, etwa auf eine Kolonialisierung. Wir nutzen ja nicht jede Schwäche des andern aus, um ihm eins auszuwischen. So geschah es eben zwischen uns Zuhörenden und Sebastian. Wir machten auf eine leichte Kolonialisierung aufmerksam. Sebastian hat das sofort gemerkt und akzeptiert. Er konnte es zurücknehmen. Das war ein gutes Beispiel dafür, daß wir immer wieder in die Kolonialisierung hineinrutschen – das geht mir natürlich auch so. Auf diese Weise aber können wir uns kennenlernen. Wir können die Grenzen neu ziehen. Nach und nach wird die Beziehung dann von solchen Übergriffen frei.

Die Stimmungsschwankungen zeigen eine große Offenheit nach innen. Das Unbewußte trägt einen da. Es ist zu sehen, wie Bettina auf den Wogen ihres Unbewußten schwimmt.

Mir ist es selbst auch lange Zeit so gegangen, daß ich die Zwiegespräche als sehr anstrengend erlebt habe. Meistens ist es heute auch noch so, weswegen ich anderthalb statt zwei Stunden vorziehe. Aber selbst wenn es einmal sehr gekracht hatte, kam es danach zu einem plötzlichen Wechsel, zu einer oft überraschenden Entlastung, die beide gespürt haben.

ZUHÖRER: Haben Sie Erfahrung mit Männerzwiegesprächen?

M. L. M.: Weniger als mit Gesprächen zwischen Mann und Frau. Ich selbst habe aber mit zwei Freunden gelegentliche Zwiegespräche geführt, zehn bis fünfzehn vielleicht. Ich habe keinen besonderen Unterschied gemerkt, also kein geschlechtsspezifisches Moment wie etwa einen höheren Pegel von wechselseitiger Rivalität. Das wäre aus den seelischen Merkmalen von Männern zu vermuten gewesen, ist aber vielleicht durch die Freundschaft ausgeglichen worden. Auf jeden Fall sind Zwiegespräche für alle Arten von Zweipersonenbeziehungen geeignet und keinesfalls auf die Frau-Mann-Beziehung beschränkt: Vater oder Mutter können sie mit ihrem Kind führen oder umgekehrt, Tochter und Sohn mit Mutter und Vater – zwei Arbeitskollegen/innen, wenn sie sich besser verstehen wollen – oder auch Mitglieder einer Selbsthilfegruppe zwischen den wöchentlichen Sitzungen.

«Er war so offen sich selbst gegenüber, daß sich meine Verschlossenheit löste»

Helga und Christian

HELGA: Wir haben drei Zwiegespräche bisher gehabt. Das erste Dienstag, die beiden letzten Montag Abend. Abwechselnd bei mir und bei ihm. Ich habe mich alle drei Male aufs Bett gesetzt und er auf den Stuhl, so daß wir uns angeschaut haben.

Dazu will ich gleich zu Anfang sagen: Ich kann mir gar nicht vorstellen, wie man ein Zwiegespräch beim Spazierengehen machen kann. Der Blickkontakt ist so wichtig für mich. Ich muß den anderen sehen, wenn er gerade redet – wie seine Augen sich verändern. Ich kann mir das während des Gehens nicht vorstellen. Die Natur stört mich auch. Zu Hause finde ich es sehr schön. Ich setze mich genauso hin, daß ich nur ihn sehe und wirklich nichts anderes. Dann kann ich mich auch voll auf ihn konzentrieren.

Er ist heute leider nicht da. Ich weiß aber von ihm, beispielsweise, daß er beim ersten Zwiegespräch genau die Uhr sehen konnte. Das hat ihn gestört. Wir mußten einen Vorhang davor ziehen, sonst wäre es gar nicht gegangen.

Vorweg noch: Wir stellen den Wecker genau auf anderthalb Stunden.

Beim ersten Zwiegespräch haben wir im wesentlichen nur über das Gespräch selber gesprochen – was wir darüber denken, was wir davon halten und so weiter. Das hat ganz gut geklappt. Es war ein guter Einstieg. Wir waren beide nervös und unsicher. Wir haben festgestellt, daß wir uns beide – unabhängig voneinander – schon Tage vorher das gleiche überlegt haben: Was erzähle ich denn bloß dem anderen? Was soll ich denn eigentlich sagen?

92

Ich hatte Angst, daß da Dinge zur Sprache kommen, welche die ganze Beziehung kaputtmachen könnten. Wir sind auch noch nicht lange befreundet, deswegen hatte ich Angst davor. Allerdings ist keine von meinen Befürchtungen eingetreten.

Das zweite Zwiegespräch war interessant. Wir hatten vorher gemeinsam gegessen. Das war schlecht. Wir haben es auch relativ spät am Tag gemacht und stellten schon nach fünf Minuten fest, daß wir eigentlich beide total k. o. und kaputt sind. Wir wollten trotzdem weitermachen. Dann begann ich von etwas zu reden, das unheimlich wichtig für mich ist, ein Problem für mich, das aber nichts mit der Beziehung zu tun hat. Ich redete und redete. Plötzlich sagte Christian: «Ich kann mich nicht konzentrieren. Ich hab mir die ganze Zeit überlegt, wie ich einen Termin, den ich diese Woche habe, umlegen kann.» Er hat sich also überhaupt nicht auf mich konzentriert. Das hat mich schockiert. Ich war dann nur noch zu. Ich war richtig sauer. Ich hab gleich gesagt: «Ich hab keine Lust mehr, laß uns Schluß machen.» Er: «Nein, wir ziehen das jetzt durch.»

Dann hat er angefangen. Er war so offen sich selbst gegenüber, daß sich meine Verschlossenheit löste. Es wurde ein gutes Gespräch. Als der Wecker klingelte, war er gerade dabei, etwas zu sagen. Er meinte: «Ich muß das jetzt noch erzählen.» Wir stellten also den Wecker aus. Dann hat er etwas berichtet, was mich sehr bewegte. Das alles in der letzten Minute. Klar, es mußte wohl so kommen. Es war ein so heißes Eisen für mich, daß wir sagten, wir sprechen das jetzt aus, aber nicht in der Zwiegesprächsform. Das war gut für mich. Ich hatte so viele Fragen und habe ihn nur noch kolonialisiert. Ich mußte es einfach tun. Ich hatte nur noch Fragen, und er mußte sie mir immer beantworten: Meinst du das nicht so und so. Kurz: es war sehr auffällig, daß so etwas gerade in der letzten Minute aufkam.

Das dritte Zwiegespräch war das beste. Es hatte einen lusti-
gen Anfang. Ich hatte wohl Angst und war kurz davor sehr
albern. Ich mußte lachen. Ich hatte gar keinen Grund zu lachen. Ich mußte einfach. Dann habe ich mich zur Ordnung
gerufen, das sei doch nun etwas Ernsthaftes, und es ging
dann auch. Es wurde sehr schön.

Wir haben im letzten Zwiegespräch über uns, aber auch
über ganz andere Dinge gesprochen, die weniger mit uns
und mit unserem Problem zu tun hatten. Das empfand ich
auch mal als sehr gut.

In diesem Gespräch einigten wir uns darauf, daß wir eine
ganz, ganz dringende Frage – auch wenn es keine Verständ-
nisfrage ist – doch stellen dürften. Wenn also beim Bericht
des einen im anderen eine Frage aufkommt, darf er sie stellen, auch wenn sie nicht der weiteren Klärung dient. Allerdings nur, wenn es wirklich dringend ist.

Ansonsten finde ich bei uns interessant, daß wir uns wechselseitig sehr oft darauf aufmerksam machen: «Du koloniali-
sierst mich jetzt.» So können wir beide besser damit aufhören.

Stimmungsschwankungen – das kann ich wenigstens von
mir sagen – gibt es auch. Oft hängen sie aber nicht mit dem
zusammen, was mich innerlich bewegt, sondern mit dem,
was er gerade berichtet.

Dies ist natürlich ein einseitiges Bild. Schade, daß Christian
dazu hier nichts sagen kann.

M. L. M.: Was ich selbst noch nie erlebt habe, aber sehr gut
nachfühlen kann, ist die Albernheit vor dem Zwiegespräch.
Sie zeigt: diese Zwiegespräche sind ein vollkommen anderer
seelischer Ort als übliche Gespräche – und zwar nur deswegen, weil man sie gemeinsam vereinbart hat. Das heißt: der
wesentliche Unterschied zu anderen wesentlichen Gesprächen liegt seelisch darin, daß man sich vorab, gemeinsam

und verbindlich auf das Zwiegespräch einläßt. Deswegen kommt auch Angst auf. Die Albernheit – das hat Helga selbst klar erkannt – ist eine lustige Angstabwehr. Vielleicht liegt der Hauptunterschied der Zwiegespräche zu anderen ernsthaften Gesprächen in der festen Umgrenzung und gemeinsamen Bindung an sie, also in der Tatsache, daß sie angst machen. Das aber bedeutet nichts anderes, als daß man sich auf das Thema der Beziehung tiefer einläßt. Jeder ist verantwortlicher, genauer: selbstverantwortlicher. Die beiden warten nicht einfach auf irgendeine daherkommende Stimmung, die gesprächsgünstig ist, sondern nehmen sie sich wirklich vor.

Ich bin darauf etwas ausführlicher eingegangen, weil bei Vorträgen und Seminaren etwa die Hälfte der Zuhörerschaft mit dem Brustton der Überzeugung zunächst bekundet: Ja, aber solche Zwiegespräche führen wir doch schon seit Jahren – wesentliche Gespräche sind bei uns an der Tagesordnung – was ist denn eigentlich der Unterschied?

Hier ist er an der Albernheit noch einmal besonders deutlich geworden.

HELGA: Mir ist gerade noch etwas eingefallen: daß ich nämlich viel mehr über mich nachdenke, seit wir Zwiegespräche führen. Ich meine damit: über unsere Beziehung denke ich nicht mehr und nicht weniger nach, über mich selbst aber sehr viel mehr. Ich male ständig an meinem Selbstporträt.

In Zwiegesprächen will ich beispielsweise gern eine Frage stellen, weiß aber, sie ist nicht günstig, ist nicht erlaubt. Daher stelle ich die Frage an mich selbst, beantworte sie mir, beantworte mich selbst. Ich erhalte also eine Antwort, die mehr auf den Punkt trifft, als wenn ich sie ihm gestellt hätte. Ich merke es richtig. Es klappt hundertprozentig. Das ist meistens in den Momenten, in denen im Zwiegespräch keiner spricht.

«Wir haben insgeheim ein Bedürfnis, über uns zu reden, räumten uns aber das Recht dazu nicht ein»

Sabine und Wolfgang

WOLFGANG: Wir haben das erste Zwiegespräch am Mittwoch gemacht und uns dann für Sonntag als festen Termin entschieden. Letzten Sonntag ging es nicht, weil ich viel zu heiser war. *(Die Zuhörer beginnen zu lachen, Wolfgang erzählt weiter mit witzigem Unterton.)* Dafür haben wir es gestern abend, also Dienstag gemacht.

Das erste Gespräch war sehr locker. Wir haben viel erzählt. Es gab überhaupt keine Schwierigkeiten. Es war wirklich ein Supergespräch, tiefsinnig und alles. *(Die Stimmung im Saal ist ebenfalls locker, alles lacht.)* Das nächste Mal haben wir uns wieder bei Sabine zusammengesetzt. Wir machen es meistens bei ihr. Da war es aber nicht mehr so locker. Wir haben öfter Sprechpausen gehabt. Es ging zäher.

Wir haben auch noch Probleme, mit dem ganzen Setting umzugehen. Es fällt uns schwer, keine Fragen zu stellen und nur von sich auszugehen. Wir reden immer noch gern als «man». Ich versuche mich davon zu lösen. Es gelingt noch nicht immer. Wir neigen auch dazu, Ratschläge zu geben oder dem *anderen* zu sagen, wie *er* sich fühlt.

Dabei haben wir ein interessantes Erlebnis gehabt: Sabine gab mir mal einen Ratschlag, und ich wurde fuchsteufelswild. Das war nicht nur gut, um am eigenen Leibe zu spüren, wie fragwürdig Ratschläge sind. Ich konnte vielmehr auch mal meine Aggressionen rauslassen, was mir normalerweise schwerfällt. Danach hab ich mich ungeheuer gut gefühlt. Ich war emotional richtig fit.

Was ich auch gemerkt habe: Vorwürfe, die ich Sabine mache, sind eigentlich Vorwürfe, die ich mir mache. So hab ich ihr vorgehalten, daß ihre Küche nicht eingerichtet ist. Etwa: «Hier gibt es ja nicht mal das bei dir, und das und jenes hast du auch nicht.» Echt, ihre Küche ist absolut hohl. *(Alle lachen und kichern.)* Dann aber ist mir klargeworden, daß in meiner Küche überhaupt nichts ist. Ich bin noch am Tapezieren. Im Grunde habe ich mich über mich und meine Wohnung geärgert. Es war gut, die Parallele direkt ziehen zu können. Ich habe glatt ihr den Vorwurf gemacht, der eigentlich an mich selber geht. Das war faszinierend zu sehen. Dabei ist mir klargeworden, daß dieses Setting seinen Sinn hat. Es ist sehr gut überlegt. Mir ist viel dabei aufgegangen.

SABINE: Was mir spontan einfällt zu gestern abend: Am Anfang sitzen wir erst mal da und sagen beide nichts. Ich denke: Jetzt geht es darum, keine Fragen zu stellen. Nach fünf Minuten Anschweigen beschleicht mich das Gefühl, ich hätte nicht das Recht zu reden. Da meinte Wolfgang, genau dasselbe Gefühl habe er auch. Jeder denkt also: Laß den anderen reden; denn wenn ich rede, bin ich egoistisch. Ich fand es gut, daß das auch Wolfgang gesagt hat. Ich merkte, daß dies ein Problem für mich ist, gleichzeitig aber auch für Wolfgang.

Dann ist mir noch etwas aufgefallen: Unsere Beziehung ist stark belastet dadurch, daß wir beide ungeheuer viel nebenher tun. Dabei nehme ich viel Rücksicht auf das, was er macht – vielleicht denkt Wolfgang mir gegenüber auch so – das weiß ich jetzt nicht. Jedenfalls nehmen wir unheimlich viel Rücksicht auf unsere Hobbys und unsere Selbstverwirklichung, also auf alles außerhalb der Beziehung. Aber gerade deswegen halten wir auch sehr viel von uns zurück – dem anderen gegenüber. Im Zwiegespräch kommt das nun endlich einmal raus. Da müssen wir uns die Zeit füreinander nehmen und etwas von uns erzählen. Ich glaube, es ist deswegen so gut, weil wir insgeheim ein Bedürfnis haben, über uns zu reden, aber uns selbst das Recht dazu nicht einräumen. Durch die Vereinbarung, es einmal die Woche zu machen, können wir uns das Recht geben. Das finde ich sehr gut. Mir fiel auch auf, daß jedes Zwiegespräch anders war. Die Atmosphäre war sehr unterschiedlich. Das erste war gut, das zweite mühsam, das dritte ging, das vierte war besonders gut...

WOLFGANG: Komisch. Darf ich mal etwas dazu sagen? *(Sabine nickt.)* Ich habe das erste als sehr gut, als unheimlich schön erlebt. Nach den ersten drei Zwiegesprächen habe ich mich immer sehr wohl gefühlt. Also, nachdem ich die Wut rauslassen konnte und nachdem ich den Zusammenhang meiner Vorwürfe gegen dich mit meinen eigenen Schuldgefühlen erkannte. Bei dem letzten gestern haben wir wegen meiner Heiserkeit den Termin auf spätabends gelegt. Vielleicht hat das mit reingespielt. Jedenfalls habe ich mich da nicht so wohl gefühlt. Interessant war dabei, daß der wesentliche Punkt erst ganz zum Schluß kam. Wir haben ihn auf das nächste Mal verschoben. Das hat mich nicht so befriedigt. Da war ich nicht so gelöst. Ich fühle mich noch etwas beklommen. Nach den ersten dreien war danach alles klar, mir ist so vieles aufgegangen. Beim letzten hing ich noch in der Luft, wußte noch nicht so genau, was da abging.

SABINE: Dabei war interessant, daß Wolfgang sehr zu husten anfing, als es zuletzt auf den entscheidenden Punkt kam. Da konnten wir überhaupt nicht mehr weiterreden. Er hatte einen richtigen Hustenanfall bekommen.

WOLFGANG: Ja, das war ein ganz komischer Husten. Ich habe einen chronischen Husten. Aber diesmal hatte ich den Anfall «aus Versehen» immer an den entscheidenden Stellen. Immer, wenn Sabine damit anfing, daß sie auch ohne mich leben könne, hatte ich ein unwiderstehliches Kitzeln im Hals.

M. L. M.: Durch das letzte Beispiel ist deutlich geworden, was eine psychosomatische Störung ist. Ein Thema, das einen sehr bewegt, wird durch einen Hustenanfall abgefangen. Der hat natürlich eine körperliche Grundlage, sie reicht jedoch für ein ganzes Verständnis nicht aus. Psychosomatische Reaktionen treten bei Zwiegesprächen natürlich öfter mal auf.

Zu den Küchenvorwürfen möchte ich auf etwas aufmerksam machen, was man «double talk» nennt, das heißt doppelsinniges Sprechen. Wolfgang ist über Sabines leere Küche hergezogen und hat dann gemerkt, daß in seiner erst recht nichts drin ist. Ein schönes Beispiel für die Verdrehung von Selbstvorwürfen in Vorwürfe.

Doch steckt dahinter noch mehr. Warum denn gerade die leere *Küche*? Was hat das zu sagen? Wofür steht sie? Was bedeutet das Symbol «leere Küche»? Denn so gut wie alles, was wir im Zwiegespräch besprechen, hat außer der Realität – in diesem Falle: die wirkliche Küche – noch eine symbolische Bedeutung. Hier könnte es heißen, Wolfgang wirft Sabine vor: «Du gibst mir nichts, bei dir ist ja nichts zu holen.» Es geht also weniger um die reale Küche, vielmehr um Sabine selbst oder besser: um sein Verlangen nach etwas von Sabine. Weiter ausgesponnen, könnte gemeint sein: «Ich fühle mich einsam und verlassen und möchte jetzt gefüttert werden – aber ich kriege von dir gar nichts.»

Dahinter wiederum steht noch etwas: «Ich werfe dir vor, du gibst mir nichts, weil ich es noch gar nicht hingebracht habe, eine Beziehung zu mir selbst zu finden, in der ich mich selbst beschenken kann.» Oder anders gesagt: «Mir ist es noch nicht gelungen, mich selbst zu akzeptieren. Ich fühle mich innerlich leer. Das mache ich mir zum Vorwurf. Um das nicht aushalten zu müssen, werfe ich es dir vor.» Das alles sagt uns die Küchengeschichte auch.

Ich denke, jeder wird diese innere Auseinandersetzung auf seinem Wege entdecken. Worauf ich aufmerksam machen möchte, ist also der Symbolgehalt, die Erlebnisbedeutung aller sogenannten Fakten, denen wir begegnen. Jedes Ding –

wie hier die leere Küche – ist also auch daraufhin zu befragen, was es einem sonst noch sagen könnte.

Dann möchte ich auf Sabines Bericht vom schweigenden Anfang der Zwiegespräche kommen, vor allem auf das Gefühl, sie habe kein Recht zu reden. Zunächst finde ich schon fortgeschritten, daß Sabine das bei sich entdecken konnte. Andere brauchen Jahre, bis sie ein solches inneres Verbot bei sich bemerken. Deshalb ist Schweigen im Zwiegespräch – als eine Art freier Raum, in dem etwas auftauchen und erkannt werden kann – manchmal sehr hilfreich. Plötzlich entdeckt man eine ganz andere als die gewohnte Schicht, also etwas, das während des Redens in den Hintergrund rückte.

Am Beispiel von Sabine und Wolfgang ist zu entdecken, daß sie einen «Lastenausgleich der Schuldgefühle» durchführten. Etwa so: Ich habe Schuldgefühle, darum darf ich nicht reden – aber welche Erleichterung, daß der andere darunter ebenso leidet. Geteiltes Leid ist bekanntlich halbes Leid. Es ist wohltuend zu sehen, daß es dem andern ebenso geht. Das ist in diesem Falle nicht Schadenfreude. Eher ein «Kontenausgleich», wie manche Familientherapeuten es nennen. Allerdings hilft der einem nicht viel weiter – immerhin verschafft er einem das Gefühl, daß man nicht allein dasteht, sondern gemeinsam in der Tinte sitzt.

Nun kann man versuchen, dahinterzuschauen. Ähnlich, wie ich es beim double talk verdeutlichte, lautet die Frage an sich selbst: Was bedeutet es eigentlich, daß ich mir nicht erlaube zu reden? Mir scheint, im Klartext heißt es: Ich darf nicht zu mir stehen. Ich habe «kein Recht zu werden und zu handeln», formulierte die französische Psychoanalytikerin Maria Torok einmal.[1] Daß wir in Zwiege-

1 Die Bedeutung des Penisneides bei der Frau. In: J. Chasseguet-Smirgel (Hg.), Psychoanalyse der weiblichen Sexualität, Frankfurt (Suhrkamp) 1976, S. 92 ff

sprächen solche Barrieren in uns entdecken, ist nicht zufällig. Denn in Zwiegesprächen versuchen wir ja uns selbst zu entdecken. Das ist ebenso ein innerer Auftrag der Zwiegespräche wie der Entwurf eines Selbstporträts. Vielen erscheinen ihre Zwiegespräche wegen der Selbstentdeckung bedeutender als wegen der Beziehungsentdeckung. Natürlich geht das Hand in Hand. Es ist gar nicht zu trennen.

Wir beginnen uns also auf den Weg zu uns selbst zu machen. Und dann begegnen wir zuerst den eigenen Ängsten. Das kann auch gar nicht anders sein. Denn unsere Ängste verschließen die Türen zu dem unbehaglichen, vielleicht bedrohlichen Selbstbereich. Nehmen wir eine Form der Ängste, die Schuldängste. Bezeichnenderweise beziehen sich die Schuldgefühle auf die Art und Weise zu sein, nämlich so zu sein, wie wir sind. Das erscheint verrückt, ist aber nicht ungewöhnlich, sondern allgemein üblich. Wir sollen ja funktionieren, etwas leisten, dies und jenes tun, aber wir dürfen nur selten so sein, wie wir sind. Das ist von früher Kindheit an Erziehungsstil. Selbständig und autonom zu sein in diesem lebendigen Sinn wird frühzeitig eingeschränkt und macht uns später entsprechende «Autonomieschuldgefühle».

Nun kommt aber eine seltsame Entdeckung: Selbstverwirklichung, ein Tätigwerden ganz für sich selbst, Emanzipation scheinbar im besten Sinne, nämlich alle Aktivitäten von Sabine und Wolfgang, sich breiter zu entfalten, dieses Ideal heutiger Zeit also, kann uns unter Umständen ganz von uns selbst ablenken.

Kurz: Die Emanzipation verhindert die eigentliche Emanzipation. Sabine hat erzählt, daß sie vor lauter frei gewählten emanzipatorischen oder selbstentwickelten Aktivitäten von sich und von Wolfgang wegkommt. Das ist oftmals die geheime Absicht von emanzipatorischen Aktivitäten.

Und das ist eine Wirkung unbewußter Autonomieschuldgefühle.

Aus den Paargruppen, die ich leite, höre ich das ebenfalls. Da
unterzieht sich diese oder jener allen möglichen interessan-
ten Selbstentwicklungswegen. Das Angebot in der Psycho-
szene ist uferlos – von Meditationen auf südlichen Inseln bis
zur Tanztherapie im Wald. Sie sind aktiv und aktiv und
nochmal aktiv. Sie zerfleischen sich in Terminen. Ihrem wesentlichen Partner begegnen sie kaum noch, weil sie die
Selbstwerdezeiten einhalten müssen. Die Beziehung beginnt
auszutrocknen. Schließlich sitzen sie ratlos da. Sie flüchten
in den Abwehrmodus der Verallgemeinerung und klagen,
Beziehungen seien heute gar nicht mehr möglich. Stimmt: so
natürlich nicht.

«Meine wesentlichste Erfahrung ist,
daß mich Zwiegespräche sehr entlasten»

Katrin und Robert: neun Monate Zwiegespräche

Katrin und Robert waren in einer extrem belastenden Lebenssituation. Von ihren vier Kindern starb das jüngste
an einer schweren Krankheit. Ein anderes war durch einen
Unfall eine Zeitlang bettlägerig. Sie hatten von Zwiegesprächen durch mein Buch «Die Liebe ist das Kind der Freiheit»
erfahren und sie als Rettung für ihre aufgeriebene Beziehung
erlebt.

Neun Monate später trafen wir uns, und sie berichteten.

KATRIN: Wir waren an einem Punkt angelangt, an dem es nicht mehr weiterging. Jeder machte seinen Kram alleine. Es ging kaum anders. Die Familie war aufgeteilt in einen, der die Kinder versorgte, und einen, der sich um den todkranken Philipp kümmerte. Ich habe damals meine Halbtagsstelle aufgegeben. Robert fühlte sich fast noch mehr überfordert – sein Berufsstress kam hinzu. Das brachte eine Menge Probleme mit sich. Außerdem trägt man noch die Hypothek der eigenen Kindheit mit sich herum. Die Situation war von vorn bis hinten überfrachtet. Wir sahen keine Lösung. Die Kinder wollten wir nicht außer Haus geben.

ROBERT: Mich hat am meisten unser Umgang miteinander belastet. Er bestand fast ausschließlich in Streitereien. Die objektive äußere Not wäre noch tragbar gewesen. Aber daß wir in den wenigen Freiräumen, die wir hatten, nur noch gestritten haben, das war völlig unerträglich.

KATRIN: Ich fühlte mich durch Roberts Ansprüche schnell überfordert. Bei all dem, was täglich zu leisten war, habe ich sehr empfindlich reagiert. Viele Dinge haben wir unterschiedlich gesehen. Wir konnten die Sichtweise des anderen schlecht tolerieren.

ROBERT: Da kam nun die Idee der Zwiegespräche wie gerufen. Positiv ist für mich daran, eigene Fähigkeiten zu entwickeln. Zum Beispiel: herauszufinden, wann einer den anderen kolonialisiert, also in seine Auffassung einfach eingemeindet. Und auch zu erkennen, warum man das tun möchte, also die Ängste kennenzulernen, die dahinterstecken. Warum wir vom anderen ein angepaßtes Verhalten verlangen. Warum wir selbständiges Handeln des anderen so schwer ertragen. Wir hatten vorher dies und jenes gelesen. Aber die theoretische Kenntnis nützte nichts. Wir wußten, daß die Auseinandersetzung und die Aggression gegeneinander sehr viel mit einem selbst zu tun haben. Wir haben uns stärker mit uns selbst beschäftigt, um an die Ursachen heranzukommen.

Wir haben versucht, es rational auszudiskutieren. Das war völlig müßig. Monatelang war das ein Kreisdiskutieren. Die Kernproblematik stand immer wieder im Raum. Und das war bei mir die Wunschvorstellung, Katrin solle so sein, wie ich es will. Diese unsere Kernproblematik ergab sich auch aus unserer objektiven Lage, die gemeinsames Handeln verlangte.

KATRIN: Ich hoffte, durch die Zwiegespräche zur Toleranz gegenüber anderen Sichtweisen zu kommen. Und ich denke, das ist mir auch ein gutes Stück gelungen.

Für mich war klar, daß jeder Mensch anders denkt, anders empfindet aufgrund der Art und Weise, wie er groß geworden ist und aufgrund der Dinge, mit denen er konfrontiert wird. Ich konnte mir gut vorstellen, daß ich ganz anders handeln würde, wenn mir bestimmte Dinge nicht begegnet wären, wenn ich bestimmte Bücher nicht gelesen und bestimmte Leute nicht getroffen hätte. Ich weiß, daß ich heute ganz anders handle und denke als vor zehn Jahren. Und das muß für alle Leute gleich gelten. Zwei Realitäten können wirklich gleichwertig nebeneinander existieren. Aber bei uns hatte das nicht so geklappt.

ROBERT: Nachdem Philipp gestorben war, haben wir die erste Woche kein Zwiegespräch geführt. Da habe ich gespürt, wie die Spannungen und Mißverständnisse zunahmen. Meine wesentliche Erfahrung ist, daß mich Zwiegespräche sehr entlasten. Es entlastet mich auch die Sicherheit, Katrin meine Empfindungen darstellen zu können, und zu hören, wie ich auf sie wirke. Dieser Austausch ist mir sehr wichtig. Er ist immer wieder neu, in jedem Zwiegespräch, auch nach neun Monaten.

KATRIN: Ich denke auch, daß die Zwiegespräche entlasten. Sie lindern eine innere Gereiztheit. Das Faß füllt sich nicht bis zum Überlaufen.

Das erste Zwiegespräch habe ich als rundum positiv empfunden. Es war ein offener Austausch, ein wechselseitiges Tolerieren und Darstellen von Empfindungen, ein Verständnis füreinander. Wir kamen uns nahe und konnten uns akzeptieren. Ich war begeistert und dachte: Das ist es, was ich immer gewollt habe! Im Zwiegespräch kommt es zum Vorschein.

Das zweite war dann genau das Gegenteil. Das hat mich schnell wieder in die Realität zurückgebracht. Davor habe ich auch heute noch Angst: die Zwiegespräche können «Streitgespräche zum festen Termin» sein, wenn der Tag schon durchreizt war. Vor allem wenn du, Robert, sehr gereizt bist. Dann habe ich wenig Lust, ein Zwiegespräch zu machen. Ich weiß genau, die erste halbe bis dreiviertel Stunde gibt es nur Vorwürfe und Streitereien. Das sage ich dann auch im Zwiegespräch. Ich merke, daß das keinen Zweck hat und verfalle in Schweigen. Daraufhin wird Robert sauer, verliert dann aber seine Aggressivität eingedenk eines Hinweises, daß auch Schweigen beim Zwiegespräch angemessen sein kann. Irgendwann kommen wir dann doch wieder ins Gespräch. Aber dieses Stundenlang-im-Regen-Stehen ist schwer durchzuhalten. Obwohl ich meine, das aggressive Donnern und Blitzen hat auch eine reinigende Funktion. Hin und wieder gibt es natürlich auch Zwiegespräche in sehr entspannter Atmosphäre, die ganz einfach positiv verlaufen.

ROBERT: Das Merkwürdige ist, daß ich mich selbst gar nicht so aggressiv fühle, wie Katrin mich empfindet. Und das ist für mich eben so positiv, daß ich durch die Zwiegespräche von Katrin mitbekomme, wie ich auf sie wirke. Wir sprechen in Zwiegesprächen auch konkrete Situationen an, die wir als problembelastet erlebt haben. Ich bin sehr dankbar, wenn Katrin mir ihre Gefühle zu diesen Szenen mitteilt. Denn die sind mir völlig fremd. Ich hab sie überhaupt nicht entdeckt. Ich bin immer sehr froh, daß ich in den Zwiegesprächen so viel von ihr erkenne. Das hilft mir weiter. Ich kann mein Verhalten ändern. Denn ich möchte sie ja gar nicht verletzen oder gar erniedrigen, wie sie es manchmal erlebt.

Bleibt mein Verhalten aber so im Zwiegespräch, dann blockt Katrin ab. Ich fühle mich dann hilflos, daß wir nicht in ein Gespräch kommen können. Ich möchte mich ja so gerne äußern. Wenn aber das Schweigen überwunden ist, dann holen wir alles, was wir in der Zeit hätten sagen können, in der restlichen Stunde nach. Dann ist alles doch wieder da. Ich habe nicht die Erlebnisse von negativen Zwiegesprächen wie Katrin. Ich habe auch keine Angst davor.

KATRIN: Gut, ich sagte schon, das Durchstehen einer einstündigen Gewitterfront ist auch reinigend. Aber Zwiegespräche, wie ich sie verstehe, sind einfach Gespräche, die ruhig, sachlich und harmonisch verlaufen. Je kontroverser von den Inhalten her und je harmonischer von der Form her, desto besser finde ich sie.

Die Zwiegespräche haben viel bei mir bewirkt. Vor allem ein stärkeres Einfühlen in Denken, Empfinden und Handeln von Robert oder überhaupt von jemand anders. Ich bin mir des anderen am andern viel mehr bewußt. Ich habe vor allem gelernt, erst mal von der Andersartigkeit des anderen auszugehen und nicht mehr seine Gleichartigkeit vorauszusetzen. Mir werden dann in den Zwiegesprächen auch meine Schwächen und Fehler im Umgang mit anderen Menschen deutlich. Viel deutlicher als durch rationales Überlegen oder In-mich-Gehen. Es ist ja ständig ein übendes und lernendes Erleben, ohne daß man es merkt.

Ansonsten haben die Zwiegespräche ganz sicher dazu geführt, daß wir konstruktiver miteinander umgehen können. Sie haben damit unseren Alltag sehr erleichtert. Ich glaube auch, daß der Tod von Philipp von uns nicht hätte bewältigt werden können, wenn wir nicht die Zwiegespräche geführt hätten. Da wäre viel auseinandergebrochen. So hatte ich das Gefühl, wir haben vieles gemeinsam empfunden.

ROBERT: Wir haben wechselseitig sehr viel Halt und Trost geben müssen. Das ist auch weiter noch wichtig. Für mich sind allerdings nicht nur die Gemeinsamkeiten, sondern auch die Abgrenzungen durch Zwiegespräche von Bedeutung. Ich fühle mich nicht mehr so vereinnahmt – und wenn es doch geschieht, kann ich es mit Katrin aufarbeiten.

Vor allem klappt unser Austausch besser und lockerer. Es ist mir leichter geworden, Katrins Empfindungen wahrzunehmen. Und ich kann auch darstellen, daß es ein Mißverständnis ist, wenn sie mich aggressiv empfindet.

Ich finde die Zwiegespräche unersetzbar. Wenn ich mit guten Freunden rede, ist der Austausch nicht in dieser großen, radikalen Offenheit da. Ich nehme zum Beispiel doch auf deren Eigenarten Rücksicht. Ich traue mich auch nicht zu einer so intensiven Auseinandersetzung, weil oft die Zeit einfach fehlt. Wenn ich sonst mit Katrin Wesentliches rede, dann merke ich, daß die Zwiegespräche eine ganz andere Qualität haben. Ich lasse mich stärker ein und bin auch viel gelöster. Im übrigen haben wir – mit all den Kindern – sonst keine so ungestörte Zeit.

«Ich habe das Gefühl,
erotisch befreit zu sein»

Christine und Andreas: drei Jahre Zwiegespräche

Immer zu Hause
Eines Tages erreichen wir unser *Ziel* – und weisen nunmehr mit
Stolz darauf hin, was für lange Reisen wir dazu gemacht haben. In
Wahrheit merkten wir nicht, daß wir reisten. Wir kamen aber da-
durch so weit, daß wir an jeder Stelle wähnten, *zu Hause* zu sein.
Friedrich Nietzsche[1]

Christine und Andreas betrachten im Rückblick ihre Zwiegespräche. Christine, Anfang Dreißig, ist Sozialarbeiterin, Andreas, Anfang Vierzig, Familientherapeut. Beide nahmen am
ersten Seminar teil, das ich zur Sprachlosigkeit in der Zweierbeziehung angeboten hatte. Danach sind sie gleich zur Tat ge-
schritten und haben nun drei Jahre lang Zwiegespräche erlebt.

CHRISTINE: Zwiegespräche sind für mich ein besonderer
   Raum zu zweit. Sie sind ganz anders als andere wesentliche
   Gespräche, die wir ja auch führen.
Wenn es losgeht, ist plötzlich eine innere Stille da, eine Auf-
   merksamkeit auf etwas, was noch gar nicht da ist, was sich
   erst zeigen wird ...
ANDREAS: ...als wenn ein Engel durch den Raum geht, so sagt
   man doch manchmal.
CHRISTINE: Genau. Und ich habe das Gefühl, daß ich diesen
   Raum in mir selbst schaffe. Er ist weiter und geht tiefer hin-
   unter.
Ich traute mich plötzlich, auch Seiten von mir zu zeigen, die
   ich häßlich finde. Ich habe gespürt, daß du sie vestehst, weil

1 Friedrich Nietzsche, Werke in drei Bänden (Hg. Karl Schlechta), Band
II, Die fröhliche Wissenschaft, München (Hanser) 1956, S. 157

du sie da eher annimmst. Also: ich fühle mich im Zwiegespräch eher angenommen. Das finde ich wesentlich. Es ist komisch, es ist sonst ja auch so, aber in diesen Gesprächen ist es intensiver.

ANDREAS: Ja, wo finden wir denn auch sonst im Alltag diese ungestörte Konzentration füreinander? Für mich ist die frei dahinfließende Aufmerksamkeit auch entscheidend. Sie richtet sich nicht nur auf die Worte, sondern auf alles. Ich habe dich ja oft ganz anders wahrgenommen, durchmischt beinahe mit Traumbildern, fällt mir jetzt ein. Ich bin viel geöffneter für die Phantasien, die in mir ablaufen.

CHRISTINE: Ja, du nimmst Seiten vom anderen wahr, die du normalerweise nur am Rande bemerkst.

ANDREAS: ...die man im Alltag mehr oder weniger in den Hintergrund drängt.

CHRISTINE: Man ordnet nicht so viel weg. Es ist aber auch ein Gespräch, das nicht so an Themen gebunden ist. Das ist ein Unterschied zu wesentlichen Frühstücksgesprächen zum Beispiel. Ein weiterer Unterschied liegt für mich auch darin, daß ich mir sonst deiner Aufmerksamkeit nicht so sicher bin. Ich kann dann in diese Tiefe nicht eintauchen.

ANDREAS: Unsere Frühstücke finde ich nun wirklich schön. Aber im Unterschied zum Zwiegespräch entgeht mir viel von dir. Im Zwiegespräch widme ich mich dir, mir und unserer Beziehung viel klarer. Manchmal kommt man ja auch sonst auf etwas ganz Tiefes, aber es wird nicht richtig aufgegriffen. Erinnerst du dich noch, wie ich einmal deine Füße in den Ferien so häßlich fand. Aber das blieb dann so isoliert als Bruchstück eines Gefühls im Kopf hängen, nur eine Wahrnehmung ohne Zusammenhang. Erst im Zwiegespräch am Strand wurde klar, daß ich wütend auf dich war und enttäuscht. Da war der Zusammenhang da. Und als die Gefühle raus waren, kamen mir deine Füße nicht mehr häßlich vor. Das war für mich ein starkes Erlebnis.

CHRISTINE: Ja, außerhalb der Zwiegespräche kommt man wohl auch sehr in die Tiefe, aber dann fehlt der Tiefe die Weite, es fehlen die ganzen Assoziationen, die dazugehören. Es bleibt eingeengter, abgekapselter, was du fühlst und erlebst.

Ich finde übrigens, daß sonst auch zuviel ablenkt. Schon Essen ist eine Ablenkung. Du tust was. Du genießt was. Du führst dir etwas zu. Da werden viele seelische Kräfte einfach abgezogen.

ANDREAS: Die Bündelung der seelischen Energien ist im Zwiegespräch am besten, finde ich. Es ist eine Art Meditation zu zweit.

CHRISTINE: Finde ich auch. Ich wollte übrigens noch was sagen zu meiner Motivation, Zwiegespräche zu machen. Mir kommt ein Bild: Es ist wie ein gemeinsames Eintauchen, ich denke, in die Beziehung, in uns selbst. Und daß wir etwas zusammen schaffen, etwas ganz Ausschließliches, das eine große Nähe entstehen läßt.

ANDREAS: Mein ganz entscheidendes Interesse war, daß ich mit dir einen gemeinsamen Ort habe, an dem es mir am ehesten gelingt, deine Bedürfnisse und meine Bedürfnisse möglichst tiefgehend und weitschauend wahrzunehmen – und dann auch zu verwirklichen. Also dich nicht zu übergehen und auch mich nicht zu übergehen.

CHRISTINE: Wenn du das so sagst, kommt es mir vor, als ob man sich eine gemeinsame Heimat schafft. Ich meine eine innere Heimat, einen Boden.

ANDREAS: Noch etwas halte ich für sehr bedeutsam: daß ich dir gegenüber durch ein Zwiegespräch so freundlich werde. Weil ich das Gefühl habe, daß ich mit dir alles abstimme. Meine Schuldgefühle, daß ich mehr als du bestimme, lindern sich. Ich bin in der Lage, dich wirklich zu beachten – durch die Situation des Zwiegesprächs. Was da passiert, ist das Gegenteil von Egoismus und Altruismus – jetzt hab ich es endlich begriffen – es ist «den Weg zu zweit gehen», kein Ego-trip und kein zusammengebackenes Wir. Verstehst du, was ich sagen will?

CHRISTINE: Ich denke schon. Zwiegespräche bereichern jeden von beiden zu gleichen Teilen, auch wenn das oft erst später deutlich wird.

ANDREAS: Was mir auch sehr wichtig ist: Wenn ein Zwiege-spräch zu Ende ist, hab ich die Sicherheit, daß es das nächste Mal weitergeht.

CHRISTINE: Genau, das ist noch ein Unterschied zu anderen wesentlichen Gesprächen. Egal, was im Zwiegespräch pas-siert, ob ich dich verletze oder selber verletzt werde, ob ich wütend oder gekränkt bin, ich weiß, daß das irgendwann aufgelöst wird. Es bleibt nichts stecken oder stehen.

ANDREAS: Es ist im Grunde die Einstellung: zwei sollen wirk-lich etwas verstehen und versuchen, hinter die Fassade zu gucken.

CHRISTINE: Ja. Und wenn einmal etwas nicht verstanden wird, dann versuchen wir es zu verstehen. Und das gelingt, weil ich mich da auf dich einlasse und auf mich. Zum Bei-spiel: Wenn ich mich sonst offen zeige, schäme ich mich und lache dann. Im Zwiegespräch kann ich mich ausziehen und mich schämen, ohne lachen zu müssen.

ANDREAS: Das Zwiegespräch ist auch ein schützender Raum.

CHRISTINE: Es erlaubt, sich so zu zeigen, wie man ist. Ich finde es nur schade, daß es nicht immer so ist.

ANDREAS: Ich könnte mir natürlich eine Lebenssituation vor-stellen, die ganz unbelastet wäre von allem Broterwerb, eine Dauerferiensituation, ein Dasein in vollständiger Gelassen-heit, in dem wir ununterbrochen wie in einem Zwiegespräch leben. Aber dieses Idyll ist eben nicht gegeben. Dann ginge das Zwiegespräch noch über das Sprechen hinaus. Da sehe ich eine Ähnlichkeit zwischen Zwiegesprächen und Liebe-machen.

CHRISTINE: Wir haben ja auch manchmal gleich nach einem Zwiegespräch miteinander geschlafen. Es hat fast immer erotisierend gewirkt. Nur fehlte uns anschließend meist die Zeit für die Körper-Zwiesprache. Die Art und Weise der Beziehung ist im Zwiegespräch genauso offen, aufeinander bezogen und durchlässig wie beim Liebemachen.

Die ganze Beziehung
ist die erogene Zone

«Was ist das Siegel der erreichbaren Freiheit?
Sich nicht mehr vor sich selber schämen.»

Friedrich Nietzsche[1]

Weiß man nicht recht weiter in der Liebe, begibt man sich auf die Pirsch nach einer erogenen Zone. Unser «polymorph perverses» Dasein, wie Sigmund Freud die frühe, «vielgestaltige», allerlei «Perversionen» umfassende kindliche Sexualität nannte, scheint in reizende, kleine Körperareale zu zerfallen: meßbar, faßbar, eingegrenzt – oral, anal, genital. Je strenger die Sexualwissenschaft forscht, desto mehr solcher erotischer Sprengel tun sich auf im Lande der Liebe. Der Mensch ist aber grundsätzlich offen, nicht festgelegt wie die Tiere, sondern ausgestattet mit einer ungebundenen «Hypersexualität»[2], die für arterhaltende Bindung, aber auch für massive Ängste und

1 Friedrich Nietzsche, Werke in drei Bänden (Hg. Karl Schlechta), Band II, Die fröhliche Wissenschaft, München (Hanser) 1956, S. 160
2 Vgl. z. B. Irenäus Eibl-Eibesfeldt, Grundriß der vergleichenden Verhaltensforschung (3. erweiterte Auflage), München (Piper) 1972, S. 244

chaotische Episoden sorgt. Dieses Ungeheuer an freier Ausstattung spricht dem Gehege dieser Zonen hohn. Allgemeingültig sind die Areale nicht. Jeder Mensch kann seine Lustzonen entdecken, wo er will. Die Wahrheit ist das Ganze: die Gesamtheit der ganzen Beziehung.

Da Zwiegespräche der Inbegriff tätiger Beziehung sind, wirken sie ununterbrochen in erogener d. h. «verlangenerregender» Gegend. Auch wenn es in ihnen bewußt um etwas gänzlich anderes gehen sollte. Um Haß zum Beispiel, die Enttäuschungsform der Liebe. – Das ist *eine* Perspektive des Zusammenhangs zwischen Erotik und Zwiegesprächen.

Eine andere bezieht sich auf deren Wirkung. Seit Menschengedenken sind alle Kulturen erpicht auf Liebesmittel, auf Aphrodisiaka. Mit den Beziehungen der Paare – kann man daraus schließen – stand es schon immer nicht zum besten. Denn was ist das wirksamste Aphrodisiakum? Jeder weiß es, keiner wagt, die Einsicht auszusprechen: das lebendige Paar.

Christiane und Wilhelm wirkten bei einem ersten Gespräch mit mir sehr geordnet, geradezu gepflegt. Selten hatte ich eine so vollkommen abgestimmte emanzipierte Welt gesehen. Und doch fehlte etwas Entscheidendes, Wesentliches. Christiane: «Etwas Lebendiges, Wildes.» Sie waren wechselseitig von großer Toleranz, was erotische Beziehungen zu anderen betraf. Innerhalb der Beziehung aber war die Sexualität abgestorben. Das gibt es. Das kann normal sein. Hier aber lagen die Verhältnisse anders. Etwa erotische Abnützung, Verschlissenheit, Verbrauchtsein? Nichts zeigt unheimlicher als diese verbreitete Auffassung, wie blindlings jedermann die Erotik als Ding, als Gebrauchsgegenstand ansieht. Was lebt, wie die Erotik, wächst, wenn es zum Leben kommt. Die Abstumpfungstheorie trifft fast nie zu. Vielmehr sind es zum einen die tieferen wechselseitigen Übertragungen, die das erotische Leben bei mehrjährigen festen Paaren bremsen. Zum anderen ist es die Unfähigkeit, sich über die kleinen Feinheiten sexuellen Tuns offen auszutauschen. Wir kommen aber auf Dauer nur schwer miteinander zu Rande, wenn wir nicht einfach, direkt und konkret über unser Liebemachen reden. Auch hier steckt der Teufel im Detail. Das kann ein Paar in erotischen Zwiegesprächen nach und nach lernen. Christiane und Wilhelm kamen aus ihrer «Emanzipation ohne Pfiff» in wenigen Jahren durch offeneren Austausch heraus.

Bei anderen ist die Mühsal größer, aber schließlich auch erfolgreich. Bernhard war eines Tages nicht in der Paargruppe. Ursula und er führten schon seit über zwei Jahren Zwiegespräche. Mit gutem Erfolg. Gleichzeitig waren sie beide in der Selbsterfahrungsgruppe. Nun aber rang sich Ursula ein für sie peinliches Geständnis ab. Es gelang ihr in Abwesenheit von Bernhard – also dort, wo schwierige Emanzipationsschritte leichter fallen: außerhalb der gegenwärtigen Beziehung –, endlich eine Scham zu gestehen. Ihr gelinge es bis heute nicht, Bernhard zu sagen, daß sie gern mit ihm schlafen wolle – auch wenn sie große Lust habe. Mehr oder weniger, auf diesem oder jenem Gebiet, geht es uns allen so. Ursula hat für sich einen großen Schritt getan. Jahrelang kann man ein solches Geständnis im Sinn haben. Wenn man es schließlich aussprechen kann, geht die restliche Entwicklung bis zur Offenheit rasch. Ursula war nicht einmal in der Lage, Bernhard zu sagen, daß sie sich schäme. Ihr fehlte also die Möglichkeit, mit ihm gemeinsam die Angst abzubauen. Ja, sogar der von mir in solchen Fällen empfohlene Schritt war ihr unmöglich, eine unüberwindliche Scheu so anzugehen, daß man nur die Ängste mit dem anderen bespricht – ohne zu benennen, worum es sich im einzelnen handelt.

Der Respekt vor der Scham, das Recht, sich schämen zu dürfen, ist vielleicht der beste erste Schritt in der gemeinsamen Liebesarbeit.

Was bedeutet das: *Liebesarbeit?* Dieser ungewohnte, ungemütliche Begriff beruht auf der Einsicht, daß eine Liebe in dieser Leistungsgesellschaft und bei unserem heutigen unzureichenden Aufwachsen nicht von selbst gelingen kann, wenn wir nicht aktiv, entschlossen und mit wachen Sinnen für ihre besten inneren und äußeren Bedingungen sorgen. Andernfalls schläft sie ein. Wie man sich bald nichts mehr zu sagen hat, wenn man sich zu wenig sagt, so hört die Liebe auf, wenn wir nicht auf sie achten. Grenzenlos ist das passive Verlangen, sie möge von selbst geschehen. Sie geschieht aber nur, wenn wir ihre Bedingungen bewahren.

Die erste konkrete Mindestbedingung für die Liebe ist, ihr genügend gemeinsame Zeit zur Verfügung zu stellen. Die zweite ist ein langfristiges gemeinsames Aufarbeiten der zahllosen inneren und äußeren Behinderungen, also eine Gelegenheit, bei der ein Paar seine erotische Existenz betrachtet und – wenn erwünscht – zu bewahren versucht.

Das sexuelle Erleben ist durch und durch gesellschaftlich bedingt. Es ist bei uns allen tief deformiert, versachlicht und wieder mystifiziert. «In der Mystifikation der Liebe produziert die Verdinglichung ihre eigene Verdeckung», analysierte Volkmar Sigusch.[1] Politisches Bewußtwerden und persönliche Selbsterfahrung müßte gleichzeitig geschehen. Wer das eine schätzt, versäumt in der Regel das andere. Die enorme Entwicklungsarbeit gelingt nur selten befriedigend. Aber es gibt deutlich unterschiedliche Entwicklungsstufen. Im persönlichen Bereich können gegen die liebesbehindernde Gesellschaft bessere «Gegenbedingungen» für die Liebe geschaffen werden. Mehr als eine ökologische Nische für eine bessere Erotik können wir nicht erreichen. So schmal der graduelle Gewinn theoretisch erscheinen mag, die Unterschiede im erotischen Erleben sind von Paar zu Paar und von Entwicklungsstufe zu Entwicklungsstufe manchmal enorm.

Johannes sagte nach zwei Jahren Zwiegesprächen, wie gut

1 Volkmar Sigusch, Die Mystifikation des Sexuellen, Frankfurt, New York (Campus) 1984

sie sich auch auf die Erotik in seiner Beziehung auswirkten. «Unser erotisches Zusammensein erlebe ich jetzt als ausgeglichen und strömend statt anstrengend und ermattend.» Symbolisch für beide wurde sein Empfinden: «Als wir gestern nacht zusammen schliefen, habe ich zum ersten Male das Gefühl gehabt, bei dir in der Mitte zu sein, so als ob die Geschlechtsorgane die Mitte von uns ausmachen würden.»

Johannes erlebt die Mitte. Er hatte auch sonst das Gefühl, mehr zu sich gekommen zu sein. Er und seine Frau Gabriele haben ein Haus gemeinsam durch sich und in sich gefunden. Das zentrale Geschehen für eine gute Erotik ist also die Entwicklung der Beziehung. Das sexuelle Erleben spiegelt genau die bewußte und unbewußte Verfassung der Beziehung. Manche Paare merken, daß in ihrer Beziehung «etwas nicht stimmt» oder etwas besonders gelungen ist, zuerst durch ein anderes Erleben im Bett.

Tatsächlich dürfte die erotische Hauptwirkung der Zwiegespräche daher stammen, daß sie die feinen und groben Schwierigkeiten des Paares ununterbrochen aufarbeiten. Nahezu jede sexuelle Störung entspringt einer Beziehungsstörung. Eben deswegen führen wir sie so gern auf Körperliches zurück: wir drücken uns dadurch vor der Begegnung mit den gemeinsamen seelischen Unbilden.

Zu ihnen gehören die unausgesprochenen Details des Liebemachens. Zwiegespräche fußen eher auf aktivem Lieben, weniger auf der passiven Erwartung, geliebt zu werden. Aber sie versuchen vielleicht, Geliebtwerden durch aktives Lieben zu erreichen. Bis sich offenbart, daß eines vom anderen nicht getrennt werden kann, eines des anderen zweites Gesicht ist.

Soweit Zwiegespräche angstfähig machen, befreien sie auch die Liebe. Denn der größte Widersacher der Liebe ist die Angst. Ebenso entstört der gelingendere Umgang mit der Fülle negativer Empfindungen. Die Stärkung der Selbständigkeit macht fähiger, sich tiefer einzulassen. Das wechselseitige Lernen, sich miteinander abzustimmen, erhöht den Genuß der Liebe. Die Aufhebung des doppelten Teufelskreises leitet eine Entwicklung des Paares ein, durch die das erotische Leben sich vertieft, statt wie üblich zu versanden.

Alle Wirkungen der Zwiegespräche tragen zur Erotisierung bei: der Gewinn an Intimität; das wechselseitige Einvernehmen, sich verstehen zu wollen; die befriedigenderen Kompromisse; die Minderung der gemeinsamen Abwehr; das Annehmen der Andersartigkeit; die Selbstgeburt des Paares; die vielfältige Eigenbefähigung; die bessere Chance, Lebensereignisse zu verarbeiten; die «durchsetzungsfähige Kooperationsbereitschaft». Zwiegespräche sind also ein mehrfach ansetzendes seelisches Aphrodisiakum. Jean G. Lemaire: «Die Verbesserung der Kommunikation erlaubt die Entdeckung bisher unbekannter Erwartungen der Partner, eine Neuorganisation der Beziehung im ganzen, verbunden mit einer neuen gegenseitigen Idealisierung und Erotisierung.»[1]

Das erotische Leben wird nicht nur von Enttäuschung und Gereiztheit, soweit es geht, befreit, sondern auch bewußter. «Ich liebe dich. Was heißt das denn? Welches Ich liebt dich? Wie liebt es dich? Und welches Du ist gemeint?» sagte Johanna, als sie ein erotisches Zwiegespräch erwähnte, in dem sie diesen «Satz aller Sätze» aufschlüsselte.

Daß gemeinsame Sexualität eine Art Lückenbüßer für eine hohle Beziehung sein kann, eine Plombe für die innere Leere, kann im Zwiegespräch auch bewußt werden. Daß es dringend nötig ist, nein zu sagen, wenn man nicht will, ohne mit Schuldgefühlen zu reagieren, ist oft eine erste Erkenntnis in Zwiegesprächen. Daß nicht die Häufigkeit oder die Länge des Liebemachens entscheide, wird manchmal als Wahrheit, manchmal als Vorwand enthüllt.

1 Jean G. Lemaire, Das Leben als Paar, Olten und Freiburg im Breisgau (Walter) 1980, S. 238

«Ich weiß jetzt, daß ich etwas für die Liebe tun kann. Ich habe nicht mehr das Gefühl, hilflos einem mir unbekannten Geschehen ausgeliefert zu sein. Es ist nicht zu glauben, wie unkompliziert sich manches auflöst. Am meisten befreite mich das Einfachste in der Welt: zu sagen, was ich möchte.» Gabrieles Worte treffen ins Zentrum. Das Gefühl, selber für die Liebe tätig sein zu können, nicht nur die Beziehung, sondern auch die Erotik aktiv herzustellen, löst das sonst vorherrschende Empfinden ab, das Schicksal der Liebe bloß hinnehmen zu müssen. Das wird noch manchem zu denken geben, der die oft zitierte Unbeständigkeit der Liebe nun als hausgemacht verstehen lernt. Geht ein Paar dennoch auseinander, dann wissen die «Partner» wenigstens, daß sie es wirklich und warum sie es wollten.

Thomas: «Seit ich Zwiegespräche kenne, hat Liebemachen für mich einen viel größeren Sinn bekommen. Ich mache sie nicht nur im Bett oder sonstwo, ich mache sie mit dir gemeinsam in der Beziehung. Wie soll ich sagen? Ich stelle sie mir mit dir selber her.»

Paaren kann die «Quadratur des erotischen Kreises» gelingen: Bindung und Freiheit zu vereinen. Die stärkere Bindung, die wachsende Offenheit eigenen Wünschen gegenüber und die Einsicht in das Leben einer Beziehung schaffen zunächst einen starken Konflikt zwischen größerem Geborgenheitsverlangen und stärkerer Abenteuerlust. Ein Paar kann sich aber mehr Freiheit einräumen, wenn es der eigenen Bindung vertraut und verstanden hat, daß Gefühle zu anderen ebensowenig unterdrückt oder umgezwungen werden können wie die Empfindungen zueinander.

Schließlich können sich zwiegesprächserfahrene Paare auch verletzungsfreier trennen. Oft entdecken sie in Zwiegesprächen ihren Wunsch, sich voneinander zu lösen, als den gemeinsamen Nenner, durch den die Teilung vollzogen wird.

Drittes Kapitel

Was beide angeht,
können nur beide lösen

«Wie ein Entmannter, der bei einem Mädchen liegt,
ist einer, der mit Gewalt das Recht durchsetzen will.»
Jesus Sirach, Das rechtzeitige Reden und Schweigen [1]

«Doch ich sehe auch, daß davor zu fliehen
heißen würde, es zu beherrschen oder abzuweisen.»
Fernando Pessoa, Das Buch der Unruhe [2]

1 Das Buch Jesus Sirach, 20,4, zitiert nach der Einheitsübersetzung der Heiligen Schrift, Die Bibel, Stuttgart (Deutsche Bibelstiftung) 1985, S. 769
2 Fernando Pessoa: Das Buch der Unruhe des Hilfsbuchhalters Bernardo Soares, Zürich (Ammann) 1985, Seite 33

Die Grundordnung der Zwiegespräche

Zwiegespräche geben der Entwicklung freien Raum. Diese Freiheit hat ein Fundament: die Grundordnung. Sie enthält die Bedingungen, auf die es ankommt. Ohne diesen Rahmen gelingen Zwiegespräche nicht. Er scheint so leicht, daß er oft nicht beachtet wird. Doch jedes seiner Elemente ist entscheidend für die Wirkung der wesentlichen Gespräche. Die Ordnung gibt man sich selbst, kein anderer. Es ist eine ungewohnte Aufgabe, diesen Grund und Boden kennen und wahren zu lernen. Er verdient es, bekannt zu sein wie eine gute Gewohnheit.

Die Grundordnung umgreift etwa folgendes: Zwiegespräche brauchen wenigstens einmal in der Woche anderthalb Stunden ungestörte Zeit. Die Regelmäßigkeit ist das Geheimnis ihres Erfolges. So geht der rote Faden (des gemeinsamen Unbewußten) nicht verloren. Jeder spricht über das, was ihn bewegt: wie er sich, den anderen, die Beziehung und sein Leben erlebt. Er bleibt also bei sich. Das Gespräch hat kein anderes Thema. Es ist offen. Reden und Zuhören sollten möglichst gleich verteilt sein. Schweigen und Schweigenlassen, wenn es sich ergibt. So sind ausgeschlossen: bohrende Fragen, Drängen, Kolonialisierungsversuche. Zwiegespräche sind kein Offenbarungszwang. Jeder entscheidet für sich, was und wieviel er sagen mag. Beide lernen durch Erfahrung, daß größtmögliche Offenheit am weitesten führt.

Sich wechselseitig einfühlbar zu machen ist das erste Ziel der wesentlichen Gespräche. Nur so kann eines das andere wirklich miterleben. Wenn uns das gelingt, beginnen wir zu begreifen, was eine Beziehung sein kann. Weitere Ziele ergeben sich von selbst. Sie wechseln mit der Entwicklung. Das Paar erlebt eine Evolution zu zweit.

Wenn beide für dieses «Setting» (den Rahmen) sorgen, sorgt es seinerseits für alles. Vor allem garantiert es die unbewußte Selbstregulation der Entwicklung zu zweit.

Begründung der Grundordnung

Jedes Element der Grundordnung ist mehrfach begründet. Selbst zu wissen, was die Elemente trägt, festigt die Bindung an die Zwiegespräche, den Wunsch, sie zu führen, die Kontinuität und damit den Erfolg.

Warum mindestens einmal in der Woche? Warum regelmäßig? Warum anderthalb Stunden und nicht weniger oder mehr? Warum ganz ungestört? Warum überhaupt als eine Art Termin und nicht dann und wann, wenn es sich gerade ergibt? Warum jeder über sich, wo doch der andere vor einem sitzt?

Weiß das Paar darauf zu antworten, wird es der Grundordnung gegenüber verantwortlich. Vorher kann das nicht gelingen. Es kommt weniger zu blindem Verändern des Rhythmus, der Dauer, der Kontinuität und der Art des Gespräches, wenn beide wissen, was sie tun. Da es keinen anderen gibt, der auf den Rahmen achtet – wie es etwa der Therapeut bei einer Behandlung tut –, ist es Sache des Paars, die Grundordnung zu bewahren.

Woraus ergibt sich die Häufigkeit, *die wöchentliche Frequenz?* Ich nenne einige Beispiele.

In den meisten Psychotherapieformen gilt als Mindestmaß eine Sitzung pro Woche. Ich halte diesen Wochenabstand nicht für Zufall. Mit ihm bleibt die kontinuierliche Entwicklung einigermaßen erhalten. Die Erfahrung zeigt, daß beispielsweise bei einem Abstand von vierzehn Tagen der innere «rote Faden» reißt.

Denn zu einer guten seelischen Entwicklung gehört eine gewisse Intensität der Auseinandersetzung, das heißt der Begegnung des Bewußtseins mit dem Unbewußten. Genau das erlebt ein Paar im Zwiegespräch. Es begegnet sich selbst, im wesentlichen seinem gemeinsamen Unbewußten, indem es sein «unbewußtes Zusammenspiel» entdeckt («Ich bin so, weil du so bist – und umgekehrt»). Die wöchentliche Begegnung scheint dafür auszureichen. Weniger aber darf es nicht sein.

Der entscheidende Maßstab ist die Zeitmenge, die ein Paar sich einräumt, um sich in Zwiegesprächen auf sich selbst zu besinnen. Gegliedert wird die Menge durch die Verteilung dieser Zeit, also den Rhythmus, die Frequenz. «Einmal in der Woche» erweist sich als günstig. Dadurch kommt – und bleibt – die seelische Strömung in Gang.

Deswegen gilt die wöchentlich stattfindende Sitzung auch international für Gruppentherapien. Aber nicht nur das. Als die professionelle Gruppenbehandlung in den dreißiger und vierziger Jahren entwickelt wurde, begann auch die Bewegung der Selbsthilfegruppen.[1] Die ersten Anonymen Alkoholiker trafen sich ebenfalls wöchentlich.

Hinzu kommt die gesamtgesellschaftliche Gewohnheit als Hintergrund für den wöchentlichen Rhythmus der Zwiegespräche. Denn nahezu alles geschieht wöchentlich. Arbeit, Freizeit, Börse, Liebe, Medien sind nach Wochen strukturiert, weil unser Kalender diesen Rhythmus vorgibt. Also ist die Wochenfrequenz der Zwiegespräche schlicht praktisch: leicht zu merken, gut einzurichten, der allgemeinen Wochenplanung konform.

Warum anderthalb Stunden? Weil psychologische Untersuchungen ergaben, daß Menschen sich im Durchschnitt etwa

---

1 Michael Lukas Moeller, Zur Dynamik der Selbsthilfegruppen im Vergleich mit Gruppentherapie, in: Dorothea von Ritter-Röhr (Hg.), Gruppenanalytische Exkurse, Heidelberg (Springer) 1988

neunzig Minuten relativ anstrengungsfrei konzentrieren können. Selbst Kinofilme nehmen darauf Rücksicht. Machen wir länger, so ermüden wir – zunächst ohne es zu merken. Eine unterschwellige Erschöpfung, gleichbedeutend mit höherer Anstrengung, führt zu erhöhter Gereiztheit. Diese seelische Verfassung sorgt für eine unbewußte Auswahl aggressiv getönter Themen. Wir bearbeiten dann im Zwiegespräch als unbewußtes Zentralthema die aggressive Gereiztheit, unsere Ermüdung und Anstrengung also, und nicht das, was uns im Leben bewegt.

Natürlich ist die Konzentrationsfähigkeit von Situation zu Situation, von Mensch zu Mensch, von Thema zu Thema, von Beziehung zu Beziehung unterschiedlich.[1] Anderthalb Stunden sind jedoch ein guter Durchschnittswert.

Ein Paar kann auch zwei Stunden vereinbaren, wenn es meint, das entspreche den eigenen Bedürfnissen besser. Aber es sollte sich *auf eine Zeitspanne einigen*. Die *Grenzziehung* ist entscheidend, denn das Unbewußte nutzt, umspielt und mißbraucht die Grenze. Viel ist zu erkennen, wenn beispielsweise das Wesentlichste drei Minuten vor Ende zur Sprache kommt. Es soll sich zwar zeigen, aber nicht zu ausgiebig – so etwa lautet die unbewußte Botschaft einer solchen Angstdosierung. Sieht man die Grenze, so kann man diese Abwehrform erkennen. Sonst nicht so leicht.

Die Mehrheit allerdings will nicht zwei Stunden. Sie empfindet anderthalb Stunden als reichlich. Ich kenne auch Paare, die regelmäßig drei oder gar fünf Stunden versucht haben, doch sind sie Ausnahmen. Paare neigen eher zur *Kürzung* – etwa auf

---

1 Vgl. zu den unterschiedlichen Typen von Paarbeziehungen z. B. Ludwig Reiter, Gestörte Paarbeziehungen, Göttingen (Vandenhoeck und Ruprecht) 1983 und Elmar Brähler, R. Ernst und Christa Brähler, Typische Paarbeziehungsstrukturen im Gießen-Test, Psychotherapie, Psychosomatik, Medizinische Psychologie, 36, Juni 1986, S. 187–198

eine Stunde. Das ist fast immer ein Symptom des Unbehagens, sich selbst zu begegnen. Es ist aber auch sonst nicht zu empfehlen. Die Beziehung und das Unbewußte brauchen Zeit, Raum und Ruhe, um sich in die Tiefe zu entfalten. Weniger als anderthalb Stunden engen zu sehr ein. Sie verringern die Chance, sich einzulassen. Zwiegespräche sollten nur im Notfall abgekürzt werden.

Die Zeit von anderthalb Stunden pro Woche ist vom Rhythmus und von der Menge her gesehen gut. *Zweimal in der Woche* scheint allerdings das Optimum zu sein. So jedenfalls berichten erfahrene Gruppenanalytiker. Ich empfehle es Paaren mit starkem Entwicklungsbedürfnis – besonders zu Beginn einer Beziehung, wo die Verliebtheit noch nach wechselseitigem Austausch drängt – und Paaren in Krisenzeiten.

Ist der *Wochenrhythmus* aus innerem, unbewußtem Widerstand oder tatsächlich aus äußeren Umständen *unterbrochen*, dann sollte ein Paar den Verlust ausgleichen. Als Maß dient die versäumte Zeitmenge; allerdings sollte man nicht mehr als anderthalb bis zwei Stunden auf einmal nachholen. Ist eine Sitzung ausgefallen, kann ein Paar in der nächsten Woche zwei durchführen. Es kann auch Doppelsitzungen vereinbaren, mit einer Viertelstunde Pause dazwischen. Wer ein großes Entwicklungsbedürfnis hat, eine schwere Krise klären möchte oder eine längere Pause hinnehmen mußte, kann Zwiegespräche auch bündeln, also in wenigen Tagen in dichter Reihenfolge abhalten. Damit überwinden manche Paare die Anlaufschwierigkeiten der ersten zehn Zwiegespräche in zwei Tagen. Sie beansprucht sonst fast ein Vierteljahr. Solche «Marathons» sind in Perioden angezeigt, in denen das Paar viel an sich selbst zu arbeiten hat. So etwa bei großen Lebensveränderungen oder nach langen Phasen des Getrenntlebens.

Das Unbewußte reagiert empfindlich auf Unterbrechungen. Es zieht sich zurück – wie ein Kind, das im Stich gelassen wurde. Paare berichten von unerwarteter Mühsal, nach Pausen wieder in Gang zu kommen. Jedem Psychotherapeuten ist das geläufig. Natürlich wird genau das zum unbewußten Widerstand: erst sorgt man verdeckt für Unterbrechungen, um dann den Zwiegesprächen den Garaus zu machen. Dem kann man entgegenwirken, wenn man wenigstens eine Vernarbung der «Unterbrechungswunden» anstrebt. Das gelingt durch möglichst gerechtes Nachholen der verlorenen Zeit.

Die *Begrenzung der Gesprächszeit* ist nötig, weil viele Paare – sind sie erst einmal in Fahrt gekommen – gern die von ihnen vorgesehene Spanne überschreiten. Nicht nur die Ermüdungseffekte und die Vernebelung der erwähnten Grenzerscheinungen sind dann zu bedenken. Es steht mehr auf dem Spiel. Dreistündige Zwiegespräche ohne Pause führen langfristig zu einem Kater, auch wenn sie wie ein Rausch verlaufen. Im nachhinein erst entdeckt man, wie anstrengend das war. Das Geheimnis der Zwiegespräche liegt in ihrer zeitlichen Begrenzung. Nur sie erlaubt die Grenzenlosigkeit der Zweierentwicklung. Zwiegespräche sind einer Wanderung vergleichbar: Ein zu schnelles Tempo, eine überhöhte Anstrengung, eine unangemessene Ausdehnung der Etappen bedeuten das vorzeitige Ende. Es geht ja nicht nur darum, das einzelne Zwiegespräch zu erhalten, sondern den ganzen Rhythmus der Gespräche.

Besinnung auf sich und die Beziehung erfordert Ruhe, auch wenn es dann zum Krach kommt. In Zwiegesprächen geschieht so viel – auch jenseits der Worte –, daß jede Ablenkung als störend empfunden wird. Zum *Ungestörtsein* gehört auch, daß keine Unterbrechungen zu *erwarten* sind. Das Paar muß also dafür sorgen, daß es frei bleibt von Telefon, Kinderwünschen und Überraschungsbesuchen. Diese Zweierklausur ist nicht am stillen Tisch in der Kneipe gegeben, auch nicht in der Sauna. Zuviel unterbricht und lenkt dann ab. Auch beim Essen und Trinken zu Hause ist kein reiner Austausch möglich. Manche wollen Zwiegespräche mit Wanderungen verbinden. Häufig sind Zwiegespräche im Auto. Alles scheint im unbewußten

Widerstand ergriffen zu werden, was die Konzentration zerstreuen könnte.

Als ich auf einem Seminar die vierzig Anwesenden fragte, wer denn in der Woche wirklich ungestörte Zeit für Zweiergespräche habe, hielt schließlich nur eine Frau der eingehenden Erkundung aller stand: Sie segelte sonntags mit ihrem Mann auf dem Bodensee. In der Mittagsflaute ließen sie die Segel los und trieben dahin. Dann sprachen sie miteinander für zwei Stunden.

Daß nun auch ein wesentliches Zweiergespräch zu einem *festen Termin* wird, stört verständlicherweise viele. Wir wollen nicht auch noch unser Privatleben verplanen. Eines ist daran zu erkennen: daß wir allgemein unter Zeitplan und Termindruck leiden. Wir – und damit unsere Beziehungen – sind in allgemeiner Zeitbedrängnis.

Der gemeinsame feste Termin hat seinen *ersten Grund* in einer Art *Gegenplanung* gegen die allgemeine Verplantheit. Er ist der Jour fixe für das Leben zu zweit. Schafft sich ein Paar nicht auf diese entschlossene Weise einen eigenen Raum, dann kommt es in der Regel nicht zu sich. «Wir haben für uns persönlich praktisch keine Zeit mehr», höre ich von fast allen Paaren, die zu mir kommen. Seit ich Zwiegespräche empfehle, gelang es keinem Paar auf Dauer, *spontane* Zwiegespräche einmal in der Woche durchzuführen. Nach spätestens einem Vierteljahr gingen sie dazu über, sich einen bestimmten Termin offenzuhalten. *Wo alles als Termin läuft, ist die Idee spontaner Zwiegespräche ein naiver, nostalgischer Traum von freier Zeit, die es in der heutigen Wirklichkeit der Paare kaum noch gibt.*

Aber nicht nur die illusionäre Verkennung der eigenen Zweierwelt entlarvt das Pochen auf spontane Gespräche als Wunschdenken. Entscheidender ist die unbewußte Strategie. Legt ein Paar Gespräche nämlich nicht fest, dann werden sie im Alltag – wenn es überhaupt dazu kommt – durch Stimmungslagen ausgelöst. «Wir sollten mal drüber reden», heißt es dann.

Einmal ist keinmal. Oft genug bleibt es bei bloßen Absichten. Diese «Stimmungen» – sanft oder gereizt – sind meist unbewußt bedingt. Das Unbewußte ist um vieles schneller als das Bewußtsein. Das bewußte Erkennen ist kaum imstande, die Lage angemessen einzuschätzen. Kurz: Am spontansten ist der unbewußte Widerstand. Zwiegespräche können so nicht zustande kommen.

Im Alltag sieht die gepriesene Spontaneität recht einförmig aus: Das Paar macht die Aussprache meistens dann, wenn es zum Streit gekommen ist. Es gibt aber keinen ungünstigeren Zeitpunkt für Zwiegespräche als im Nachklang eines Krachs. Dann nämlich sind wir am wenigstens bereit, uns selbst zu ändern – worauf alles ankommt –, hingegen ganz geballt, dem anderen unsere Meinung zu sagen, sprich: ihn in unser Weltbild einzuzwingen. Das genau ist Kolonialisierung, Zweierimperialismus. Meist wird dieser Heimkrieg in stärkstem Paar-Rassismus geführt: Einer wertet den anderen ab, wo es nur geht. Auch das hat nur eine geheime Absicht: Widerstand zu leisten gegen das Erkennen, worum es wirklich geht.

Diesen Paaren, die als Falken spontan zu reden glauben, stehen die Taubenpaare gegenüber. Sie suchen sich «spontan» die süßen Friedenszeiten des Zweierlebens zum Gespräch aus. Aber das ist nun auch nicht die reale Welt. Diese «Oasenredner» meiden offensichtlich Konflikte und aggressive Auseinandersetzungen mit dieser «spontanen» Methode. Man muß jedoch die phobische Vermeidung der Beziehung nicht noch weiter treiben, als sie bereits in den vereinbarten Zwiegesprächsterminen geschieht.

Die vollendete Akrobatik «spontaner» Zwiegespräche bieten jene Paare, die etwas eingehenderes Reden von mehr als einer halben Stunde Dauer im nachhinein zu Zwiegesprächen erklären. Sie haben schon hinter sich, was sie nie vor sich hatten.

Der *zweite bedeutende Grund* für vereinbarte Zwiegespräche liegt also im *Respekt vor dem eigenen Widerstand*. Wir anerkennen damit, daß er notwendigerweise da ist, daß er mächtig ist, daß er sich in schöne Argumente kleidet, daß er auch im Gewand der Spontaneität schneller ist als unser guter Wille.

Wenn wir Zwiegespräche gemeinsam verabreden, haben wir das Dilemma vermieden, womöglich unbewußt zu agieren. Wir sind heraus aus dem aktuellen Wirrwarr. Wir haben eine neutrale Entscheidung getroffen, die der ganzen Beziehung entspricht und nicht ihren aktuellen Verfassungen. Wir handeln also im Zustand der Besonnenheit. Das ist für Zwiegespräche ein gutes Fundament.

Das *dritte Moment* zugunsten eines festen Termins liegt in der *besonderen seelischen Bedeutung der Zwiegespräche.* Sie sind ein «affektiver sozialer Ort» – ein Begriff des Psychoanalytikers Siegfried Bernfeld [1] –, also eine Stätte von besonderem symbolischen Gehalt für die Beziehung: eine Heimat, ein Schlachtfeld, ein Brennpunkt, ein Lagerplatz und vieles mehr. Wegen dieser inneren Verwurzelung gedeihen Zwiegespräche nicht zu irgendwelcher Zeit, die beliebig hin und her geschoben und manipuliert werden kann. Der *feste Platz,* auf den sich das gemeinsame Unbewußte einlassen kann, ist von großem Vorteil für die Entwicklungspotenz der Zwiegespräche. Vor allem aber ist es nötig, klar zu wissen: das ist jetzt unser Zwiegespräch. Denn damit verhalten wir uns seelisch verbindlich und nicht unentschlossen.

Der *vierte Grund* ist: *die Grenzerscheinungen verstehen zu können.* Hat man Zwiegespräche nicht klar vereinbart, ist beispielsweise ein Ausweichen vor ihnen gar nicht faßbar. Man verliert damit eine Chance zur Selbsterkenntnis.

Interessant ist zu beobachten, daß die Vereinbarung eines

1 Siegfried Bernfeld, Der soziale Ort und seine Bedeutung für Neurose, Verwahrlosung und Pädagogik, in: ders., Antiautoritäre Erziehung und Psychoanalyse, Band 1, Darmstadt (März) 1969, S. 198 ff.

festen Termins sich ohne die genannten Turbulenzen lockern kann, wenn ein Paar etwa ein Jahr lang Zwiegespräche geführt hat. Meines Erachtens ist dann die seelische Besetzung der Gespräche so stabil, daß der Widerstand zu schwach ist, um Zwiegespräche zu verhindern. Erfahrene Paare haben einige Schwerpunktzeiten für die Gespräche und legen nach jedem Zwiegespräch das nächste fest. Das wäre ein guter Kompromiß zwischen spontanem und verbindlichem Handeln.

Bewahren der Grundordnung

Zwiegespräche bedeuten eine zweifache Arbeit: *Grundordnungsarbeit und Beziehungsarbeit.*

Grundordnungsarbeit heißt dafür sorgen, daß Rhythmus, Zeit und Sinn des Zwiegespräches von beiden bewahrt werden. Nur wenn ein Paar die Grundordnung versteht und einhält, kann es zu sich kommen. Diese gemeinsame Aufgabe wird anfangs zu leicht genommen. Fast immer wenn Zwiegespräche scheitern, ist wenigstens *ein* Element der Grundordnung unbeachtet geblieben.

Wie eine Pflanze, die umgetopft wird, reagiert das Zwiegespräch hochsensibel auf unscheinbar wirkende Änderungen. Der unbewußte Boykott setzt sich gern über irgendeine Veränderung des Setting durch. Dann folgt die Enttäuschung auf dem Fuße, und die ganze Entwicklung ist verhindert. Das ist ein «Agieren mit dem Arrangement». Am häufigsten sind: Verkürzen und Verlängern des Zwiegespräches (Unterdosierung oder Überdosierung der Selbstauseinandersetzung) – Ausfallenlassen ohne Nachholen (Verletzung von Kontinuität und Rhythmus) – Zwiegespräche im Ablenkungsmilieu (Verletzung der Konzentration) – Sich-selbst-Ausweichen (Verletzung des Gesprächsziels). Der Ausdruck «Verletzung» mag manchen zu stark scheinen. Er trifft jedoch genau die unbewußte

Lage. Zwiegespräche werden nämlich bald wie ein körperähnlicher Organismus erlebt. Wird nun am Körper der Zwiegespräche etwas leichthin verändert, gleicht das einer Verletzung. Fällt beispielsweise ein Zwiegespräch aus, so mag man zwar bewußt mit Erleichterung reagieren. Die Verletzung eines «Körperteils», nämlich der Kontinuität, wird vom Unbewußten jedoch ganz anders quittiert. Es erlebt den Ausfall wie ein Kind das Verlassenwerden. Verlassenwerden gehört zu den großen menschlichen Enttäuschungen. Wir erleben sie ähnlich einer körperlichen Verletzung. Unbewußt reagieren wir mit verstärktem Rückzug oder Vermeidung. Es braucht dann einige Gespräche, bis der normale Kreislauf des Paares wieder in Gang kommt. Werden also beispielsweise Zwiegespräche unregelmäßig geführt, steigt die Lustlosigkeit, miteinander zu sprechen. Beide nehmen Abstand voneinander. Das ist ein Symptom des unbewußten Erlebens: der Reaktion auf den Verlust.

So sind auch alle anderen ungünstigen Nebenwirkungen detailliert nachzuweisen, wenn ein Paar von der Grundordnung abweicht.

Die Arbeit an der guten Grundordnung, das Bewahren des Rahmens also, gleicht dem Schließen eines Arbeitsbündnisses. Das geht nur zu zweit. Soweit die Grundordnung betroffen ist, sollten sich beide von Anfang an darauf verstehen, gemeinsam verantwortlich zu bleiben: für den Termin, für die Dauer, für die Regelmäßigkeit, für die Art des Gespräches. Dieses Zweierhandeln ist einfacher als ein Versuch, alles für den anderen mitzuregeln. Denn vier Augen sehen mehr als zwei. Einer kann den anderen aufmerksam machen auf eine unwillkürliche Änderung, auf eventuelle Nebenwirkungen. Zwiegespräche ruhen also auf zwei Säulen. Sie müssen von beiden Gesprächspartnern getragen werden. Die Praxis zeigt, wie nötig dieser selbstverständliche Hinweis ist. Denn schnell wird es zur Regel, daß einer hinter dem anderen herrennt, um die Zwiegespräche einzuhalten. Das macht der unbewußte Widerstand. Ein Paar verteilt seine Ambivalenz in eine aufmerksame und eine nachlässige Rolle.

Bei der Vereinbarung der ersten Termine beginnt es schon. Sie ist die Wendemarke zwischen den Vorgesprächen und den Zwiegesprächen. In Vorgesprächen klärt das Paar möglichst ausführlich, was Zwiegespräche sind und ob beide sie machen wollen. In der Regel sind mehrere Vorgespräche sinnvoll, um das Ja und Nein austragen zu können. Sind dann beide entschlossen zu Zwiegesprächen, ist die erste Zweiertat das sorgfältige Erkunden, welche Zeit für die Zwiegespräche am günstigsten ist. Das Paar sollte darauf achten, daß die Zeit für jeden regelmäßig möglich und persönlich angenehm ist. Neben dem *Haupttermin* sollte von Anfang an ein *fester Ausweichtermin* vereinbart werden. *Beide Termine müssen von beiden getragen werden. Nur dann sind sie der neutrale, für beide seelisch gleichwertige Boden, auf dem Zwiegespräche gedeihen.* Vereinbaren Paare in meiner Gegenwart ihre Termine, so muß ich fast immer vor Opferhandlungen warnen. Da sagt einer beispielsweise schnell ja zu einem Wochentermin, der ihm selbst etwas nimmt. Das Paar sollte sich jedoch so verabreden, daß nicht einer dem anderen dankbar sein muß. Es sollte vermeiden, daß durch einen Verzicht unterschwelliger Enttäuschungszorn in jedem Zwiegespräch angesammelt wird. Das geschieht, wenn der Verlust einseitig ist oder größer, als zunächst vermutet.

Bei sich bleiben

«Für uns ewig durch uns selbst Vorüberziehende
gibt es keine Landschaft außer dem, was wir sind.»

Fernando Pessoa[1]

«Keine Fragen. Keine Ratschläge. Jeder über sich.» So lautet
der radikale Dreisatz erfahrener Selbsthilfegruppen. Er gilt
auch für Zwiegespräche.

Er ist radikal, weil er uns den häufigsten Fluchtweg nimmt:
uns mit Hilfe unserer Beziehung selbst zu vermeiden. Das geschieht, indem wir beim andern bleiben: für ihn sorgen, uns
seinen Kopf zerbrechen, ihm helfen, ihn erziehen, ihn auf- oder
abbauen, ihn angreifen, kränken, behindern oder zerstören.
Das sogenannte Gute und das sogenannte Böse, Hilfsbereit-
schaft und Brutalität dienen dann dem einen Ziel: von sich ab-
zusehen. *Vielleicht ist für die meisten von uns der Hauptsinn
einer Beziehung, nicht mehr so viel mit sich selbst zu tun zu
haben.* Für jede Paarbeziehung ist diese elementare Abwehrdi-
mension zu beachten: Partnerschaft, um nicht bei sich zu bleiben. Es ist die zentrale Methode, unser beschädigtes Selbst zu
umgehen. Je mehr die narzißtischen Störungen auf dem Hintergrund der dürftiger werdenden ersten drei Lebensjahre zu-
nehmen, desto mehr werden Paare diese Selbstvermeidung be-
vorzugen, desto unwirtlicher aber und schwieriger wird auch
das Leben zu zweit. Jeder ist beim anderen und vermeidet sich
selbst – das bedeutet Stillstand. Schon um daraus einen Ausweg zu finden, sind Zwiegespräche das Mittel der Wahl. Denn
im Zwiegespräch kann jeder schnell lernen, wo sich im Moment sein seelischer Schwerpunkt befindet: bei sich selbst oder
beim anderen.

1 Das Buch der Unruhe, Zürich (Ammann) 1985, S. 233

Was heißt: Keine Fragen?

Klärende Fragen sind natürlich hilfreich. Doch selten gehören Fragen zu dieser Sparte. Eher fragen wir einander aus, eher dienen Fragen dem Verhör. Bedeutsamer als eine Antwort ist die Einsicht, warum einer die Frage stellt.

Was heißt: Keine Ratschläge?

Ratschläge sind auch Schäge. Sie dienen der Kolonialisierung, indem ich beispielsweise den anderen nach meinem Bilde von ihm zu formen versuche. Wünscht einer Rat, so ist die Lage völlig anders: Man rät dann nicht mehr ungefragt. Aber selbst dann ist Skepsis am Platz: Beide können sich auf Ratgeben einigen, um nichts zu erkennen. Der beste «Ratgeber» ist das Erleben dessen, was in den Zwiegesprächen geschieht. Da alles fließt, alles sich weiterentwickelt, sind viele Fragen schon beim nächsten Mal überholt, sie lösen sich unbeantwortet auf.

Was heißt: Jeder über sich?

Das fällt am schwersten: bei sich zu bleiben. Wer einen Helferberuf wählte, ist durch Einfühlung gern im Innern des anderen und übertönt dort dessen Stimme mit vermeintlich besserem Wissen. Diese «hilflosen Helfer»[1] sind aber nicht die einzigen dieserart eindringenden Menschen. Mütter und Väter verhalten sich so ihren Kindern gegenüber. Sind die Kinder erwachsen, wiederholen sie es als Partner.

Sogenannte Beziehungskisten – endlose, zermürbende Zweierdiskussionen ohne Ergebnis – lassen sich von Zwiegesprächen dadurch am besten unterscheiden. In Zwiegesprächen mache ich meinem Partner deutlich, wie *ich* fühle, in Beziehungskisten, wie *er* fühlt. In solchen fruchtlosen Zweierdiskussionen liegt der «seelische Schwerpunkt» beim Partner. Jeder versucht dem anderen weiszumachen, wie und was er «eigentlich» ist, erlebt, denkt, fühlt und handelt.

In Zwiegesprächen ist aber keiner des anderen Psychothera-

---

1 Wolfgang Schmidbauer, Die hilflosen Helfer, Reinbek (Rowohlt) 1977

peut. Vielmehr gilt das Selbsthilfeprinzip: Jeder entwickelt sich selbst, und dadurch, *nur* dadurch hilft er dem anderen, sich selbst zu entwickeln.[1] Einer ist des anderen Modell. Ob einem etwas gelingt oder mißlingt – der andere hat etwas davon. Er lernt mit. Er übernimmt aus dem gegenwärtigen Vorbild, was er gebrauchen kann. Wird dieses Prinzip verlassen, so drehen sich Zwiegespräche im Kreis. Sie mißraten zur Beziehungskiste. Jeder bleibe bei sich – dann ist er auch wirklich beim andern. Denn *das gemeinsame Unbewußte* lenkt sein Erleben wie das des anderen. Ein Paar kommt nur weiter, wenn jeder in sich hineinschaut. Dort tut sich das, was den anderen ebenfalls bewegt. Eine wesentliche Beziehung bedeutet, daß beide stets aufeinander bezogen bleiben, auch da, wo sie es nur schwer wahrnehmen können – beim Träumen beispielsweise. Wem das Zwiegespräch als Doppelmonolog erscheint, der verkennt dieses untergründige Verbundensein, das jedes Sprechen in der Beziehung hält.

Durch das Selbstentwicklungsprinzip ist der Gegensatz von Egoismus und Altruismus aufgehoben: nur wenn ich etwas wirklich aus mir heraus und für mich tue, helfe ich dem anderen, sich selbst zu entwickeln.

Eine Kernfrage, die sich das Paar im Zwiegespräch stellen kann, gilt dieser Differentialdiagnose. Sie lautet: Wo bin ich? Wo ist im Moment mein seelischer Schwerpunkt? Bin ich wirklich bei mir, geht die Entwicklung voran. Bin ich zu sehr beim anderen, sollte ich versuchen das aktuelle Thema auf mich selbst zurückzuwenden. Beim andern sein heißt meist von sich ablenken. Es gibt nur wenige Ausnahmen.

Aufmerksam kann man allerdings die vielfältigen Momente beobachten, die einen den eigenen Schwerpunkt wieder verschieben ließen: Vorwürfe, Übergriffe, Unterbrechungen,

1 ausführlicher dargestellt: Das Selbsthilfeprinzip, in: M. L. Moeller, Selbsthilfegruppen, Reinbek (Rowohlt) 1978, S. 264–277

Wahrheitsbehauptungen, Rechthabenwollen. Sie haben ein gemeinsames Ziel: den *anderen* ändern zu wollen, nicht sich selbst. Das ist der Holzweg. Das ist gemeint mit dem Begriff «Kolonialisierung». Unausrottbar scheint diese falsche Hoffnung. Den andern ändern gelingt nie. Wenn wir Glück haben, sind wir imstande, uns selbst zu ändern. Dann ändert sich allerdings die ganze Beziehung, das heißt auch mein Partner. Martin Buber: «Der archimedische Punkt, von dem aus ich an meinem Ort die Welt bewegen kann, ist die Wandlung meiner selbst.» [1]

Wir werten den anderen ab, wenn wir uns selbst minderwertig fühlen: Paar-Rassismus

«Was ist dir das Menschlichste?
Jemandem Scham ersparen»

Friedrich Nietzsche [2]

Selten wird uns klar, daß wir den genannten Holzweg der Beziehung nur unter einer Voraussetzung einschlagen können: wenn wir die Welt des anderen für weniger wert erachten als unsere eigene. Das ist milde gesagt. Genau besehen, üben wir in jenen Momenten Paar-Rassismus aus. Sein Kern ist die Geringschätzung, die Verachtung, die geistige oder seelische Auslöschung des anderen. Das ist leider unser aller alltägliches Verhalten. Wir mißachten einfach den anderen und seine Erlebnisweise.

1 Martin Buber, Der Weg des Menschen nach der chassidischen Lehre, Heidelberg (Lambert Schneider) 1981, S. 32f
2 Friedrich Nietzsche, Werke in drei Bänden (Hg. Karl Schlechta), Band II, Die fröhliche Wissenschaft, München (Hanser) 1956, S. 160

Bibliotheken mit Witzen, die nur um die offene oder latente wechselseitige Verächtlichkeit kreisen, sind ein Zeichen dafür, wie stark dieses aggressive Thema in der Partnerschaft verdrängt wird.

Verdrängt aber wird bemerkenswerterweise die Projektion – ich verachte dich statt mich –, die Wendung gegen den Partner. Genau besehen, geht es also bei jeder Kränkung um den Versuch, von der eigenen Selbstabwertung fortzukommen. Die wechselseitige «Kränkungsbindung» entsteht aus diesem Gewinn: Der andere entlastet uns von den Seiten, die wir an uns verachten. Paardynamisch gesehen ist dann der Pegel der gemeinsamen Selbstabwertung zu hoch, um wechselseitige Achtung aufkommen zu lassen. Im Zeitalter der narzißtischen Schäden ist bei uns allen diese Bereitschaft, gekränkt zu reagieren und zu kränken, stärker, als wir wahrhaben wollen. Was sich inhuman ausnimmt, ist gerade Merkmal unserer heutigen Humanität. Es gibt eine Hoffnung: diese innere Verletztlichkeit als menschliche Bedingtheit anzunehmen und auf diese Weise Kränkungen anders zu erleben, als Zeichen unvermeidbarer menschlicher Schwäche bei uns selbst und bei unseren Partnern. Die Kunst, mit Kränkungen und Gekränktsein umzugehen, lernt man aber nicht durch schöne Einsichten, sondern im sich wiederholenden Durcherleben und Einüben. Dazu braucht es Gelegenheiten. Zwiegespräche sind solche Stätten für angemessene *Kränkungsarbeit*.

Am schlimmsten erscheint es den meisten, wenn sie in den ersten Zwiegesprächen bei sich selbst die kontinuierliche «Abwertungswut» entdecken. Erfahrene Zwiegesprächspaare unterscheiden sich von anderen durch ihre deutlich geringer gewordene Abwertungsneigung.

Ordnet sich mein Partner aber meiner Sicht von ihm unter, so werde ich ihn als Stück meines Weltbildes aufwerten. «Du bist wirklich lieb», sagen wir dann. (Und meinen: Du bist *mir* wirklich lieb.) Kurz: wir versuchen den anderen einzugemeinden in unsere Realitätsform, in unser Weltreich. Wie der Fischer im niederdeutschen Märchen rufen wir:

> Manntje, Manntje, Timpe Te,
> Buttje, Buttje in der See,
> Myne Fru, de Ilsebill,
> Will nich so, as ik wol will.

Mehr oder weniger wünschen wir wohl alle, der Partner oder die Partnerin möge so wollen, «as ik wol will». Doch ist die Stärke dieses Wunsches, dieses leidenschaftlichen Forderns und Verlangens manchmal erschreckend. Sie verhindert vor allem eine gute Entwicklung zu zweit.

Wechselseitige Kolonialisierung

Wir kolonialisieren,
wenn uns Schuldgefühle plagen

Schuldgefühle sind nicht nur ein dumpf gefühltes schlechtes Gewissen oder gar das Bewußtsein, etwas getan zu haben, was sich nicht gehört. Schuldgefühle sind überwiegend unbewußt. Wir alle sind Meister im Verdrängen strenger Überichforderungen. Schuldgefühle prägen das Paarleben in einem ungeahnten Ausmaß. Sigmund Freud schrieb in einer seiner letzten Arbeiten, dem «Abriß der Psychoanalyse»[1], daß selbst erfahrene Analytiker die Stärke der Schuldgefühle fast regelmäßig

1 Sigmund Freud, Abriß der Psychoanalyse, Gesammelte Werke, Band XVII, S. 63 ff

unterschätzten. Der Mensch als ein Gesellschaftswesen ist auf das Gewissen angewiesen, weil es das Programm des Gemeinschaftslebens enthält, also alle elterlichen Gebote und Verbote, die er als Kind verinnerlicht. Oft ist das Überich zu streng oder antiquiert. Seine Sollforderungen entsprechen nicht dem erwachsenen Leben. Es gehört zu unseren seelischen Entwicklungsaufgaben, das überkommene und übernommene Gewissen zu einem persönlichen umzugestalten. Wir bewältigen sie auch in Zwiegesprächen.

Neben dem Verdrängen von Schuldgefühlen wehren wir sie auch durch Projektion ab. Wir machen also dem andern die Vorwürfe, die wir uns – oft unbemerkt – selbst machen. Wir drehen den Spieß um, verlagern den Schulddruck von uns auf den anderen. Aus dieser Erkenntnis ergibt sich ein bewährter praktischer Kniff, die Umkehr: Mache ich meiner Partnerin Vorwürfe und werde mir dessen bewußt, dann kann ich mich im selben Moment fragen, was mir Schuldgefühle verursachen könnte, die diesen Vorwürfen entsprechen. Gelingt mir das, kommen wir weiter, während anhaltende Vorwürfe nur eines bewirken: Gegenvorwürfe. Daraus entsteht ein hitziges Vorwurfs-Pingpong, eine Streiterei, die kein Ende in sich haben kann, weil jeder seinen seelischen Schwerpunkt in den andern verschoben hat. Solche Beziehungskriege hören auf aus Erschöpfung. Sie sind Abwehrmanöver, bestenfalls Aggressionsabfuhr ohne Langzeitwirkung.

Schuldgefühle kann man auch als Strafbedürfnisse sehen. Wir erstreben Buße. Wir sehnen uns manchmal danach. Für Pablo Picasso waren Schuldgefühle ein Aphrodisiakum.[1] So hautnah wirkte sein künstlerisches Genie schöpferischen Um-

---

1 John Richardson «Picassos heimliche Liebe» (Gaby Lespinasse) in: Katalog des Basler Kunstmuseums, «Sammlung Cooper» 1987, zitiert nach «Frankfurter Rundschau» vom 5.12.87, Christa Spatz «Die Liebe des und zum Kubisten».

gestaltens. Im Alltag quälen sich Partner oft mit unablässigen Vorhaltungen, um sich damit gemeinsam durchzupeitschen. Sich geißelnd ziehen sie wie mittelalterliche Büßer durchs Leben. Weil diese Selbstbestrafung befriedigt, ist schwer von ihr abzulassen. Ihr entspringt eine Variante: die Zwiespaltgespräche, oder die Zwietrachtgespräche, Bestrafungsgespräche. Sie müssen Schmerzen machen, sonst wirken sie nicht. Es sind diese ganz unerquicklichen, sinnlosen, rädernden Dispute, die überhaupt nichts erbringen, sondern das gemeinsame Leben verdunkeln.

Unbewußte Schuldgefühle sind vor allem daran zu erkennen, daß einem so gut wie nichts gelingt, immer etwas dazwischenkommt und sich kein Gefühl von Befriedigung einstellt. Allerdings bringen uns solche Mißgeschicke auch wieder in die seelische Balance. Deshalb weise ich in den Paargruppen immer wieder darauf hin, daß uns mit begleitender Selbstbestrafung so gut wie alles gelänge.

Was bewirkt Schuldgefühle? Heute vor allem der wirkliche Ablösungswunsch, also die seelische Geburt, die wir in der Regel im Paarleben nachzuholen versuchen. Wir wollen uns von dem frühen Mutterbild lösen, das wir auf unseren Partner – Mann oder Frau – übertragen. Daher macht Emanzipation angst.[1] Früher galten Schuldgefühle wegen sexueller und aggressiver Impulse als die fürchterlichsten. Sie sind beileibe nicht ausgestorben, aber verdrängter. Die dritte Gruppe von Schuldgefühlen stammt aus dem Versäumen des eigenen Selbst. Wenn ich mir längere Zeit nicht folge, mich also nicht lebe, sammeln sich diese Empfindungen des ungelebten Lebens bis zur Vorwurfsstärke an. Man spürt sie erstmals in projizierter Form: Wenn man den Umständen, den Eltern oder irgendwelchen Schicksalsschlägen zuschreibt, daß einem ein wirkliches Leben nicht gelungen sei. Schließlich plagen wir uns alle

1 Marina Gambaroff, Utopie der Treue, Reinbek (Rowohlt) 1984, S. 9ff

mit den gemeinen Schuldgefühlen herum: daß wir etwas nicht erledigten beispielsweise oder uns erlaubten, was nicht sein durfte. Dieses schlechte Gewissen ist meist ein Ableger tieferer Schuldgefühle. Damit ist eine weitere Abwehrform aufgezeigt, die Verschiebung: Wir erleben oft starke Schuldgefühle am falschen Platz, damit wir uns mit den wirklichen nicht auseinanderzusetzen brauchen.

Für das Paarleben ist es gut zu wissen, daß Schuldgefühle des einen oft auch Schuldgefühle des anderen anzeigen. Denn alles, was im Paar geschieht, entspringt dem gemeinsamen Unbewußten. Ein Paar versucht auch hier im «optimalen Angstpegel» zu bleiben. Die Schuldangst wird zu zweit dosiert – am meisten durch entsprechende Rollenverteilung. Ja, die gemeinsamen Schuldgefühle können ein festes Band zwischen zweien werden. Eine solche «Schuldbindung» kennzeichnet die unglückliche Ehe von Leo und Sonja Tolstoi, der nichtsdestoweniger dreizehn Kinder entsprangen. Tolstoi war wegen seiner starken erotischen Empfindungen schuldgejagt, peitschte sich selbst als Sechzehnjähriger auf dem Dachboden aus und heiratete folgerichtig die schöne Sonja, der vor körperlichem Zusammensein eher ekelte – ebenfalls aus Schuldgefühlen. In der Hochzeitsnacht ging der Gemahl so uneinfühlsam vor, daß er für alle Zukunft die gemeinsame Erotik zur Qual werden ließ. Sonja dachte nicht daran, sich selbst zu ändern. Sie wollte nur ihren Mann anders.[1] Das ist ein Beispiel für die geheime Absicht eines Paares, sich als Buße für die sexuelle Sünde lebensbegleitend selbst zu bestrafen. Permanente Abwertungen und Kolonialisierungen sind dann an der Tagesordnung.

1 Vgl. z. B. Birgit Lahann, Hochzeit, Hamburg (Gruner und Jahr) 1987, S. 150ff

Wir kolonialisieren,
wenn wir uns unsicher fühlen

In der Eifersucht wird der springende Punkt der Kolonialisierung sichtbar. Heute, da Gefühle kaum und Gefühle der Schwäche schon gar nicht geäußert werden, ist es nötiger denn je, seine Empfindungen dem Partner mitfühlbar zu machen, also auch seine Eifersucht so zu vermitteln, wie sie erlebt wird. In dem Augenblick aber, in dem der deutliche Ausdruck des Leidens sich verwandelt in eine Verhaltensvorschrift für den anderen – «Du darfst ihn/sie nicht sehen» –, beginnt die Kolonialisierung. Dann nämlich überlasse ich nicht mehr dem anderen, wie er sich angesichts der ganzen Lage entscheidet, sondern versuche seine Selbstbestimmung durch Fremdbestimmung einzuschränken oder aufzuheben. Kolonialisieren ist also nichts anderes als der Versuch, über den anderen zu bestimmen – gegen seinen Willen, aber leider oft mit seiner Duldung. Daran sieht man: auch Kolonialisieren ist ein Akt zu zweit. Wie sollte es auch anders sein? Das gemeinsame Unbewußte eines Paares schreibt die Rollen dieser wechselseitigen Lebensbehinderung fest. Die wirklich einseitigen, verheerenden Unterdrückungen beruhen in der Regel auf physischer Gewalt und sind trotz ihrer Häufigkeit mit der Überfülle der hier gemeinten Kolonialisierungen nicht zu vergleichen. Wir sehen am Beispiel der Eifersucht, worum es geht: um die Freiheit des anderen. Anders gesehen: um unsere Angst, verlassen zu werden und überflüssig zu sein. Allerdings: Kolonialisierung ist ein Angstsymptom.

Wir kolonialisieren,
wenn wir Macht und Kontrolle behalten wollen

Kolonialisierung gelingt nur, wo wir mit einem Stück Macht unsere Angst in Übermächtigung verwandeln können. Das ist interessant. Denn so gesehen wenden wir ein passives Ausgeliefertsein in eine sichernde Aktivität, in der wir meinen, alles kontrollieren zu können. Diese «Wendung ins Aktive» ist eine bevorzugte Methode des Seelenlebens in ausweglos erscheinenden Lagen – vom Galgenhumor bis zur Hyperaktivität in Depressionen.

Elias Canetti hat in seinem philosophischen Hauptwerk «Masse und Macht»[1] das Übermächtigen in allen Einzelheiten auf Jagen, Verschlingen und sogar Verdauen zurückgeführt. Psychoanalytisch gesehen ist Kolonialisieren oraler Sadismus, mit dessen Hilfe ich mir den anderen einverleibe. Genauer gesagt: es ist die seelische Variante eines kannibalistischen Aktes.

Jetzt, so scheint es, sind wir doch weit vom Schuldgefühl als einer Wurzel des Kolonialisierens entfernt. Das täuscht. Wir sprechen von Gewissens*bissen*. Das Überich aber beißt, weil seine Grundlagen sich in der normalen Entwicklungsphase der oralen Aggressivität (etwa zweites Lebensjahr) herausbildeten. Wir verinnerlichten die autoritative Funktion der Eltern, wir introjizierten sie, wir einverleibten uns die Eltern, kurz: wir fraßen sie, um so zu werden wie sie. Symbolisch ist der Kannibalismus allgegenwärtig. Wir fressen uns ja auch vor Liebe.

Beim Kolonialisieren fressen wir uns aber weniger aus Liebe denn aus Mangel an Liebe. «Und bist du nicht willig, so brauch ich Gewalt.»[2] Wie viele Diebstähle bedingt sind durch den Versuch, sich anstelle von Liebe wenigstens einen Ersatz zu or-

1 Elias Canetti, Masse und Macht, Frankfurt (Fischer Taschenbuch) 1980, S. 223 ff
2 Johann Wolfgang von Goethe, Der Erlkönig

ganisieren, so rauben wir uns den anderen beim Kolonialisieren. Es ist eine Form von Diebstahl am anderen, ein Alltagsdelikt. Krieg aber – so eine Definition von Jacob Bronowski – ist nichts weiter als eine organisierte Form von Diebstahl.[1] So schließt sich der Kreis.

Wir kolonialisieren, wenn wir nicht wahrhaben wollen, daß wir uns selbst abwerten

Kolonialisieren heißt – direkt oder indirekt – auch abwerten. Ich wiederhole wegen der großen Bedeutung für das Paarleben noch einmal das Wesentliche. Ich werte einen anderen nur aus einem einzigen Grunde ab: weil ich mich selbst abgewertet fühle. Für die häufigen Kränkungen in Beziehungen und die Kunst, sie aushalten zu lernen, ist dieser Zusammenhang unschätzbar. Kränke ich einen anderen, so nur aus eigenem Gekränktsein. Die unbewußte Neigung, mich abzuwerten oder geringzuschätzen, wird nach außen gewendet und gegen den anderen gerichtet. Wieder handelt es sich um eine «Wendung ins Aktive». Wir kennen Ähnliches schon von den Selbstvorwürfen, die wir so gern zu Vorwürfen verdrehen. Das ist kein Zufall. Tatsächlich gibt es einen oft übersehenen Zusammenhang: starke Selbstabwertungen sind erstrangige Bußeleistungen. Ich bin nichts wert, weil ich so schuldig bin.

1 Jacob Bronowski, The Ascent of Man, London (BBC) 1973, in der diesem Buch zugrunde liegenden Fernsehserie «Der Aufstieg der Menschheit».

Kolonialisieren beginnt,
wo wir die Grenze überschreiten

Daß ich während des Kolonialisierens im wesentlichen beim andern bin, versteht sich von selbst. Ich gelange in sein Gebiet durch Grenzüberschreitung. Sie zu erkennen, ist für Zwiegespräche hilfreich. Entsprechend dem Eifersuchtsbeispiel ist die feine, aber genau auszumachende Grenze der *Übergang vom Gefühlsausdruck zur Verhaltensvorschrift.* Auffälligerweise merkt derjenige, der gerade ein Verhalten vorschreibt, nichts von seinem Übergriff. Der Betroffene weiß desto klarer Bescheid. Auch hier also erkennt man zu zweit besser.

Natürlich versuchen wir auch mit dem Aufzeigen unserer Gefühle das Verhalten des anderen zu beeinflussen. Dann aber hat er die Wahl. Seine Selbstbestimmung ist nicht berührt.

Kurz: Ich habe in der Welt des anderen nichts zu besorgen. Es ist eine Frage der Ethik, ja eine Frage der Menschenrechte, also ein Politikum im Paarleben, ob ich zu dieser grundlegenden Gleichrangigkeit bereit bin oder nicht. Nach meinen Erfahrungen stimmen alle Paare diesem Grundsatz zu – doch leider halten sie sich nicht daran. So gilt es also, diese alltägliche Doppelmoral einvernehmlich zu demontieren.

Wir kolonialisieren,
wenn wir die Wahrheit behaupten

Kommt ein Paar in meine Praxis und versucht seine Beziehung wiederzugeben, entsteht binnen kurzem eine typische Situation. Einer unterbricht den anderen mit der Behauptung: «So war es doch gar nicht, es war vielmehr so.» Die dann folgende Auseinandersetzung dreht sich um die «objektive Wahrheit», also darum, wie es «wirlich» gewesen ist. Das ist nichts anderes als wechselseitiges Kolonialisieren. Denn jeder versucht, den anderen in seine Realität einzugemeinden. So zermürben viele ihr Paarleben. Selbst wenn die «Wahrheit» gefunden wäre, ist sie für das Paar belanglos. Sie bringt überhaupt nichts. Besser gesagt, versteckt sie das Wesentliche: die von jedem anders erlebte Wirklichkeit. Mit diesen beiden unterschiedlichen Wirklichkeitsbildern muß das Paar zu Rande kommen, wenn es sich gut entwickeln will.

Wir kolonialisieren,
soweit wir narzißtisch gestört sind

Im Klartext formulierte Christiane in der Paargruppe die wirkliche Botschaft der Kolonialisierung, als sie von dem Verhalten ihrer dominanten Mutter sprach: «In dieser Beziehung ist kein Platz für zwei.»

Kolonialisieren heißt: den anderen auslöschen. Wir tun es mehr oder weniger alle. Die Kolonialisierung ist ein Hauptsymptom der Paargrundstörung, der narzißtischen Beziehungsstörung. Sie gleicht in reiner und lebensgeschichtlich frühester Form einem seelischen Vorgang, der als «projektive Identifizierung» zur Zeit in Fachkreisen diskutiert wird – allerdings kaum für das Paarleben.

Die dritte Position

«In einem Metalog sollten die Teilnehmer nicht nur das Problem diskutieren, sondern die Struktur des Gespräches als ganzes sollte auch für eben dieses Thema relevant sein.»

Gregory Bateson[1]

Zwiegespräche bieten eine Position jenseits der Beziehung. Das Paar kann durch sie sein eigenes Verhalten gleichsam von außen beobachten. Es gibt sich ein, hält aber zuweilen auch Abstand. Der innere Auftrag der Zwiegespräche bringt das von selbst mit sich. Diese Selbstreflexion umfaßt nicht nur die unmittelbare Beobachtung des Zweiergeschehens, sondern auch das Bewahren der Bedingungen, unter denen das Paar spricht: das Achten auf die Grundordnung.

Von unserer lebensgeschichtlichen Entwicklung her gesehen kann man das als eine klassische Elternaufgabe ansehen. Sie ist ungewohnt, ja fremd. Es scheint, als wüchsen wir auf, ohne jemals zu gewahr zu werden, wie sehr unsere Eltern den Lebensrahmen festlegen, innerhalb dessen wir uns nach und nach mit ihnen identifizieren. Das ist der Grund, weshalb sich Paare erst mühen müssen, bis sie zu selbstverständlichen Wächtern der Verhältnisse werden, unter denen sie gemeinsam sprechen und sich entwickeln. Wir werden so wie die Verhältnisse, die wir uns schaffen. Von diesem Satz sind keine Abstriche zu machen. Die gegenwärtige Umweltkatastrophe entstand aus der gleichen Blindheit für den Lebensrahmen, den wir uns auch mit jeder bewußtlosen Handlung geben.

Wird uns aber die hohe Bedeutung der Grundordnung bewußt und erleben wir nach und nach neue Zusammenhänge unseres Verhaltens durch das Wechselspiel von gestaltendem Sprechen und reflektierendem Beobachten, dann gewinnen wir

---

1 Gregory Bateson, Ökologie des Geistes, Frankfurt (Suhrkamp) 1981, Teil I, Metaloge, S. 31

Beziehung zu unserer Beziehung. Deren Wert für eine gute Entwicklung des Paares ist nicht zu überschätzen. Ich schreibe ihr heilende Kräfte zu.

Schnell ist dann auch zu erkennen, daß Zwiegespräche in ihrem reinen Entwurf «kontrafaktisch» sind. Sie sind zunächst ein fiktives Ideal des Miteinanderredens, das den alltäglichen Umgangsformen, den sogenannten Tatsachen des Paarlebens entgegengesetzt ist. Zwiegespräche sind deswegen nicht, sie können werden.

Die Bedingungen des Zwiegespräches lassen beide Partner nach und nach angemessener, einfühlsamer, entwicklungsfördernder miteinander umgehen. Wird der Rahmen jedoch zu wenig beachtet, bleibt diese Wirkung aus. Zwiegespräche enttäuschen dann und scheitern. Sie gedeihen dagegen wie Pflanzen, wenn man für ihre Elemente sorgt, für Luft, Wasser, Licht und Erde.

Viertes Kapitel

Die Wirklichkeit der guten Beziehung

«Solange du dem anderen sein Anderssein nicht verzeihen kannst, bist du weitab vom Wege zur Weisheit.»

Chinesisches Sprichwort

«Ich habe es stets abgelehnt, verstanden zu werden. Verstanden zu werden heißt sich prostituieren. Ich ziehe es vor, als derjenige, der ich nicht bin, ernst genommen zu werden, und als Mensch mit Anstand und Natürlichkeit verkannt zu werden.»

Fernando Pessoa, Das Buch der Unruhe [1]

1 Fernando Pessoa: Das Buch der Unruhe des Hilfsbuchhalters Bernardo Soares, Zürich (Ammann) 1985, S. 52

Fünf Bedingungen
einer guten Beziehung

Meine psychoanalytische Arbeit mit Paaren und mein persönliches Leben haben mich freier gemacht in den mir wesentlichen Beziehungen. Konkret verdanke ich diese größere Freiheit und stärkere Bindung fünf Grundeinsichten in das Paarleben. Zunächst tauchten sie wie einzelne Inseln im Meer der Beobachtungen auf. Es dauerte anderthalb Jahrzehnte, bis sie zu einem festen Land zusammenwuchsen. Mir wurde klar, daß sie unterschiedliche Ansichten ein und derselben Gestalt sind: der guten Beziehung. Wer sein Leben zu zweit schätzen und entwickeln möchte, sollte diese Chance einer wirklich gelingenden Beziehung kennen. Denn nur ermutigt durch eine solche konkrete Hoffnung sind wir imstande, jene Anteile der Beziehung zuzulassen und aufzuarbeiten, die uns unbehaglich, bedrohlich, einengend und zuwider erscheinen. In jeder psychotherapeutischen Entwicklung spielt diese Abfolge eine entscheidende Rolle: Gewinn einer sicherheitbietenden, verstehenden, guten Beziehung – Aufnahme der ängstigenden konfliktschürenden oder defekten Beziehung. Ist diese durchgearbeitet und ohne Schrecken, haben wir unser Selbst um ein Stück Leben erweitert. Wir können dann die nächste Schicht auf uns nehmen, uns noch tieferen Ängsten widmen. So verläuft der Entwicklungsgang der Zwiegespräche wie eine Spirale.

Selbst in der für uns alle grundlegenden Kindheitsentwicklung kommt das Dreimonatslächeln vor der Achtmonatsangst, die Zuwendung vor der Unheimlichkeit.

Die fünf Einsichten sind nur miteinander verständlich. Isoliert gesehen werden sie zur Teilwahrheiten. Sie sind darüber hinaus Entwicklungsziele, nicht etwa vollendete Tatsachen, denen jeder nur folgen müsse wie vorgegebenen Regeln. Sie gleichen eher einer Sprache der Zweierbeziehung. Wir können sie mit der Zeit erlernen.

Ich stelle sie als Ganzes voran, um dann einzeln auf sie einzugehen.

1. Wir können lernen, von der wechselseitigen Unkenntnis auszugehen statt von der gleichen Wellenlänge:
   «Ich bin nicht du und weiß dich nicht.»

2. Wir können lernen, unser gemeinsames unbewußtes Zusammenspiel wahrzunehmen, statt uns als zwei unabhängige Individuen aufzufassen:
   Wir sind zwei Gesichter einer Beziehung und sehen es nicht.

3. Wir können lernen, regelmäßige wesentliche Gespräche als Kreislauf einer lebendigen Beziehung zu begreifen, statt mit Worten unsere Beziehung nur noch zu verwalten:
   «Daß wir miteinander reden, macht uns zu Menschen.»

4. Wir können lernen, in konkreten Erlebnissen statt in Gefühlsbegriffen zu sagen, was wir meinen:
   In Bildern statt in Begriffen sprechen.

5. Wir können lernen, auch unsere Gefühle als unbewußte Handlungen mit geheimer Absicht zu verstehen, statt zu meinen, sie überkämen uns von innen – wie Angst und Depression – oder würden uns von außen gemacht – wie Kränkung und Schuldgefühl:
   Ich bin für meine Gefühle selbst verantwortlich.

Erste Einsicht:
Wir können lernen, von der wechselseitigen Unkenntnis auszugehen statt von der gleichen Wellenlänge

«Ich bin nicht du und weiß dich nicht»

Das unauffällige Sündenregister:
Behaupten, Verallgemeinern, Unterbrechen, Annehmen

Alltäglich ist unser unverblümtes, unbefragtes, unverbesserliches *Behaupten*: Ich behaupte etwas über dich. «Ich kenne dich» statt «Ich weiß dich nicht». Wir behaupten unentwegt dies und jenes über unseren Partner. Und zwar so ausgiebig und selbstverständlich, daß es uns gar nicht mehr auffällt.

Es wäre zu schön, um wahr zu sein, wenn sich das Behaupten auf wütende Attacken beschränkte. Nennen wir es mit anderen Namen: durch Behaupten wollen wir *kolonialisieren*, uns den anderen einverleiben oder ihn unserem Hegemonieanspruch unterwerfen. Selbst bei einem schon so zwiegesprächserfahrenen Paar wie Anna und Matthias, denen Kolonialisieren als Wort und im Gehalt geläufig ist, finden sich ständig sanfte, stille, unvermittelte, taubenfüßige Übergriffe[1]. Anna: «...Da hast du total heftig überreagiert...» Sie behauptet statt deutlich zu machen, daß sie es nach ihrem Empfinden so einschätzt. Es hilft uns nicht, wenn wir den anderen in unsere Welt übersetzen, das heißt: doch wieder eingemeinden. Denn seine Worte haben vielleicht einen ganz anderen Bedeutungsraum, andere Assoziationen. Wo wir über die Beziehung sprechen,

---

[1] Zahlreiche Beispiele in diesem und dem fünften Kapitel sind wörtlich dem weiteren Verlauf ihres Zwiegespräches entnommen (vgl. S. 53 bis 58)

mit all ihren Feinheiten und Tiefen der verflochtenen Erlebnisse und ihrer Geschichte, können wir auf die Originalsprache nicht verzichten. Übersetzungen verfälschen den Sinn. Wir müssen die jeweilige «Muttersprache» des anderen hören und verstehen wollen.

Eine Variante der Behauptung ist die *Verallgemeinerung*. Anna nimmt sie aufs Korn und verfällt ihr selbst: «Was mich in dem Moment geärgert hat, war dein Satz, ich sei nicht einfühlsam. Du kommst immer so mit einer Verallgemeinerung. Ich würde das immer wieder so machen. Du magst den Mechanismus ja auch nicht, wenn ich dir was sage. Immer diese Verallgemeinerung!»

Eine Spezialform der Verallgemeinerung ist die Unsitte, über den Kopf des anderen hinweg *von «wir» zu sprechen statt von «ich»*. Matthias sagte einmal über das Liebemachen mit Anna, die nicht so recht «bei der Sache war»: «Da fühle ich mich vereinnahmt. Dann lassen wir es lieber bleiben.» Er meint: «Dann möchte ich es lieber bleiben lassen.» In dem Moment, in dem er sich vereinnahmt fühlt, vereinnahmt er Anna mit diesem glatten Wir. In Selbsterfahrungsgruppen machen sich Paare über Jahre auf dieses unzulässige Wir aufmerksam.

Kolonialisieren führt schnell zum Schlagabtausch, ja oft zur Kriegführung, die schließlich nur eine Erschöpfung beendet oder unterbricht. Auf diese Weise entstehen die berüchtigten «Beziehungskisten»: einer behauptet etwas über den anderen und der über ihn. Keiner relativiert sich in seinen Äußerungen. Das heißt: jeder setzt sich absolut. Ohne solche großen und kleinen Übergriffe bleibt der strapaziöse und unfruchtbare Paarkampf aus.

BEISPIEL:
MATTHIAS: «Aber ich war von deinen Launen an dem Abend ein bißchen hin- und hergerissen, hab ich mir hinterher überlegt.»
ANNA: «Ich war doch aber nicht launisch.»

Es gäbe für Anna keinen Grund zum Kontern, hätte Matthias beispielsweise ihre Launenhaftigkeit nicht einfach behauptet, sondern als sein persönliches Empfinden geäußert: «Ich empfand dich als launisch...» oder «Du kamst mir so launisch vor...»

Vielen erscheint es mühselig und überflüssig, jedesmal deutlich zu machen, daß es hier um das eigene Erleben geht und weniger um eine Tatsachenbehauptung. «Selbstverständlich», halten sie mir in Paargesprächen entgegen, «spreche ich damit nur meine Meinung aus.» «Versetzen Sie sich dann in die Rolle des anderen, über den Sie gerade etwas behauptet haben», empfehle ich. «Dann merken Sie sofort den Unterschied.»

Kurz: Ein Paar erspart sich viel Mühe und Ärger, wenn es sein Kolonialisieren aufgibt. Das ist jedoch nicht der wesentliche Grund für einen Verzicht. Vielmehr nähern wir uns dann der Wahrheit. Wir lernen, daß der andere anders ist, andere Wünsche und Erlebnisweisen hat. Das verursacht zunächst stärkere Konflikte: «Du bist so anders als ich – wie sollen wir denn je übereinkommen?» fragen sich viele ängstlich. Aber erst die offene Andersartigkeit, die unterschiedlichen Wünsche machen einen befriedigenden Kompromiß möglich. Wir haben dann eine Chance, die vorher gar nicht gegeben war: zu einem gemeinsamen Handeln zu kommen, das die wesentlichen Bedürfnisse von beiden beachtet. Eine befriedigendere Beziehung schwemmt das tägliche Sediment kleiner Mengen von Enttäuschungszorn hinweg. Sie erotisiert. Sie dreht die beiden erwähnten Teufelskreise um zu einer belebenden Wechselseitigkeit.

Direktes Kolonialisieren liegt meist auch im *Unterbrechen* des anderen vor, im *Nicht-ausreden-Lassen*. Es ist bei Paaren, die zu mir kommen, unglaublich häufig. Den meisten Paaren, konnte ich beobachten, entgeht es. Sehr oft läßt sich einer vom anderen widerstandslos unterbrechen.

Am stillsten ist der Übergriff, wenn ich *vom anderen einfach annehme*, was er oder sie gerade fühlt und tut, ohne es noch weiter zu erwähnen.

So kämpfen wir uns in unsere Mißverständnisse hinein. Das ist Kraftvergeudung. Ich bin sicher, daß Mißverständnisse und ihre Aufklärung den größten Anteil der geringen Gesprächszeit beanspruchen, den Paare sich heute noch einräumen. Ich bin erleichtert, in Zwiegesprächen mehr und mehr gelernt zu haben, den einfachen Weg zu nehmen: nachzufragen, statt anzunehmen oder an meiner Partnerin herumzurätseln.

Um uns geborgener zu fühlen, unterschlagen wir die Andersartigkeit des anderen

«Der größte Schmerz meines Lebens ist es, daß
Christiane nicht so ist, wie ich es mir wünsche.»
Fritz, witzig zu Beginn einer Sitzung
nach fünf Jahren Paargruppe

Über den anderen einfach etwas annehmen, heißt so tun, als wisse man über ihn Bescheid. Wer behauptet, zu wissen, wer der andere ist, hegt einen Größenwahn. Dieser prägt meist den Alltag der Beziehung. Warum verhalten wir uns so? Tausendfach merken wir, daß wir uns täuschen, und bleiben doch unbelehrbar. Diese Illusion von der angeblichen Kenntnis des anderen muß uns viel Gewinn bringen.

Sie ist vielfach begründet. Vor allem wollen wir unsere seelische Sicherheit mit einem Dauertrugschluß festigen. Der andere ist gar nicht anders, besänftigen wir uns insgeheim, er ist so, wie ich will. Ich forme ihn zu dem Bild, das ich von ihm habe. Womit? Mit Projektionen, Übertragungen und vielen unerfüllten Wünschen. Ich retuschiere das Du. Wozu? Damit ich mich in der seelischen Sicherheit wiegen kann, ihn im Griff, unter Kontrolle zu haben. Nicht durch Handlungen, die jeder bemerkt, nein, durch die reine Wahrnehmung, durch das Erleben: Wie ich ihn/sie sehe, so ist er/sie. Das ist der Kernbetrug.

Seine offenkundigste Handlungsform ist die Kolonialisierung. Sie bedeutet: ich verwandle meine Empfindungen ihm oder ihr gegenüber (die ich meist nicht zu äußern wage) in eine Tatsachenbehauptung über den anderen oder in eine Verhaltensvorschrift für ihn – besser gegen ihn. Genaugenommen ist sie ein Übergriff, eine tätliche Vereinnahmung, eine seelische Vergewaltigung, eine Frechheit, eine Entmündigung, eine Entwertung, ein Machtakt, eine Verletzung der Menschenrechte.

Welche Angst muß dahinterstehen! Denn ich vergewaltige nur, wenn ich mich selbst vergewaltigt fühle. Das ist wieder die «Wendung in die Aktivität». Da wir es in unglaublichem Maße alle tun, muß ein allgemeines Dilemma dahinterstehen. Ich meine, es ist die verzweifelte Sicherung unserer Abhängigkeitsbedürfnisse, die Angst vor dem Neuen in der Beziehung, vor dem Erkunden des Unbekannten zwischen uns, die Schwierigkeit oder gar Unfähigkeit, wirklich autonom zu sein, die uns dazu bringt, der Ersten Einsicht so wenig zu folgen. Vielleicht werden wir nie wirklich eigenständig. Indem wir den anderen nach unserem Bilde schaffen, versuchen wir uns eine Scheingeborgenheit zu zimmern aus Angst vor dem Ausgesetztsein in die Selbständigkeit.

Gäbe es keinen anderen Weg zur seelischen Sicherheit, so hätte diese Einsicht keinerlei Chance, wirksam zu werden. Sie entspricht der Aufhebung einer Verleugnung, genauer gesagt einer Verleugnung zu zweit, einer bipersonalen Abwehrform. Wir wehren also die Wahrheit ab, wenn wir der Einsicht, daß der andere anders ist, nicht folgen. Unsere Realitätsprüfung ist dann außer Kraft. Wir verbiegen uns und unsere Verhältnisse gar zu sehr. Und das heißt: wir können nicht angemessen mit unserer Beziehung umgehen, wir können so nicht gut miteinander zu Rande kommen. *Wir haben keine Beziehung zur Realität und damit keine Realität der Beziehung.*

Das ist also der Pferdefuß des schützenden Größenwahns: daß er nicht wirklich schützt. Er ist und bleibt illusionär, auch wenn wir uns zu allem Überfluß wechselseitig dem Bild, das der andere von uns hat, anzugleichen versuchen. Zuviel paßt sich schief an. Es entstehen Streit, Zerrüttung, unverstandenes Auseinanderleben. Kurz: Kolonialisation verhindert erstens Erkennen der wesentlichen Bedürfnisse des anderen und damit zweitens jede Chance, sich mit diesen abzustimmen. Sie setzt die beiden erwähnten Teufelskreise in Gang: zur Sprachlosigkeit und zur erotischen Verödung. Anders gesagt: Sie erstickt eine befriedigende oder gar glückliche Beziehung schon im Keim.

Die Folgen dieser Einsicht sind so vielfältig und verflochten, daß ich nur Beispiele skizzieren konnte. Was wir denn nun tun können, ist die Hauptfrage. Die Antwort ist so einfach, wie ihre Realisierung ungewohnt:

– Soweit es geht, über den anderen nicht Vermutungen anstellen, sondern ihn selbst sprechen lassen.

– Die eigenen Gefühle mehr denn je ausdrücken, damit der Partner mich erkennen kann, ihm daraus aber keinen Verhaltensstrick drehen. Es ist beispielsweise entscheidend wichtig, seine Eifersucht offen zu erläutern. Man darf daraus aber nicht eine Vorschrift ableiten, der oder die andere dürfe nicht. Das ist die Grenzüberschreitung. Soweit ich bei meinen eigenen Gefühlen bleibe, ist der andere frei sich zu entscheiden. Gerät er durch meine Gefühle unter Druck, ist das seine Angelegenheit.

– Akzeptieren, daß ich ihn/sie nur wenig kenne, doch ebenso akzeptieren, daß ich im Widerspruch dazu unwillkürlich davon ausgehe, ich wisse von vornherein, was mit ihm/ihr los ist.

Das kommt einer kräftigen Selbstrelativierung gleich. Seelische Riesen schaffen das allein. Einfacher geht es zu zweit: in Zwiegesprächen. Was ihnen guttut, entwickeln Zwiegespräche also auch noch selbst. Vielleicht ist es besser, die Fülle der weiteren Folgen nach und nach selbst zu entdecken. Nur einige Gedanken möchte ich als Anregung bringen.

Wir mißbrauchen die gleiche Wellenlänge

Die Einsicht «Ich bin nicht du und weiß dich nicht» hat einen Gegenspieler: das wortlose Verstehen, die Erfüllung tiefster Geborgenheitswünsche. Das ganze Dilemma des «Ich bin nicht du und weiß dich nicht» kennt jedes Paar von bestimmten Gelegenheiten, die alles ans Licht bringen. Denn auch da, wo wir aus innerstem Herzen handeln, gelingt es häufig nicht, in der gleichen Wellenlänge zu schwingen. Im Gegenteil, sie erweist sich dann als Phantom. Ich meine beim Geschenkemachen.

Dennoch: Nicht nur Verliebte setzen auf die «gleiche Wellenlänge». Wir tun es alle. Mit diesem Markenzeichen des Vertrautseins grenzen sich Paare und andere Wahlverwandte vom Rest der Welt ab. «Eheleute, die sich lieben, sagen sich tausend Dinge, ohne zu sprechen.» Das chinesische Sprichwort gilt unbestritten. Was uns jedoch entgeht, ist unser täglicher, tätlicher *Mißbrauch dieser gleichen Wellenlänge*. Unter den Teppich des Einsseins kehren wir unsere Konflikte. Wir sparen uns den Austausch. Wir setzen den anderen unmäßig mit uns gleich. Wir vergessen einfach, daß der andere anders ist. Wir denken einfach nicht daran.

Daß wir reicher werden, wenn wir seine Art, die Welt aufzunehmen, miterleben können, erfahren wir kaum noch. So verarmen wir, ohne es zu merken.

Die frühkindliche Sehnsucht des wortlosen Verstehens verschlingt die widersprüchliche Wirklichkeit zu zweit. Das Paar schaltet sich gleich. Fast jeder Satz enthält diese Illusion der Bekanntschaft. Sich einfühlen lernen wird überflüssig: wir vermeinen, von vornherein zu wissen, wer der andere ist. Das ist seelisch bequem. Der Verzicht auf die gleiche Wellenlänge wäre eine Wohltat für jedes Paar. Es ist viel fruchtbarer, stets davon auszugehen, daß der andere so heißt, weil er so ist: anders. Das ist ungewohnt. Ja, eine Welt scheint auseinanderzufallen. Schlimmer noch: es geht um den Zerfall zweier ganz unterschiedlicher Ein-Herz-und-eine-Seele. «Was sollen wir dann noch miteinander?» fragen viele entsetzt, wenn sie der großen Unterschiedlichkeit ihres Erlebens auf die Spur kommen. Dann, ist zu antworten, dann fängt das wirkliche Paarleben erst an: *Deine Beziehung ist nicht meine Beziehung – obwohl es keine andere ist.*

Um uns kennenzulernen, müssen wir erst lernen, uns nicht zu kennen

Um uns kennenzulernen, müssen wir erst lernen, uns nicht zu kennen. Dann sehen wir den Partner mehr nach seinem, weniger nach unserem eigenen Bilde. Und was noch schwerer scheint: *wir beginnen, auch uns nach dem eigenen Bilde zu schaffen.* Anders als Friedrich Nietzsche voremanzipativ noch formulieren konnte: «Der Mann macht sich das Bild des Weibes, und das Weib bildet sich nach diesem Bilde.» [1] Auf tausen-

---

1 Der Aphorismus als Ganzes gibt dem häufig zitierten Satz eine andere Bedeutung: «*Wille und Willigkeit.* – Man brachte einen Jüngling zu einem weisen Mann und sagte: ‹Siehe, das ist einer, der durch die Weiber verdorben wird!› Der weise Mann schüttelte den Kopf und lächelte. ‹Die Männer sind es›, rief er, ‹welche die Weiber verderben: und alles, was die Weiber fehlen, soll an den Männern gebüßt und gebessert werden, – denn der Mann macht sich das Bild des Weibes, und das Weib bildet sich nach diesem Bilde.› – ‹Du bist zu mildherzig gegen die Weiber›, sagte einer der Umstehenden, ‹du kennst sie nicht!› Der weise Mann antwortete: ‹Des Mannes Art ist Wille, des Weibes Art Willigkeit – so ist es das Gesetz der Geschlechter, wahrlich! Ein hartes Gesetz für das Weib! Alle Menschen

derlei Art zerbrechen täglich die beiden illusionären Einheitsfassungen eines Paares. Schnell aber werden sie wieder verkittet. Das muß erhebliche Energien kosten. «Marry in haste, and repent at leisure» (Heirate schnell und bereue in Muße), kommentieren die Briten trocken die Lage. Manchmal allerdings ist es erstaunlich, wie lange sich zwei unzutreffende Vorstellungen voneinander halten können. Die Anekdote vom alten Paar am Frühstückstisch trifft den Kern: Gedankenlos und gegen ihre Gewohnheit nimmt die Frau die untere Hälfte des geteilten Brötchens. Der Mann meint überrascht: «Ich dachte, du magst die obere lieber.» «Ehrlich gesagt», antwortet sie, «hab ich auf die untere immer verzichtet, weil ich dachte, dir schmeckt sie besser.» «Und ich hab dir zuliebe immer die obere gegessen. Ich hätte viel lieber die untere gehabt.»

Die Moral von der Geschichte: *Ein Eheleben lang nimmt einer vom anderen Falsches an, so entgeht ihm selbst das Beste.* An einem unscheinbaren Beispiel beleuchtet diese Parabel die Tragik eines Lebens zu zweit. Keiner kann zu seinen eigenen Bedürfnissen stehen – aus Rücksicht auf den anderen. Diese Rücksicht ist aber im Klartext dieser Anekdote eine selbstgesetzte Annahme, entstanden aus glatter Beziehungslosigkeit, eine Kolonialisierung, die sich als Entgegenkommen ausgibt. Daraus erhellt: wer den anderen kolonialisiert, kommt auch nicht zu sich selbst. Ähnlich: «Wer andere in Abhängigkeit hält, kann selbst nicht frei sein» (Martin Walser zu «seinem» Schiller). Anders gesagt: die Partnerschaft pervertiert so ihre

sind unschuldig für ihr Dasein, die Weiber aber sind unschuldig im zweiten Grade: wer könnte für sie des Öls und der Milde genug haben.› – ‹Was Öl! Was Milde!› rief ein andrer aus der Menge: ‹Man muß die Weiber besser erziehn!› – ‹Man muß die Männer besser erziehn›, sagte der weise Mann und winkte dem Jünglinge, daß er ihm folge. – Der Jüngling aber folgte ihm nicht.» – Friedrich Nietzsche, Werke in drei Bänden (Hg. Karl Schlechta), Band II, Die fröhliche Wissenschaft, Erstes Buch, Nr. 68, München (Hanser) 1956, S. 82

große Chance, jedem bessere Bedingungen zur Selbstverwirklichung zu bieten, als einem allein möglich wäre. Wechselseitige Selbstbehinderung ist leider die Norm der Zweierbeziehungen. Sie bleibt bestehen, solange sich das Paar zum Potemkinschen Dorf wechselseitiger Projektionen aufbaut, also aus dem Zustand wechselseitiger Kolonialisierung nicht herauskommt. Sie schwindet, sobald beide ihre belebende Andersartigkeit entdecken.

Dahin ist es ein weiter, wenn auch gangbarer Weg. Obwohl ich als Psychoanalytiker beruflich ein Zuhörer anderer Lebenswelten bin – man nennt uns «professionelle Empathiker» –, habe ich in den ersten Jahren mit Zwiegesprächen gemerkt, wie wenig meine Einsicht, daß der andere anders ist, im konkreten Leben wirkt, solange ich sie nicht eingeübt habe: denn ich war immer wieder verblüfft, daß für meine Partnerin etwas ganz anderes wesentlich war, als ich dachte. Inzwischen scheint sich die neue Gewohnheit gefestigt zu haben. Sie erleichtert mich. Ich placke mich nicht mit Annahmen, ich frage einfach und sehr viel mehr nach. Und auch das nimmt ab, weil meine Fragen eher stören als klären. Sie erzählt.

Zweite Einsicht:
Wir können lernen, unser gemeinsames unbewußtes
Zusammenspiel wahrzunehmen, statt uns
als zwei unabhängige Individuen aufzufassen

Wir sind zwei Gesichter
einer Beziehung und sehen es nicht

«Denn ich glaube, daß die Ehe – ob wir sie nun als psychologische oder politische Beziehung betrachten – unsere Lebensge-
schichten viel stärker bestimmt, als wir gemeinhin annehmen.»

Phyllis Rose[1]

Bewußtsein denkt, Unbewußtes lenkt:
unbewußtes Zusammenspiel

Diese Einsicht heißt: was immer ich erlebe, tue und träume, es
ist nicht nur von mir, es ist ebenso von dir. Sie ist die gewöh-
nungsbedürftigste. Denn sie geht uns gegen den Strich der Unabhängigkeit.

Witzig wird es im Falle persönlicher Geheimnisse. Auch sie
hat der andere mitbedingt. Ja, er geht oft mit Ähnlichem
schwanger, bedrückt von einem belasteten Gewissen, peinlich
bedacht, es von dem fernzuhalten, der auch daran wirkte: von
mir. Geht es gar um eine andere Liebe, dann mag keiner hören,
er habe dazu beigetragen, den geliebten Menschen in anderen
Armen glücklich werden zu lassen. Aber es ist nicht fortzudeu-
ten. Wir leben nun einmal nicht als isolierte Wesen säuberlich
voneinander getrennt nebeneinander. Wir sind in Beziehung,
umfassender als uns bewußt und lieb ist. Ich sagte es schon: ein

---

1 Phyllis Rose, Parallele Leben. Fünf viktorianische Ehen. Reinbek (Rowohlt), neue frau 5857, 1987, S. 27

Zehntel wird bewußt, neun Zehntel wirken unbewußt.[1] Und das Unbewußte ist schnell wie der Blitz.

Ein Witz bringt diese Einsicht vielleicht näher. Zwei folgten unfreiwillig dem Rat, sich Träume derselben Nacht zu berichten – und bekamen tatsächlich den gemeinsamen unbewußten Nenner heraus:

Ein Ehepaar liegt schlafend im Bett. Die Frau schreckt plötzlich aus einem Traum auf und ruft mit schriller Stimme: «Mein Mann kommt!» Erschrocken springt ihr Mann aus dem Bett und versteckt sich im Kleiderschrank.

Wird eine andere Beziehung heiß, dann ist sie in der eigenen mobilisiert, aber nicht gelebt worden. So löst sich meist das Rätsel der vertrackten Dreiecksbeziehungen. Oft bilden sie im stillen ein Viereck. Sie sind Zweiertaten.

Ich habe die Parallelbeziehungen vorangestellt, weil sich die Diskussion um die Zweite Einsicht meist an ihnen entzündet. Unschwer zu erraten, warum: um von Schlimmerem abzulenken.

Nehmen Sie beispielsweise die unangenehmsten Eigenschaften Ihres Partners oder Ihrer Partnerin. Lassen Sie sich ernsthaft darauf ein, daß Sie auch an denen noch mitwirken. Da wird einem schon anders. Aber so ist es.

Unglück ist schwer zu ertragen. Noch schwerer allerdings das Glück.

«Alles in der Welt läßt sich ertragen,
Nur nicht eine Reihe von schönen Tagen!»[2]

Das macht die Glücksangst, ein Gebräu aus dräuenden Emp-

1 Lawrences Kubie, Neurotische Deformationen des schöpferischen Prozesses, Reinbek (Rowohlt, rde Nr. 244) 1966, besonders S. 32
2 Johann Wolfgang von Goethe, Sprichwörtlich (Gedichte 1810–1812 Weimar)

findungen: aus Schuldgefühlen, daß es einem so gut geht; aus Angst vor dem Neid der anderen; aus dem Wissen, daß das Schicksal kein Gleichmaß kennt; aus der Ungewißheit, ob Glück nun wirklich Glück ist; vor allem aber aus der Angst vor der Intensität des Empfindens, direkt und einfach glücklich zu sein. So kommt es noch schlimmer: ich wirke auch an dem mit, was mich am anderen glücklich macht, an dem, was mich erfüllt.

Damit nicht genug. Ich und Du konstellieren sich wechselseitig. Ich kann mich ohne den anderen nicht wirklich begreifen. Ich bin nur die halbe Wahrheit. Meine aktuelle Identität ist nur aus der wesentlichen Beziehung heraus zu verstehen. Das heißt beispielsweise: mein Empfinden ist nur zu verstehen, wenn ich deines einbeziehe. Ich fühle nur so lange so wie jetzt, solange du so fühlst wie im Augenblick. Oder: Bin ich dir zugeneigt, wenn du mir zugeneigt bist, heißt das etwas ganz anderes, als wenn ich dir zugeneigt bin und du von mir nichts wissen willst. Dein Abstandnehmen im letzten Fall könnte mich so entlasten von Näheangst, daß ich die Sympathie ganz zulassen kann. Kurz: Die Wahrheit beginnt zu zweit.

Das unbewußte Zusammenspiel (fachsprachlich: Kollusion) ist von dem Amerikaner Henry Dicks aufgespürt worden.[1] Jürg Willis Bücher «Die Zweierbeziehung»[2] und «Die Therapie der Zweierbeziehung» haben dieses psychoanalytische und kommunikationstheoretische Paarkonzept ins öffentliche Bewußtsein gerückt.

Psychoanalytiker arbeiten in der Einzelbehandlung täglich mit der unbewußten Beziehung zu ihren Patienten und wissen von deren gewaltigem Einfluß auf das bewußte Leben.

---

1 Henry Dicks, Marital Tensions, New York (Basic Books) 1967
2 Jürg Willi, Die Zweierbeziehung, 1975, und Therapie der Zweierbeziehung, 1978, beide Reinbek (Rowohlt)

Dennoch wird die Kraft der Kollusion, also die Macht derselben oszillierenden Verflechtung unbewußter Vorgänge in der Paarbeziehung, noch kaum zur Kenntnis genommen. Der Widerstand stammt aus der Schwierigkeit, eine neue Abhängigkeit anzuerkennen: die Abhängigkeit von der Beziehung, also vom gemeinsamen Unbewußten, nicht nur vom individuellen. Es fällt ja vielen schon schwer genug, die Kränkung zu ertragen, gleichsam mit jeder Geste einen Ausschnitt der eigenen Kindheit und Lebensgeschichte widerzuspiegeln. Aber gerade dieses sensible Reagieren auf jedes Schmälern unserer Unabhängigkeit sollte uns auf das Gegenteil aufmerksam machen: auf unsere unentwegte, tiefe Abhängigkeit. Wir sind beziehungsgezeugt, beziehungsgeboren und beziehungsentwickelt. Keiner könnte ohne Beziehung existieren. Das, was wir Seele nennen, besteht im wesentlichen aus den erlebten Beziehungen, die wir verinnerlichten. Einsiedler leben nur aus ihnen. Daß Beziehungserlebnisse schon in der Kindheit so kärglich geworden sind, macht unsere seelische Armut und das Zeitalter narzißtischer Störungen aus. Dadurch wird beides noch schärfer: die Sehnsucht nach erfüllter Abhängigkeit, die uns fehlte, und das Pochen auf stärkere Autonomie, die uns von mißlicher Abhängigkeit verschonen soll.

Der Individualismus ist ein kollektiver Versuch zu verleugnen, daß wir miteinander in Beziehung und damit in wechselseitiger Abhängigkeit leben. Das Ich ist keine unabhängige Größe. Was durch mich geschieht, ist das unerkannte Tätigsein auch derjenigen, die mit mir in intensiverer Beziehung leben.

Wer zu zweit lebt, lebt gemeinsam, ob er es will oder nicht. Jeder Tag ist gemeinsam entwickelt, ob es einem bewußt ist oder nicht. Die Reihe der Tage machen die Paargeschichte. Und diese prägt beide, bis in die Gesichtszüge. Die wachsende Ähnlichkeit zusammenlebender Paare ist kürzlich nachgewiesen worden.[1] Die Gemeinsamkeit schlägt sich körperlich nieder. Auch noch anders: Körperbeschwerden, die Frau und Mann unabhängig voneinander angeben, gleichen sich im Laufe des Zusammenseins an.[2] Gesundheit und Krankheit sind Resultate des Paarlebens.[3] Ins Gesichtsfeld des individualmedizinischen, seelisch und sozial fast bewußtlosen Gesundheitswesens von heute gerät das nicht.

Wesentlicher als diese Spätnachweise ist das unbemerkte wechselseitige Durchdrungensein in der gelebten Gegenwart. Ein Paar bildet einen Riesenraum unbewußter Beziehung, aus dem heraus es lebt. Stellen Sie sich Ihre/n Partner/in vor und realisieren Sie, daß Sie *unbewußt* das Zehnfache von ihm wahrnehmen. Das ist: praktisch alles. Und er sieht unbewußt alles von Ihnen. Unbewußtes erkennt Unbewußtes «irrtumslos».[4] Die seelischen Wechselvorgänge oszillieren mit hoher Geschwindigkeit. Das Bewußtsein hinkt immer hinterher. Es denkt, daß es denkt, und wird doch gelenkt. Auf dieser Ebene wirken zwei Partner täglich aufeinander. Klarer gesagt: Sie bewirken sich. Eine Kollusion verläuft natürlich nicht im Vakuum. Sie vollzieht sich im gelebten Leben innerhalb einer Gesellschaft. Ein Paar ist zahllosen Einflüssen und Belastungen ausgesetzt.

Am bedeutsamsten ist dabei, daß wir meist nicht nur mit einem Menschen – der Partnerin, dem Partner – enger verbunden sind, sondern mit mehreren. Nicht nur mit Kindern und Eltern, auch mit Freunden und Arbeitskollegen.

1 nach Untersuchungen von Robert Zajonc, dpa-Meldung, «Frankfurter Rundschau», 13.8.87
2 Elmar Brähler, Jörn W. Scheer, Der Gießener Beschwerdebogen, Bern (Huber) 1983
3 vgl. etwas James J. Lynch, Das gebrochene Herz, Reinbek (Rowohlt) 1979
4 Gerhard Scheunert, Zum Problem der Gegenübertragung, Psyche 13, 1960, S. 574 ff

Das heißt: die Kollusion eines Paares ist nur ein besonderer Knotenpunkt innerhalb eines weitgespannten unbewußten Beziehungsnetzes. Dieses Netzwerk («Matrix» nach der gruppenanalytischen Theorie von S. H. Foulkes[1]) umfaßt schließlich eine ganze Nation oder die Überlebensgemeinschaft der Völker.

Wir können uns als Paar daraus nicht lösen, wir wirken am Ganzen mit und werden durch das Ganze mitbewirkt. Der Riesenraum der unbewußten Beziehung geht also weit über das Paarleben hinaus, seine Begrenzung ist unabsehbar.

Die Schnelligkeit unbewußter Vorgänge wird am sinnfälligsten beim Träumen. Der Träumende ist Autor der ganzen Inszenierung bis ins kleinste Detail. Eine Fülle von Gestalten, Beziehungen und Situationen wird oft in Sekunden erschaffen, wir begegnen einer fertigen Realität und nicht einem persönlichen Schöpfungsakt. Ein Beispiel für die schnelle unbewußte Abstimmung von Beziehungen ist die Liebe auf den ersten Blick. Unglaubliche Gedächtnisleistungen im Zustand der Hypnose, blitzartige Verwandlungen der Wahrnehmung unter Drogeneinfluß und schließlich das, was unser schwerfälliges Bewußtsein als Gedankenübertragung wertet, belegen das Tempo unbewußter Vorgänge.

Hinzu kommt das Erkennen auch feinster Ausdrucksweisen, etwa unscheinbarer Mimik und Gestik. Das bedeutet: dem Unbewußten ist nichts zu verheimlichen. Wir leben also unbewußt in ursprünglicher Offenheit miteinander. Aber eben nicht bewußt. Die Lüge, das Mißtrauen, ja, jedes Mißverständnis wird unter dieser Perspektive zu einem anderen Problem: ich fühle etwas unbewußt, worauf ich mir keinen Reim machen kann, ich kann es nicht integrieren, ich habe

1 S. H. Foulkes, Gruppenanalytische Psychotherapie, München (Kindler) 1974 und ders., Praxis der gruppenanalytischen Psychotherapie, München (Reinhardt) 1978

das dumpfe Gefühl in einer doppelten Welt zu leben, die nicht zusammenpaßt.

Nun kann ein Paar daran interessiert sein, solche Abspaltungen gemeinsam aufrechtzuerhalten. Damit sind wir bei einem Hauptziel der Kollusion: sie dient uns wesentlich dazu, gemeinsame unbewußte Ängste in Schach zu halten. Sie ist die Paarmethode der Angstdosierung. Ich brauche dich, und du brauchst mich, damit wir uns durch unser Inneres weniger bedroht fühlen. Dieser Satz kennzeichnet die bipersonale Abwehrorganisation.

Eine solche Abwehrbindung ist von Anfang an wirksam. Sie bestimmt ganz wesentlich die Partnerwahl. Ändern sich meine unbewußten Ängste, verliert diese Bindungsform an Kraft. Auch dadurch können Beziehungen sich selbst überholen.

Steckt hierin nicht auch eine Gefahr für Zwiegespräche? Zwei stabilisierten ihre Abwehr – läßt das nicht die Zwiegespräche degenerieren? Schon möglich. Allerdings sind gemeinsame Abwehrbauten an Projektionen gebunden und an ein Minimum von Reflexion. Zwiegespräche bewirken genau das Gegenteil: sie mindern unvermeidlich die Projektion und kräftigen die kritische Selbstbeobachtung. Im distanzierteren Nebeneinander eines gewöhnlichen Paaralltags sind Abwehrkollusionen länger haltbar. Ja, vielleicht entfalten sie sich dadurch erst. Dazu gehören besonders Paare, die ihre Beziehung aufrechterhalten, indem sie einander vermeiden. Sie entwickkeln eine Sonderform phobischer Kollusionen. Die Angstvermeidung, die Phobie, trifft die eigene Beziehung.

Selbst diese Sentenz greift zu kurz. Denn es geht nicht nur um Tun im üblichen Sinne. Die Wechselwirkung und Verflechtung zweier Menschen reichen weiter: Überlegen, Entscheiden, Phantasieren, Träumen, ja Sich-Empfinden sind stets zu zweit gemacht, sind durch mich und durch dich bedingt. Am bekanntesten sind jene Depressionen von Frauen, die Zeichen eines Beziehungsdilemmas sind und von ihren Partnern verleugnet werden. Zutreffender wäre also die Erweiterung des Satzes: Das Sein des einen ist das Sein des anderen.

Das ist die seelische Grundlage in dreierlei Beziehungen:
— in Beziehungen, die einem viel bedeuten;
— in Beziehungen, die über längere Zeit bestehen;
— in Beziehungen, in denen intensiv kommuniziert wird.

Oft fallen die drei zusammen. Doch nicht immer. Manches versteht sich von selbst. Daß mir ein Mensch viel bedeutet, ist vielleicht nur ein anderer Ausdruck für das Empfinden einer starken, unbewußten Wechselbeziehung. Dem entgegengesetzt stellen wir uns gern vor, es gäbe ein einzelnes Ich und ein einzelnes Du. Ein Bild kommt uns dabei zu Hilfe: Wir stehen doch körperlich wohlbegrenzt voreinander. Mit diesem Vergleich beginnt allerdings das Hinken und Irren. Denn für den seelischen Bereich gilt ein ganz anderes Gesetz. Wir werden zwar körperlich als unterscheidbares Wesen geboren, die sich entwickelnde Seele aber ist von anderen Seelen nicht abgegrenzt. Sie wächst in das Beziehungsgeflecht hinein, das vorgegeben ist. Am einfachsten ist der Vergleich mit dem Erlernen des Sprechens. Wir wachsen seelisch in eine vorhandene Grammatik, in eine von der Gemeinschaft und ihrer Geschichte längst vorgebildete Struktur hinein und werden diese selbst. So sind wir von Anfang an mit allen anderen verbunden. Wir sind eine Variation des Ganzen. Wir drücken das Ganze auf unsere Weise aus. Das ist die wirkliche Individualität. Sie bildet das allen Gemeinsame neu. Deswegen sagt der Soziologe Norbert Elias: Wir werden nicht sozialisiert, vielmehr individualisieren wir die Gesellschaft.[1] Darin aber liegt ein gänzlich anderes Verständnis von Individuum. Nicht eines, das autark Neues schafft, sondern eines, welches das allen Gemeinsame auf seine Art widerspiegelt, eines, das ein Zeichen des Ganzen und nicht nur ein Splitter ist. Mir liegt diese Sicht der Dinge am meisten, sie ergibt sich aus der Gruppentheorie.

Damit schwindet allerdings eine Illusion dahin: die des einzelnen Ichs und des einzelnen Dus, des Einzelkämpfers in der Leistungsgesellschaft, des Self-made-Menschen. Das paßt uns nicht. Jede Prüfungsordnung verleugnet das: in ihr setzt die Gesellschaft auf die vereinzelte Leistung – allen Tatsachen zum Trotz. Dieses Buch, beispielsweise, ist das Werk zahlloser Menschen, die mich aufzogen, mit denen ich lebe, mit denen ich arbeite – ich schreibe es nur nieder.

Damit nicht der Eindruck entsteht, hier gehe es um Verschmelzung, kann ich auch sagen: Jeder von uns entfaltet Beziehungsbereitschaften im Laufe seines Werdens. Begegnen sich zwei Personen, so stimmen sich diese Beziehungsbereitschaften aufeinander ab – schnell und umfassend. Dadurch entstehen Ich und Du. In anderen Beziehungen sind wir etwas anderes. Aber wir wählen uns auch ähnliche Partner. Daß die Partnerwahl immer wieder auf den ähnlichen Typus fällt, ist – wenigstens für Frauen – empirisch gesichert. Nicht einmal da sind wir also unserer Eigenständigkeit sicher.

1 Norbert Elias, Die Gesellschaft der Individuen, Frankfurt (Suhrkamp) 1987

Drei Revolutionen des Paaralltags

Bisher wurde nur eine Denkgewohnheit revidiert, jetzt müssen Taten folgen. Sie ergeben sich aus der Zweiten Einsicht. Ich glaube, ich greife nicht zu hoch, wenn ich sage: sie revolutionieren den Paaralltag.

1. *Es gibt keinen Boden mehr für Vorwürfe und Selbstvorwürfe innerhalb der Beziehung, da wir beide an jedem Verhalten eines jeden beteiligt sind.*
   Ja, fragt da einer, wovon soll die Beziehung dann aber leben? Das ist ins Schwarze getroffen.

2. *Was in mir vorgeht, geht auch in dir vor, da wir beide durch ein gemeinsames unbewußtes Thema bewegt werden.*
   Das ist die Basis der Paarsymmetrie.

3. *Ich bin für das Paarleben voll verantwortlich und doch gleichzeitig vom anderen ganz abhängig.*
   Voll verantwortlich, wenn doch der andere mitverantwortlich ist? Wie das? Weil alles, was zwischen uns geschieht, nicht geschähe, wenn einer von uns beiden es anders machte. Jeder ist demnach hundertprozentig verantwortlich – obwohl er ganz mit den Wünschen und Ängsten des anderen verwoben ist. Was jeder von beiden tut, ist zweimal hundertprozentig: von dir und von mir bewirkt. Diese Paaralgebra mögen wir nur, wenn wir Gutes tun.

Vorwürfe sind Ablenkmanöver

Matthias und Anna ist klar, daß Vorwürfe und Selbstvorwürfe fehl am Platze sind. Anna macht darauf aufmerksam, daß Matthias seine Urteile schneidend scharf fällt:

MATTHIAS: Mir hat gestern gestunken, wie es gelaufen ist.
ANNA: Vielleicht sollten wir versuchen, uns solche Sachen

noch mehr mit dem Verstand klarzumachen, uns verständlicher zu machen.

MATTHIAS: Wenn du knatschig warst, weil wir so wenig Zeit füreinander hatten, und dann im Bett lustloser bist, dann ärgere ich mich nachträglich, daß ich mich an den Schreibtisch gesetzt habe. Das hat nichts mit Verständlichmachen zu tun.

ANNA: Dann bin ich halt dran schuld.

MATTHIAS: Das hat doch nichts mit Schuld zu tun.

Matthias ist nicht bester Stimmung und dementsprechend reflexionsabweisend, wenn er meint, das habe nichts mit Verständlichmachen zu tun. Immerhin weist er klar Schuldzuweisungen ab. Auch Anna sagt, sie wolle verstehen, wolle sich verständlich machen, was vorgefallen ist.

Tatsächlich ist das die entscheidende neue Ebene: Wenn ich dir keine Vorwürfe machen kann, weil mir bewußt ist, daß ich an deinem Tun unbewußt mitgewirkt habe, ja, wenn es ebenso sinnlos ist, nur mir Vorwürfe zu machen, da du Mittäter warst, was bleibt uns da zu tun?

Da erhebt sich eine wesentlichere Frage: *Was wollen wir beide damit erreichen, daß einer von uns so handelte?* Wie können wir dieses gemeinsam bewirkte, wenn auch nur von einem ausgeführte Handeln verstehen? Machen wir mit dieser Frage Ernst, so verlassen wir die moralische Ebene und betreten die verstehende Ebene. Sie läßt weiter blicken, ist aber nicht gerade bequem.

Vorwürfe sind bequem, weil sie eine Zweiertat an *einem* festmachen wollen. Ein komplexes Geschehen wird so vereinfacht. Vor allem aber schiebe ich etwas von mir weg, schleiche mich – oft unter Gebrüll – aus der Verantwortung. So balanciere ich meinen Seelenhaushalt – auf Kosten des anderen. Eben darin liegt eine Attraktivität der festen Beziehung oder Ehe: *Wir wollen uns wechselseitig entsorgen von der Pein, die*

wir uns selbst sind. Kein Wunder also, daß wir vom Vorwürfe-
machen auch wider besseres Wissen einfach nicht lassen wollen. So verdächtige jeder sein Vorwurfspingpong, seinen Bezie-
hungsstreit des geheimen Abwehrziels. *Krach ist Verdrängung
zu zweit.*

MATTHIAS: Als ich gerade den einen Pflanzennamen nachguk-
ken wollte, drehst du dich völlig genervt um und stöhnst da
rum...
ANNA: ...nicht stöhnen...
MATTHIAS: Ja, schon, du findest das bescheuert.
(Beide reden unverständlich durcheinander.)
MATTHIAS: Ich hab schon wieder ein schlechtes Gewissen,
weil ich aufgestanden bin und noch mal was nachgeguckt
habe. Das hat dich total genervt. Ich habe mich schon vorher
zehnmal entschuldigt. Dann hast du gleich gesagt, daß dir
das gestunken hat. Aber wie oft bist du schon aufgestanden
und hast irgendwelche pharmakologischen Dinge nachgele-
sen, während wir schon im Bett lagen und sogar schon
schmusten.

Der Krach entzündet sich nicht weiter. Doch so beginnt er typi-
scherweise. Aus Schuldgefühlen hört Matthias vermutlich die
Worte von Anna übertrieben vorwurfsvoll. Um sich auszuba-
lancieren, macht er jetzt Anna Vorwürfe. So machen wir es alle:
ein Schuldgefühl, also ein Vorwurf, den man gegen sich selbst
richtet, wird als Vorwurf gegen den anderen gewendet. Der
Spieß wird umgedreht. Das entlastet doppelt: erstens ist der
Druck beim anderen, nicht mehr bei mir, zweitens wird die Lage
undurchsichtig. Der Lärm übertönt die Wahrheit. Das hören
wir auch mit dem dritten Ohr, dem durch das akustisch Hörbare
hindurch lauschenden: Anna und Matthias reden unverständlich durcheinander. Das zeigt, wie es ist. Die äußere Lage spiegelt
die innere: Kannitverstan. Die geheime Absicht ist Abwehr.
Schließlich greifen wir wie Matthias zum üblichsten La-

stenausgleich unsres schlechten Gewissens, dem Vorwurf: Du hast es doch genauso getan! Damit ist nichts besser geworden, vielmehr wird es doppelt schlimm: Gleich beide machen es falsch. Im übrigen geht das Pingpong weiter: Wieder habe ich mit einem Vorwurf von mir abgelenkt. Das bewirkt gleiches im Partner. Gleiches wird mit Gleichem vergolten. Das alte, noch so gegenwärtige Talionsprinzip gilt jetzt: Auge um Auge, Zahn um Zahn. Wir wissen, daß es nicht weiterführt, und tun es trotzdem. Nur Klügere geben nach. In der Regel schaukelt sich der Streit hoch. Die Paar-Partner werden symmetrischer, als sie es ohnehin sind. Gregory Bateson wies darauf hin, daß in solchen symmetrischen Beziehungsformen das Ende ein Bruch ist.[1] Das wollen wir wohl so: denn dann bin ich das unerkannte Grundproblem los, ohne es gelöst zu haben.

Übrigens: wer sich selbst an allem schuldig fühlt, bringt sich in eine Allmachtposition. Das mag hinter Annas Satz stehen: «Dann bin ich eben schuld.» Dieses gebeugte Haupt gehört einem großen Herrscher. Das ist der stille Trost des Größenselbst.

Aus der Not des Vorwerfens kann ich eine Tugend machen: Wenn ich einen Vorwurf abschleudere, kann ich mich noch im heißen Moment fragen, was mich selbst ähnlich wurmt. Denn ich weiß, daß meine Vorwürfe aus eigenen meist unbewußten Schuldgefühlen stammen.

Unbewußte Schuldgefühle lassen sich erschließen. Sie äußern sich in folgenden Formen:

1. Krach, Vorwurfspingpong, wechselseitige Gereiztheit, Giften;
2. Kränkung, Abwertung, Verletzung;

   Das sind die beiden umgedrehten Spieße, die Verkehrungen nach außen.

1 Gregory Bateson, Ökologie des Geistes, Frankfurt (Suhrkamp) 1972, deutsch 1981, S. 107ff

3. Selbstabwertung, Minderwertigkeitsempfinden, Unzuläng-
lichkeit;
4. Empfindungen wie: Es geht alles schief, mir gelingt nichts,
ich habe es schwer, ich leide, mir geht es schlecht;
5. schmerzhafte oder «unpassende» Erkrankungen – etwa direkt vor dem Urlaub – und mißliche Fehlleistungen.

Jeder tut sich Gutes, sie selbst bei sich zu entdecken. In Zwiegesprächen gelingt es eher.

Angst und Depression durchwachsen diese Formen je nach
nötigem Schulddruck. Schuldgefühle mache ich mir immer
selbst und niemand anders. Denn ich brauche zum inneren
Gleichgewicht diese Selbstbezichtigungen. Sie sind eine Form
selbstauferlegter Buße. Ist sie gebührend abgeleistet, fühle ich
mich besser. Deswegen nennt man den Krach euphemistisch
ein «reinigendes Gewitter». Mit begleitender Selbstbestrafung
gelingt einem so gut wie alles. Wir brauchen ein gewisses Maß
an Buße für die erhöhte Leistung. Die mit ihr verbundenen,
vermehrten Privilegien machen Schuldgefühle. Am einfachsten
ist es deshalb, die Arbeit selbstbestrafend zu gestalten: indem
wir uns schinden und abrackern.

Selbst unsere Geheimnisse gleichen sich

Die Gleichheit des inneren Geschehens bei beiden Partnern
führt zur zweiten Alltagsrevolution. In Zwiegesprächen höre
ich meiner Partnerin auch deswegen aufmerksam zu, weil ich
mir dann oft selbst erst auf die Schliche komme: was sie bewegt, bewegt auch mich. Das ist nicht immer sofort zu erkennen. Aber Übung macht den Meister. Ich empfehle deswegen
Paaren, Träume derselben Nacht auszutauschen. Sie haben
stets einen «gemeinsamen Nenner».

Im Vorwurfsfalle wird an der heftigen Reaktion des Ange-
griffenen deutlich, wie sehr er an ähnlichen Schuldgefühlen lei-

det. Anna wirft Matthias vor, er verallgemeinere, und macht gleich dasselbe: «Du kommst *immer so* mit einer Verallgemeinerung.» Das kann sich jeder sagen: Was ich tun möchte, möchte auch der andere tun. Eine Pikanterie der Geheimniskrämerei.

Daß die Symmetrie ihren Boden im gemeinsamen unbewußten Thema, in einer unbewußten Beziehungsform hat, ist sicher. Nach der Gruppentheorie von S. H. Foulkes stehen nicht die Menschen in Wechselwirkung, sondern die seelischen Vorgänge, welch die Beteiligten gleichermaßen ergreifen. Anna und Matthias sind gerüttelt von der Spannung zwischen den beiden seelischen Vorgängen Anlehnungsbedürfnis und Selbsterweiterung. Beide müssen sich damit auseinandersetzen. Es ist der Urkonflikt der Paare. Beide verfolgen die geheime Absicht, es scheinen zu lassen, als seien sie voneinander gerüttelt. Sie versuchen den klassischen Zweierausweg: den inneren Konflikt zu einem Beziehungskonflikt umzuprägen. Damit geraten sie dann in die Sackgasse. Denn so ist der Konflikt bestenfalls vermieden, keinesfalls zu lösen.

Das Paarleben fördert die Symmetrie des Unbewußten auf vielfache Weise:
– durch die Vorabstimmung der wechselseitigen Partnerwahl;
– durch die Beziehung selbst, die schnellen unbewußten Austausch und wechselseitige Abstimmung erlaubt, vor allem, weil die tiefste Schicht jeder Beziehung identifikatorischer Natur (Imitation) ist;
– durch die gemeinsame Lebenslage, ähnliche Bedingungen, identische Situation – trotz aller Unterschiede;
– durch die gemeinsame Entwicklungsgeschichte des Paares, wodurch neue Ereignisse ähnliche Bedeutung erhalten.

Manchmal allerdings ist die Symmetrie schwer zu erkennen:
– Dasselbe Thema wird unterschiedlich verarbeitet – je nach den Lust- und Angstbereitschaften, je nach den Abwehrmethoden, die sich aus der individuellen Lebensgeschichte er-

geben: Trennungsangst kann offen erlitten oder zur Trennungsdrohung umgewandelt werden.

– Dasselbe Thema wird durch verteilte Rollen wiedergegeben, also aufgespalten: Einer schweift herum, der andere klammert, wenn beide beides wollen.

– Dasselbe Thema wird in unterschiedlichen Feldern ausgetragen, in scheinbar weit auseinanderliegenden Gebieten: Was die Frau am eigenen Aussehen plagt, leidet der Mann im Geschäft («Gesichtsverlust»).

In Zwiegesprächen wandeln sich die Situationen, während das Thema über längere Zeit bleibt. So gelingt es zu entschlüsseln, was beide im Grunde beschäftigt.

Volle Verantwortung
trotz ganzer Abhängigkeit

Die dritte Revolution des täglichen Paarlebens ist vielleicht am schwersten zu realisieren: Ich bin erstens voll verantwortlich für alles, zweitens bin ich dennoch ganz abhängig vom anderen.

Jede Einsicht ist eine Nuß für sich. Beide zusammen möchte man am liebsten abtun: als Widerspruch in sich. Unerträglich scheint vielen die Gleichzeitigkeit von ungeschmälerter Verantwortlichkeit auch für Handlungen, die ihre Partner gegen sie richten, und gänzlicher Abhängigkeit selbst da, wo sie sich privatissime fühlen: in ihren Träumen, ihren Gedanken, ihren Entscheidungen.

Kurz: die Folge der Zweiten Einsicht ist eine doppelte Kränkungslast. Da helfen auch Redensarten nichts wie: «Zu einem Streit gehören immer zwei.» Denn sie begrenzen das allgegenwärtige Zweierfeld auf spezielle Situationen. *Nichts* entsteht in einer Zweierbeziehung eigenständig, isoliert, vereinzelt, autark, *wenn eine Beziehung da ist.* Zu einer Depression, Angst und Freude des einen gehört immer der andere.

Daß wir solche Zusammenhänge so schwer erkennen, führt zu Strapazen in unserem Paarleben. Es gelingt nicht viel, wenn beide das Geschehen falsch wahrnehmen. Der Widerstand entspricht der Verleugnung wechselseitiger Abhängigkeit. Es ist unser Dilemma, daß wir uns mit solcher Abwehr noch abhängiger voneinander machen – allerdings in unglücklicher Weise. Wird der Zweiereinfluß nicht erkannt, wirkt er dennoch, nun aber *ohne* zu angemessenem Verhalten zu führen.

Es gilt also zu erkennen, daß ich ganz abhängig *und* zugleich ganz verantwortlich bin innerhalb meiner wesentlichen Beziehung. Das bedeutet, Unbewußtes bewußt werden zu lassen, genauer: das Verflochtensein durch unser unbewußtes Handeln anzunehmen. Damit weitet sich der Raum der Beziehung. Diese Entwicklung scheint ohne Ende. Anders gesagt: sie hebt jene Enge auf, die viele in ihrer Beziehung heute erleben.

Dritte Einsicht
Wir können lernen, regelmäßige wesentliche Gespräche als Kreislauf einer lebendigen Beziehung zu begreifen, statt mit Worten unsere Beziehung nur zu verwalten

«Daß wir miteinander reden, macht uns zu Menschen»

Formen von Sprachlosigkeit

> «Das leere Ich ist mit Welt vollgestopft».
> *Martin Buber*[1]

Sonjas Mutter wird siebenundachtzig. Nie hat sie mit ihrer Tochter wirklich gesprochen. Sonjas sehnlichster Wunsch ist ein ausführliches Gespräch. Sie weiß inzwischen, daß sie trotz ihrer Abhängigkeit ebenso wie die Mutter voll verantwortlich ist für die Sprachlosigkeit in dieser Beziehung. Sie nimmt sich fest vor, zu diesem Geburtstag endgültig die Mutter-Tochter-Stummheit zu beenden. An der Tür begrüßt die Mutter sie zum erstenmal mit dem Satz: «Wie geht es dir?» Von der Gleichzeitigkeit des Wunsches in beiden, das Schweigen zu brechen, ist Sonja so ergriffen, daß sie verstummt.

Beate kennt Zwiegespräche mit ihrem Mann seit einigen Jahren. Sie möchte auch einmal mit den Eltern so sprechen. Lebenslang kam auch bei ihr weder mit ihrem Vater noch mit ihrer Mutter ein rechtes Gespräch auf. Völlig verblüfft und glücklich berichtet sie, wie phantastisch die Gespräche gelangen. Es war ihr, als wäre sie ihren Eltern zum erstenmal begegnet.

Wesentlich miteinander sprechen ist so überflüssig wie die Lebendigkeit des Menschen selbst. Wir müssen funktionieren. Keiner außer uns selbst kann an unserer Lebendigkeit Interesse

---

1 Martin Buber, Ich und Du, in: ders., Das dialogische Prinzip, Heidelberg (Lambert Schneider) 1979, S. 75

haben. Welche Industrie wird für die Lebendigkeit ihrer Mitarbeiter sorgen? Sie ist auf deren Leistungsfähigkeit angewiesen, und damit basta. Wir unterschätzen nicht nur in der Gesellschaft die Macht der Konzerne, sondern auch in unserem eigenen Werden die Macht des Berufszwanges. Der Einfluß des Arbeitsplatzes auf seelisches Befinden wird von manchen höher veranschlagt als der des Elternhauses.[1] Über das Elternverhalten gelangt er ohnehin zu den Kindern. Wo eine vaterlose Gesellschaft registriert wird, der die Mutterlosigkeit zu folgen beginnt, wächst eine elternlose und kinderlose Gesellschaft heran. Bei uns ist die Beziehungsschwäche zwischen Eltern und Kinder statistisch gesichert.[2] Beziehungen enden im gesellschaftlichen Ausmaß nicht Knall und Fall. Sie sterben ab wie die Wälder. Sprachlosigkeit unter Menschen zeigt die wachsende Beziehungslosigkeit an. Das gilt für alle Menschen und für jedes einzelne Paar. Wir können es zu Hause selbst überprüfen.

Das ist die Sprachlosigkeit ersten Grades: wir sprechen zu wenig miteinander. Dazu zähle ich auch Monologe: «Unsere Ehe bestand aus meinen Monologen, für die es keine Ohren gab.»

Die Sprachlosigkeit zweiten Grades ist das technische oder sachliche Sprechen. Wir sind darauf fixiert und können nicht mehr zwischen der Beziehungsebene und der Sachebene unterscheiden. Beides vermengt sich katastrophal: Beziehungskonflikte werden als Sachprobleme behandelt und können nicht mehr geklärt werden. Und umgekehrt. Das mechanistische

1 Peter Groskurth, Der Arbeitsplatz als Schule der Nation, Psychologie Heute, Dezember 1979, S. 44–51
2 «eine ungewöhnliche Bindungsschwäche in deutschen Familien» – Elisabeth Noelle-Neumann, «Nationalgefühl und Glück», in: Elisabeth Noelle-Neumann, Renate Köcher, «Die verletzte Nation», Stuttgart (dva) 1987, S. 94

Sprechen gilt als Kennzeichen der narzißtischen Störungen, von denen wir heute alle geprägt sind.

Besonders gern wehren wir das wesentliche Reden, wenn wir miteinander reden, mit verwaltendem Sprechen ab: wir besprechen, was alles noch zu regeln und zu tun ist.

Schließlich gibt es eine dritte Sprachlosigkeit: das mediengesteuerte Sprechen. Wenn unser Liebesverhalten schon weitgehend von den Aktionen in Fernsehfilmen zehrt, so dürfte der Einfluß des *durchschnittlich* fünfstündigen Tageskonsums[1] von Massensprachsalat nicht spurlos an uns vorübergehen. Daß dadurch direkt das Denken gesteuert wird – wegen der Wortgebundenheit der Gedanken –, sollte man sich nicht verschweigen. Wer den Film «Pierrot le fou» von Godard kennt, wird sich erinnern: Gespräche auf einer Party waren nur die Wiederholungen von Medienwerbung.

Wir kommen nicht mehr dazu, uns auszusprechen – im doppelten Sinne: uns aus uns heraus zu äußern und miteinander zu reden, bis das gesagt ist, was uns bewegt. Vielmehr bleibt die Sprache mehr und mehr für das reserviert, was Sache ist: das Geschäft, die Organisation, die Sachleistung, die Alltagsverwaltung.

Wer Zwiegespräche führt, macht sich daran, die dreifache Sprachlosigkeit zu überwinden. Das geschieht von selbst. Doch ist es gut zu wissen, daß man sich mit ihnen eine ökologische Nische schafft, die vor den Sandstürmen des allgemeinen Entselbstens einigermaßen schützt.

1 ARD Fernsehen 02.08.87, 18.05 Uhr «Wir über uns»

Vier Augen sehen mehr als zwei

Zwiegespräche führen dazu, daß zwei Menschen wirklich einen Verbund bilden – nicht nur der Herzen, sondern auch des Verstandes.

Die eigentümliche Wirkung des seelischen Verbundenseins erwähnte ich schon. Glück wird gesteigert, Unglück gemildert, vorausgesetzt, die Beziehung existiert nicht nur formal. «Geteiltes Leid ist halbes Leid, geteilte Freude ist doppelte Freude.» Das ist das erste Grundgesetz der Beziehung.

Es gibt ein zweites: Vier Augen sehen mehr als zwei. Die Zweipersonengruppe ist die erste menschliche Vereinigung, die den Gruppenvorteil für sich nutzt. Die Gruppe kann mehr als der einzelne. Untersuchungen zeigen, daß die Gruppe nicht nur bei seelischen, sondern auch in intellektuellen Leistungen mehr vollbringt.[1] Sie bildet nicht nur die Identität, sie schafft nicht nur die Realität[2], sie ist auch intelligenter. Kurz: Ich und du sind klüger als ich oder du.

Beide Vorteile, die seelische und die intellektuelle Überlegenheit des Paares gegenüber dem einzelnen, können zwei Menschen aber nur genießen, wenn sie miteinander ausführlich sprechen, wenn sie sich also tätig verbinden. Andernfalls können die Kräfte nur vereinzelt wirken. Gemeinsam sind wir stärker.

Das Zwiegespräch ist das Herz im *Kreislauf des Paares*. Liegt der darnieder, wird die Beziehung über kurz oder lang zur Last. Das heißt: in der Regel nutzen Paare ihre Chance nicht. Was machen sie dann? Sie liegen brach.

Und dadurch wird Gesundheit behindert und Krankheit gefördert. Wir sind Beziehungswesen. Wer für seine Beziehung

1 Peter R. Hofstätter, Gruppendynamik. Kritik der Massenpsychologie, Reinbek (Rowohlt rde) 1965, S. 27 ff
2 Jörg Fengler, Selbstkontrollgruppen, Mainz (Kohlhammer) 1980

sorgt, setzt sich also für sein Leben ein. Noch weiß es jeder, doch manchmal gewinne ich den Eindruck, es gerät schon in Vergessenheit. James Lynch hat zusammengetragen, wie verheerend sich die Vereinzelung auf alle Erkrankungen auswirkt. Vom Zungenkarzinom bis zu Kreislaufschäden steigert sich die Erkrankungsrate auf das Doppelte und mehr für einen Einzeln-Existierenden im Vergleich zu einem, der mit jemandem verbunden lebt.[1]

Die höhere Einsichtsfähigkeit des Paares gründet auf einer besonderen Beziehungsqualität: der erkennenden Beziehung. Sie hat zwei Schichten.

Die erste Schicht betrifft die äußere wie innere Wahrnehmung: ich sehe was, was du nicht siehst – und umgekehrt. Wir können uns zu zweit beide besser selbst wahrnehmen und wir sehen mehr von der Welt. Das Resultat zweier Köpfe ist besser. Es geht nicht nur um eine Summierung von zweien, sondern um eine Kombination unterschiedlicher Fähigkeiten, also um eine Potenzierung. Das kommt jedem Satz des Zwiegesprächs zugute – gleichgültig, wer ihn spricht. Da die Gedankengänge und Gefühlsregungen sich wechselseitig anregen und ergänzen, ist binnen kurzem nicht mehr auszumachen, wer auf welche Idee kam. Alles ist aus beiden geflochten, alles zu zweit gemacht.

Die Klärungsanstrengung von Anna und Matthias kann anders nicht vonstatten gehen. Jeder trägt seine Einsichten bei. Zusammen machen sie die Wahrheit dieses Paares aus. So etwa, als Matthias einen ganz neuen Gesichtspunkt für die Lustlosigkeit Annas im Bett einbringt:

ANNA: Aber ich wollte ja zunächst. Ich habe versucht, mich mehr darauf einzulassen. Da hatte ich aber so eine Barriere, das kann ich dir gar nicht richtig erklären.
MATTHIAS: Das ist ja in Ordnung.

1 Vgl. James J. Lynch, Das gebrochene Herz, Reinbek (Rowohlt) 1979

ANNA: Ich wollte sie auch nicht. Aber ich denke, das hängt mit der Vorgeschichte zusammen.

MATTHIAS: Nein, ich denke, es hing auch mit etwas anderem zusammen. Wir hatten konkret gesagt, als wir morgens um sieben gebumst hatten, daß wir halt abends noch mal bumsen. Das hat dann auf dem Fahrplan gestanden. Da mußte es so kommen. Ich hab eher das Gefühl, es war deswegen.

ANNA: Das kann natürlich sein. Das stimmt. Aber um sieben war mir halt danach, das zu sagen.

Die zweite Schicht der erkennenden Beziehung scheint mir sehr viel tiefer zu gehen. Sie findet sich in reiner Form im gemeinsamen Assoziieren, im Brainstorming zu zweit. Es geht also um eine gemeinsame Form des Denkens, nicht mehr um das Nutzen zweier unterschiedlicher Beobachtungen. Anders gesagt: Nicht nur verstärken sich zwei Einheiten, vielmehr bilden zwei *eine* kreative Einheit. Im freien Assoziieren, im Verfolgen der Einfälle, die «von selbst» aufkommen, nutzt das Paar sein gemeinsames Unbewußtes und zusätzlich die je unterschiedliche Lebensgeschichte, die beiden seelischen Blickwinkel, um sich wechselseitig zu intensiverer Entwicklung zu befähigen. Hier wird Neues von Anfang an gemeinsam geschaffen. Das geschieht als Neuschöpfung jedes gesprochenen Satzes. Wir sind die Wörter dieses Satzes. Jedes Zwiegespräch ist ein schöpferischer Akt zu zweit. Dabei steht nicht eine Seite mit der anderen in Wechselwirkung. Vielmehr trägt jeder das Ganze des sich entwickelnden Zwiegespräches in sich. Das Ineinanderblenden beider Auffassungen macht beiden die Lage klarer, deutlicher, bewußter. So kommt Anna – wie es scheint: unvermittelt und themenwechselnd – auf etwas anderes zu sprechen, als beide mit der Bettgeschichte nicht richtig weiterwollen:

ANNA: Dann bin ich halt dran schuld.

MATTHIAS: *(wieder matt)* Das hat doch nichts mit Schuld zu tun.

ANNA: Na ja, oder *(spricht den Satz nicht weiter)*...– Hast du dir denn mal Gedanken gemacht, wie das mit uns im Urlaub gelaufen ist – da war doch etwas, was noch so unbestimmt und allgemein geblieben ist. Wir wollten doch mal drüber reden.

MATTHIAS: *(matt)* Ich hab mir zumindest keine Gedanken gemacht.

ANNA: Es ging, glaube ich darum, warum er für uns beide so schwierig war, warum wir beide nicht so ausgeglichen und so gut gelaunt waren.

Im weiteren Verlauf kommen sie schnurstracks auf das zentrale Thema, den gemeinsamen Nenner von Bett und Urlaub: die Vereinnahmung. Diesmal ist es Matthias, der ebenso unvermittelt und themenwechselnd vom Urlaub aufs Bett zurückkommt – was Anna wahrscheinlich gar nicht nahegelegen hätte:

ANNA: Ich merke auch nur die schönen Seiten. Wir haben uns ja auch erholt. Mir fällt das Kolonialisieren ein. Wir fragten uns, ob du das schon vorher so gemacht hast oder inwieweit es mit den vier Wochen zusammenhängt, in denen wir zu zweit allein waren. Oder ob ich wirklich so ätzend bin und vereinnahme. Ich glaube, wir haben gesagt, darauf wollten wir in nächster Zeit achten.

MATTHIAS: Also: ich habe mich gestern abend vereinnahmt gefühlt.

ANNA: Ja, dann sag mir das mal.

Das ist ein Ineinanderblenden in mehrfacher Weise: die Bettproblematik, wie sie sich zwischen Anna und Matthias entfaltete, rief unbewußt in Anna eine andere Szenerie wach, den

Urlaub, den sie – bewußt – nicht mit dem Bett in Zusammenhang sah. Erst als das Urlaubsproblem Konturen gewann, wurde Matthias klar, worum es ihm auch im Bett ging. Beide trugen ihrer beider Auffassungen in sich, wodurch jede zu einer klareren Gestalt wurde – das ist das erste Ineinanderblenden bei Matthias und Anna. Dann aber blendeten sich die beiden Situationen noch ineinander: Bett und Urlaub.

Im Zwiegespräch vollzieht sich stetig ein Vorgang, den ich als das Ideal einer Partnerschaft ansehe, so karg und schmal er von Fall zu Fall auch geraten mag: Beide unterstützen sich wechselseitig in ihrer Selbstverwirklichung. Das Paar ist nicht nur ein aktives, sondern vor allem ein interaktives Feld.

Wir können die Stufen an jedem Zwiegespräch beobachten: Erinnern, Induzieren (ein dazugehöriges Thema im anderen wachrufen, das weiteres Licht auf das Geschehen wirft), Wiedererleben, Verstehen, Ängste überwinden, Sich-Erweitern. Dieses menschliche Werden kann erst zu zweit beginnen. Der Titel des vorliegenden Buches «Die Wahrheit beginnt zu zweit» bedeutet also auch: daß jeder von uns, ich und du, erst zu zweit werden kann.

Beziehungsbildung

Beziehungsbildung ist für mich die bedeutendste Bildung im menschlichen Leben. Da ich das Beziehungsbedürfnis als menschenerschaffend ansehe, ist mir die Kenntnis der Bindungen am wertvollsten. Liebe, Geborgenheit und Krieg zu zweit oder unter Nationen, kurz: das ganze Menschenleben bliebe unverständlich ohne Klarheit über den Ablauf von Beziehungen. Sie ist besonders nötig, wo so widrige Bedingungen für Beziehungen herrschen wie heute. Dann gilt es, Störungen zu beheben und für die besten Paarbedingungen zu sorgen. Ohne Grundkenntnisse gelingt das nicht. Viele Paare stehen wie der

Ochs vorm Berge, wenn es auch nur um die einfachsten Zusammenhänge ihrer Beziehungsdynamik geht.

Beziehungsbildung, vermute ich, war weniger nötig in Zeiten, in denen die Gelegenheit größer war, Menschenkenntnis zu erwerben: durch frühzeitiges Erleben vielfältigerer menschlicher Beziehungen. Diese essentielle Erfahrung nimmt heute im Zeitalter der Vaterlosigkeit, Geschwisterlosigkeit und berufstätigen Mütter so rapide ab wie die Wertstoffe in der täglichen Nahrung oder die Qualität der Umwelt. Im Zwiegespräch wird durch direkte, aktive wie passive Teilnahme und mehrseitige Entfaltung der Beziehung ununterbrochen diese Gefühlsbildung erworben.

Der Klumpfuß der Zwiegespräche ist jedoch die *Bewußtlosigkeit der meisten Paare für ihre eigene Beziehung*. So steht eins am Anfang: zu erkennen, daß wesentliche Gespräche überhaupt nötig sind.

Ich möchte knapp zusammenfassen, was ich unter Beziehungsbildung im Rahmen der Zwiegespräche verstehe:

1. *Die beiden Teufelskreise des Paarlebens kennenlernen und wissen, wie sie in wechselseitige Verstärkung umzukehren sind.*
   Miteinander wesentlich sprechen erhöht die wechselseitige Abstimmung entscheidender Bedürfnisse und fördert durch wachsende Zuneigung den Impuls, sich auszutauschen. Durch die drastische Verminderung des Zorns über die Enttäuschung, daß man miteinander nicht wirklich zu sich komme, wird die Erotik befreit, statt zu versanden.

2. *Die eigene Erfahrung ausführlicher Gespräche ernst nehmen und diese Einsicht umsetzen.*
   Beispielsweise die Nachwirkungen ausgefallener Zwiegespräche in Form ansteigender Gereiztheit und Schematisierung des Partners beobachten und gegensteuern.

3. *Um die Tücke jeder Vorbeugung auch im Beziehungsleben wissen.*

Wer vorbeugt, verhindert die Konflikte, die Katastrophe in Form einer falschen Trennung oder einer falschen Bindung, *das Leiden, das noch nicht da ist*. In der Regel aber bringen uns erst Schmerzen dazu, etwas zu tun. Dann ist es zu spät oder sehr mühselig. Wir müssen die kluge Entschlossenheit aufbringen, dieser Sorglosigkeit entgegenzutreten.

4. *Die Alltagsstruktur als entscheidende Beziehungsbedingung erkennen.*

Sich also fragen, wann es wirklich noch Zeiten füreinander gibt, wann wir beide wirklich über das sprechen, was uns bewegt. Diese Eigenanalyse sollten wir Stunde für Stunde ernst nehmen. Es gibt Paare, die sich die hundertachtundsechzig Stunden der Woche klargemacht haben und außer Fernsehkonsum nichts Gemeinsames fanden.

5. *Erkennen, daß Miteinanderreden auch eine Form der Sprachlosigkeit sein kann.*

Wenn wir nämlich die Beziehung verwalten, Dinge regeln, den Tageskram organisieren. Ich kenne ein Paar, das beim Einführen des Zwiegesprächs merkte, daß es immer wieder ins technische Reden kam. Es wurde ihm daran klar, daß es selbst für die Alltagsverwaltung zu wenig Zeit zum Sprechen hatte. So richtete es zusätzlich noch ein sogenanntes «Werkstattgespräch» ein, auf dem das zur Sprache kam, was im Zwiegespräch nichts zu suchen hatte.

6. *Erkennen, daß im Zwiegespräch auf einfache, fast elegante Weise vier Bereitschaften zugleich zusammenkommen, sich jedoch spontan nur selten ergeben können.*

Die beiden Bereitschaften bei dir und bei mir lauten: daß ich gleichzeitig bereit bin, mich zu äußern und zu öffnen wie dir aufmerksam zuzuhören, und daß du zur selben Zeit ebenfalls zu beidem bereit bist. Der berüchtigte Satz: «Das hab ich dir doch schon tausendmal gesagt» zeigt unbarmherzig, wie wenig diese vierfache Bereitschaft gleichzeitig gegeben ist — selbst bei den Dingen, die einem offensichtlich wichtig sind.

7. *Wissen, daß der Mensch ein Erfahrungswesen ist und seine Identität nur innerhalb der Gemeinschaft, also innerhalb einer lebendigen Beziehung entwickeln kann.*

Er ist auf das Sprechen so angewiesen wie auf den Blutkreislauf. Es gibt viele andere bedeutende nichtsprachliche Kommunikationsformen, doch sind wir durch die Sprache wegen ihres Vermögens zur klaren Verneinung am besten in der Lage, Probleme zu lösen. Wir sind nicht von Anfang an fertig wie die Tiere (auch sie nicht ganz), wir werden erst innerhalb der Beziehung beseelt und handlungsfähig. Deswegen hat sich evolutionär die Sprache entwickelt. Miteinandersprechen macht uns konfliktfähig, klüger und einfühlsam. Deshalb sagte der Philosoph Karl Jaspers: «Daß wir miteinander reden können, macht uns zu Menschen.»[1]

8. *Erkennen, daß ich bestenfalls mich selbst, nie aber den anderen ändern kann und dennoch ununterbrochen den anderen zu ändern versuche.*

Ein Grundgesetz des Zwiegespräches lautet dementsprechend: Jeder entwickelt sich selbst und hilft dadurch dem andern, sich selbst zu entwickeln. In der Formulierung Woody Allens: «Wie du dir, so ich mir.»[2] Wenn ich mich ändere, wird sich unweigerlich die ganze Beziehung ändern. Da wir als tiefste Schicht unseres Zweierverhältnisses eine identifikatorische Beziehung haben, kommt es in der Regel so, daß der Partner sich gleichsinnig verhält, also dem Modell folgt. Es hilft uns beiden, wenn wir verstehen, daß sich beispielsweise der andere öffnen wird, sobald ich mich selbst öffne. Mit gutem Beispiel vorangehen ist jedoch nur gut, solange ich mich nicht in didaktischer Absicht um des

1 Karl Jaspers, Wohin treibt die Bundesrepublik?, München (Piper) 1966, S. 6
2 Woody Allen, Wie du dir, so ich mir, Reinbek bei Hamburg (Rowohlt Tb 4574) 1980

anderen willen so verhalte. Zudem wirken ungünstige Vorbilder ebenso stark: Setze ich mich nicht für Zwiegespräche ein, wird beim anderen Ähnliches induziert: *negative Ansteckung.* Dadurch entsteht auch das Vorwurfspingpong.

9. *Erkennen, daß ich beim Miteinanderreden ebenso eine Beziehung zu mir selbst wie zu dir aufnehme.*

Indem ich mich auf das besinne, was ich dir sage, nehme ich mich selbst wahr – auch wenn ich mich verhüllen möchte. Ich nehme mich ernst. Ich lerne mich selbst erkennen. Nach und nach achte ich mich selbst, statt mich zu vernachlässigen. Ich werde im doppelten Sinn selbstverantwortlich: ich verantworte unsere Beziehung selbst, und ich werde verantwortlich für mich selbst: dadurch daß ich mir und dir unentwegt antworte. Erst wenn ich mich ernst nehme, kann es mir wirklich gelingen, dich ernst zu nehmen. Achte ich mich, kann ich dich achten. Da dir es genauso geht, schwindet unser Paar-Rassismus. Die Selbstbeziehung ist das geheime Modell für die Paarbeziehung wie die Paarbeziehung für die Selbstbeziehung. Das Zwiegespräch verändert Selbstbeziehung wie Paarbeziehung.

Sprechen lernen

Wieviel wird in einer Beziehung nicht ausgesprochen? In den Jahren der Zwiegespräche entdeckte ich erst nach und nach mit Verblüffung, wie viele innere Dialoge ich vor allem mit dem Menschen führe, der mir am nächsten ist. Erst in den Zwiegesprächen fiel mir immer wieder auf, daß ich schon einmal, still für mich, in Worte gefaßt hatte, was ich gerade aussprach. Das aber geht in der Regel – ohne Zwiegespräche – für den anderen verloren. Es entwickelt die Beziehung nicht. Der andere hört nichts davon und kann sich mit dem, was mir wesentlich ist, nicht auseinandersetzen. Ich habe gelernt, bei nächster Gelegenheit diesen «inneren dialogischen Monolog» mitzuteilen.

Dabei wurde mir etwas anderes bewußt: im Alltag fehlt mir meist die nötige Konzentration, um mich erinnern zu können. In Zwiegesprächen kommen diese Beziehungsfragmente klar zum Vorschein. Die Geschäftigkeit des Tages breitet sich wie ein Flickenteppich über die tieferen Schichten der Beziehung. Dieser Wirrwarr behindert wesentliches Sprechen und damit die Beziehung vielleicht am stärksten.

So ist der Beginn des Sprechenlernens die Entdeckung vielfältiger Sprachlosigkeit. Ich habe von den sprachlosen Paaren, die zu mir kommen, viel gelernt.

Die Sprachlosigkeit kleidet sich in tausend Worte: «Ich bin ein Mensch, der gut allein sein kann, aber jemanden um sich haben muß», sagt ein Mann, dessen Frau es mit dem Schweiger nicht mehr aushält. Sie berichtet: «Wenn ich reden will, blockt der Mann ab.» – «Wir reden nicht, der Fernseher wird angemacht.» Eine Patientin erzählt von einer langen Leidensgeschichte zu zweit, in der sich Verschmelzung und Verletzung wie Aprilwetterlagen abwechselten: «Am liebsten wäre es uns gewesen, wenn wir die Gesprächsebene hätten abschaffen können und uns nur noch auf der körperlichen Ebene begegnet wären.» Hier wird ein besonderer Konflikt deutlich: der Körper und die Sinne kommen ebenso zu kurz wie die sprechende Beziehung. Eine Flut von Körpertherapien signalisiert diesen Mangel an Kontakt ohne Worte. Der Hintergrund ist derselbe: Sprachlose Familien, die spracharme Erwachsene hervorbringen, sind in der Regel nicht nur karg mit den Worten. Vielmehr ist ja die Sprachlosigkeit ein Zeichen der Beziehungslosigkeit. Wer also mit seinen Kindern wenig spricht, nimmt sie in der Regel auch wenig in die Arme. Das Schwinden der Sinne und die Entkörperung [1] sind also parallele Phänomene zur Sprachlosigkeit.

1 Vgl. u. a. Dietmar Kamper, Christoph Wulf (Hg.), Der andere Körper, Berlin (Mensch und Leben, Edition Corpus) 1984 und dies. (Hg.), Das Schwinden der Sinne, Frankfurt (Suhrkamp) 1984

Damit sind wir am Kern: der Paargrundstörung. Sie – und nicht die uneinfühlsame Mutter – ist meines Erachtens die Wurzel der weltweiten Epidemie narzißtischer Störungen. Anders gesagt: die uneinfühlsame Mutter – Brennpunkt der Narzißmustheoretiker – ist Symptom, nicht Ursache der Paargrundstörung.

Die ersten drei Lebensjahre sind heute hoch belastet. Dadurch wird der seelische Aufbau auf andere Weise geschädigt als bei Neurosen. Neurosen entstehen durch Konflikte bei bestehenden und entwickelten Beziehungen, deswegen auch etwas später – bis zum sechsten Lebensjahr. Die breite und diffuse Palette narzißtischer Störungen resultiert aus einem Mangel an Beziehungen – quantitativ und qualitativ. Als Kleinstkindern fehlen uns Erwachsene und Gleichaltrige, im wesentlichen Geschwister. Der Vater ist so gut wie immer fort. Die Einzelkindfamilie wird zum Standard. Die Kleinfamilie – in den letzten hundert Jahren Jahrzehnt für Jahrzehnt meßbar geschrumpft – ist heute eigentlich anders zu benennen: nämlich als Mutter-Einzelkind-Union mit einem Trabantenvater. Das seelische Ergebnis ist nur in der Mehrgenerationenperspektive zu erfassen: es ist das zunehmende Brüchigwerden der Instanz, auf die der einzelne so stolz ist und aufbegehrend immer stolzer wird: das Ich. Deshalb bezeichnet man die narzißtischen Störungen auch als ichstrukturelle Störungen. Es sind die psychosomatischen Leiden, die Süchte, die Delinquenz, die Suizidalität, die sogenannten Borderline-Erkrankungen und Psychosen, vor allem aber die narzißtischen Persönlichkeitsstörungen im engeren Sinne. Diese zeichnen sich durch glatte soziale Anpassung, Phantasiearmut und eine besondere Art von Sprachlosigkeit aus, die manche ihrem mechanistisch-technischen Denken zuschreiben. Was früher noch gefühlt wurde an eigenem Elend, wird heute oft auf der Körperebene ausgetragen. Verschränkt man sich so, ist offenes Reden Gift. Alles geriete dann in Bewegung. Das wäre zwar letztlich gesünder, schürt aber Angst. So sind die Paargrundstörungen, die über die Kinder sich selbst reproduzieren, nicht nur Kümmerformen, sondern auch Abwehrstrategien.

Es hat keinen Sinn, die neue Dimension seelischer Störungen nur bei den stark betroffenen Kranken zu belassen. Vielmehr können wir daraus für uns lernen. Denn die unzulänglichen seelischen Entwicklungsbedingungen gelten heute für uns alle. Ansatzweise sind wir alle von ich-strukturellen Mängeln betroffen.

So zeigt sich die Sprachlosigkeit nicht dadurch, daß niemand spricht. Die Kategorie «vorhanden – nicht vorhanden», nach der wir im Computerzeitalter uns zu denken gewöhnen, ist lebensfremd. Vielmehr geht es um eine fließende Dimension von «mehr» oder «weniger». Die praktisch bedeutsamste Erscheinung, eine Art Sprachschwindsucht bei nahezu allen, ist eine Form verkürzter Ausdrucksweise, die das, was wir uns vorstellen, was wir fühlen, was wir meinen, nicht mehr wiedergibt. Das heißt: es wird nicht mehr recht deutlich, worum es wirklich geht. Damit wird die Beziehung zerschlissen. Noch jedem Paar mußte ich bisher detailliert nahebringen, wie global, verkürzt und abstrakt es sich selbst da ausdrückt, wo es um intensive Gefühle geht. Damit bin ich bei der nächsten Einsicht:

Vierte Einsicht:
Wir können lernen, in konkreten Erlebnissen
statt in Gefühlsbegriffen zu sagen, was wir meinen

In Bildern statt in Begriffen sprechen

Ein Bild ist mehr wert als tausend Worte
Chinesisches Sprichwort[1]

«Du erkennst ihn daran, daß er nie konkret wird.»
Martin Buber[2]

Bildersprache des Zwiegesprächs

Fritz und Cornelia sitzen beim Abendbrot. Fritz sagt: «Ich
finde dich toll.»

Wir reden üblicherweise in solchen Kürzeln. Was soll Cornelia sich unter «toll» vorstellen? Sie achtet wachsam auf solche
Allerweltswörter, in die jeder hineinlesen kann, was er will. Sie
weiß, daß sich auf diese Weise zwischen zweien eine Wand von
Projektionen aufbauen kann. Also fragt sie nach:

CORNELIA: Das find ich schön, es tut mir gut, aber was meinst
du mit «toll»? Sag mir in einem Bild, wie toll du mich jetzt
findest.
FRITZ: Warte einen Moment. – Ja, gestern morgen sah ich dich
vom Auto aus, wie du auf dem Rad mit dem leichten, wehen-
den Rock in die Straße bogst. Die Sonne leuchtete durch
deine langen Haare – diese Szene, das meine ich – du

1 zitiert nach Allan Watts, Der Lauf des Wassers, Eine Einführung in den
Taoismus, Frankfurt (Suhrkamp) 1975, deutsch 1983, zu Beginn des Ka-
pitels «Die chinesische Schriftsprache», S. 23
2 Martin Buber, Ich und Du, in: ders., Das dialogische Prinzip, Heidelberg (Lambert Schneider) 1979, S. 62

kommst mir darin so leicht, klar und ausgeglichen vor, ganz du selbst, finde ich.

CORNELIA: Ach, ich glaubte, du fändest mich toll, weil ich so schnell und gut den Salat gemacht habe.

FRITZ: Er ist auch wirklich toll, aber an den hatte ich nun überhaupt nicht gedacht...

CORNELIA: Jetzt hast du schon wieder etwas toll gefunden – bin ich Salat für dich?

FRITZ: Wenn du es möchtest, ich will nichts bestreiten. Aber sag mal, was wolltest du eigentlich mit «das ist schön, es tut mir gut» sagen?

CORNELIA: Das möchte ich dir ausführlicher im Zwiegespräch erzählen. Das ist zuviel, so zwischendrin am Tisch, und mir auch zu wichtig. Im Augenblick fühle ich mich bei der Arbeit nicht richtig anerkannt, und den Haushalt, hab ich das Gefühl, machst du bald besser als ich. Da tut es mir gut, wenn du mich magst. Also später mehr...

Wir vergessen, wie schnell wir auch dann, wenn wir auf unsere Gefühle zu sprechen kommen, die abgegriffensten Worthülsen wählen – «prächtig», «traumhaft», «miserabel», «scheußlich» –, statt ein konkretes Erlebnis auszumalen, das unserem Gefühl entspricht. Aber auch wenn wir viele Worte verlieren, ohne wiedergeben zu können, was uns bewegt, verfehlt das Zwiegespräch sein wesentliches Ziel: daß wir uns wechselseitig einfühlbar machen. Der Austausch der Selbstporträts gelingt nur mit einer angemessenen Sprache. Was heißt das? Gemeint ist eine Sprache, die lebendig, gefühlsnah und bilderreich in der Lage ist, das eigene Erleben mitzuteilen: in konkret erlebten Szenen, wie Fritz Cornelia «toll» übersetzte. Wenn Paar-Partner miteinander reden, ist es am günstigsten, gemeinsame Erlebnisse zu wählen, weil dann die Chance, sich in die Unterschiedlichkeit des Erlebens einzufühlen, sehr viel größer ist.

Anna und Matthias haben wie von selbst einen ähnlichen Weg gewählt: sie besprachen in ihrem Zwiegespräch nur gemeinsam erlebte Episoden. Damit waren sie unmittelbar im konkreten Geschehen. Es ist der beste Stoff für Zwiegespräche. So beleuchten sie die Schreibtischszene von allen Seiten:

ANNA: Ich wollte nur wissen, wieviel Zeit ich ungefähr am Schreibtisch habe und wann wir uns zusammensetzen könnten. Als ich merkte, daß du dich an deinen Schreibtisch setztest und es wohl noch etwas dauern würde, hab ich deshalb in dem Moment gefragt.

MATTHIAS: *(ruhig)* Jetzt guck doch mal: Ich sitz am Schreibtisch – du sitzt am Schreibtisch –, und ich hab nichts zu tun. Nach einer Weile denke ich mir: Na, dann kann ich ja auch noch ein paar Sachen erledigen. Prompt in dem Moment sagst du dann: Wann hast du Zeit für mich? Ich hätte doch die ganze Zeit Zeit für dich gehabt.

ANNA: Das hast du mir aber nicht gesagt. Ich denke, du warst doch ständig mit irgend etwas beschäftigt. Du hast doch irgend etwas gemacht, ich weiß nicht genau, was.

MATTHIAS: Ich bin herumgelaufen und habe schließlich auf den Schreibtisch geguckt. Prompt in diesem Augenblick sagst du: Wann hast du Zeit für mich?

ANNA: Nein: Wann setzen wir uns zusammen, fragte ich. Ich denke, das kann man doch machen, oder?

MATTHIAS: Ja, dann hättest du doch warten können, bis ich komme, ganz einfach – und fertig. Du hast doch auch deinen Kram erledigt. Ich wollte im Grunde gar nichts machen. Mich hat es halt geärgert, ausgerechnet in dem Augenblick.

Das dauert seine Zeit. Zuerst müssen falsche Annahmen rückgängig gemacht werden. Gelingt es einem Paar jedoch, nach und nach bei konkreten Szenen zu bleiben oder bildhaft in Vorstellungen zu sprechen, tritt eine große Entlastung ein. «Endlich habe ich ein Gefühl dafür gewonnen, wie es sich anfühlt, wenn ich dich wirklich fühle. Ich kann dich jetzt manchmal richtig begreifen», formulierte eine Frau einmal. Das war das Ergebnis der Bildersprache in Zwiegesprächen. Der Partner wurde durch solche Bilder zu Fleisch und Blut.

Ähnlich hatte Susanne über die Wirkung der Zwiegespräche berichtet: «Die gute Wirkung habe ich erst bemerkt, als wir die Zwiegespräche hin und wieder haben ausfallen lassen. Da wurde Alexander für mich blasser, schemenhafter.»

Die Bildersprache entspricht dem Sinn der Zwiegespräche. Das Erlebnis, die Geschichte, die Sage ist die Ureinheit des Sprechens. Wenn wir uns ausdrücken, wie wir erleben, schaffen wir unsere eigene Mythologie. Sie ist keine Märchenwelt als Flucht vor der harten Realität. Sie ist der dauernde Hintergrund unseres Alltags.[1]

Informationsfülle der Bildersprache

Eine Frau, die zu mir in die Praxis kam, berichtete über ihre strapaziöse Beziehung. Der Mann war – wie so oft – nicht mitgekommen.

Mitten im Gespräch sagte sie: «Wenn wir wirklich zusammen sind, gibt es Momente, in denen wir uns ungeheuer gut verstehen.» Ich bat sie zu sagen, was ihr zu «ungeheuer gut» einfiele, was sie damit meine. Sie antwortete: «Wenn ich gemütlich im Sessel hängend ein gutes Buch lese und er auf der

1 Vgl. Ernst Leisi, Paar und Sprache, Heidelberg (Quelle und Meyer, UTB 824) 1978

Couch im selben Zimmer schläft.» Wer hätte das gedacht? Das also heißt für sie «ungeheuer gut».

Die Schilderung der konkreten Szene macht einen enormen Vorteil deutlich: Die Bildersprache sagt sehr viel mehr aus als der Begriff. Sie ist informationstheoretisch überlegen. Sie ist komplexer, gehaltvoller, nuancenreicher (insofern genauer), vielfältiger an Bedeutungen, gefühlsnäher, verdichteter und so fort. Es kommt mehr «rüber». Das bedeutet: die Bildersprache schafft mehr Beziehung, sie verbindet stärker. Sie kommt dem Ziel des Zwiegespräches, den Kreislauf der Beziehung zu beleben, mehr entgegen. Sie erhöht seinen Wirkungsgrad. Darin liegt auch der Vorteil der Dichter gegenüber den Theoretikern: im Bilderreichtum; in der Informationsfülle; in dem, was wir Lebendigkeit nennen.

Diese Fülle kann die Begriffssprache der Sachwelt nicht bieten. Im Begriff ist das Wort einem einzigen Ziel dienstbar gemacht. Es wird eingeengt auf eine einzige Aufgabe. Die Sprache wird funktional, mechanisiert. So eindimensional ist aber unser Leben nicht. Abstraktion ist praktisch, nicht aber das Leben. Die verkürzte Sprache ist also ein Symptom, an dem wir alle leiden: ein Symptom der praktisch brauchbaren Welt, die der Leistung dient. In scharfem Kontrast dazu gehören zur wesentlichen Welt Spiele, Träume und andere Nutzlosigkeiten des wirklichen Lebens.

So gleicht das für Zwiegespräche günstige Sprechen mehr der Dichtung als der Sachaussage über sich selbst, mehr dem Dahinträumen als einem Erledigen von Tagesordnungspunkten. Je freier das Gespräch hin- und herschwingt, desto tiefere Gebiete des eigenen Inneren und der Beziehung können aufkommen.

Anna und Matthias machen deutlich: in jedem Ereignis, das uns im Zwiegespräch einfällt, in jeder realen Erinnerung oder Szene, können wir die eigene Beziehung wiederfinden. Die entscheidende Beziehungsform kleidet sich in Realitäten. Die Sache wird zum trojanischen Pferd für die unbewußte Botschaft. Anders gesagt: sie wird doppel- und mehrdeutig ganz analog einem Traumbild, sie wird ein Symbol, eine Parabel für den Anteil der Beziehung, der uns gerade bewegt. Kurz: der Double talk macht es möglich, daß sich zwei über eine sachliche Angelegenheit unterhalten, ohne zu merken, daß sie dabei ihre Beziehung erörtern. Das ist «Realitätsverpackung». Wer sich um Fakten streitet, merkt sie nicht. Selbst die Rede über das Wetter kann dazu gehören, wenn wir sie nicht so kurz hielten, daß alles versteckt bleibt.

Phantasieverkürzung und Himmelsleiter

Diese «Verkürzung der Phantasie» zeigt sich aber nicht nur, wenn wir Sachgespräche als Beziehungsgespräche entdecken wollen. Sie ist auch die erste Abwehrform, wenn es um Bilder oder Träume geht. Die Frau, die «ungeheuer gut» ins Bild brachte, hat beispielsweise eine beachtenswerte Beziehungsform als eine Art Zweierglück dargestellt: im üblichen Sinne war das gar keine lebendige Beziehung zweier Menschen, sondern ein seliges Ruhen zu zweit, in der gleichsam keine Bewegung stören, trennen oder verletzen konnte. In ihr verbirgt sich viel: Warum fiel ihr gerade dieses Bild ein? Was macht ein waches Miteinander so anders? Warum schläft er, während sie liest? Fragen, deren Antworten weiterführen. Sie könnte auch versuchen, in das Bild hineinzugehen und zu phantasieren, was sie da gerade liest und was das nun wieder heißen könnte. Es ist klar, daß hinter jeder neu auftauchenden Idee, hinter jedem Detail, hinter jedem Bild ein weiteres steht. Wer Lust hat, kann diesen inneren Weg, diese Leiter der Phantasien weiter- und weitergehen. «Geh dorthin, ich weiß nicht wohin, suche das, ich weiß nicht was». Diesem Titel eines russischen Märchens entsprechend kommt er in zentrale Gebiete seines Selbst und wird vielleicht fündig. «Himmelsleiter» hat einer diese Methode genannt, die eine Verwandtschaft zur «aktiven Imagination» der Tiefenpsychologie von C. G. Jung hat. Sie entspricht dem freien Assoziieren in der psychoanalytischen Behandlung. Das geschieht nicht nur in der Absicht, ein Traumdetail oder einen Einfall weiter und weiter zu verfolgen, vielmehr bereichert es alles, was im Zwiegespräch aufkommt. In gelösten und lockeren Stimmungen, zum Beispiel unter albernem Gelächter, tauchen in den Paargruppen die wesentlichen Einfälle in Hülle und Fülle aus dem Unbewußten auf. Das verwandte Brainstorming macht deutlich, daß solchen unernsten Gemütslagen nicht Quatsch entspringt, sondern eine andere Form des Weiterdenkens jenseits straffer Logik.

Dann wird einem auch bald geläufig werden, daß in Zwiegesprächen nichts aufkommt, was im strengen Sinne abwegig ist oder sich von der Beziehung entfernt. Die unbewußte Selbstregulation läßt mir nur das einfallen, was gleichzeitig meiner eigenen Lebensgeschichte *und* der aktuellen unbewußten Paarsituation entspricht. So kann zu jeder politischen, sachlichen oder beruflichen Angelegenheit, die sich im Zwiegespräch gegen die Regel aufdrängt, assoziiert werden, was aus der eigenen Beziehung sich darin einkleidet. Es mag sein, daß die Abwehr die Lage so verzerrt hat, daß ich im Augenblick noch nichts mit meinen Einfällen anfangen kann. Vielleicht hilft die «teilnehmende Resonanz» des anderen [1], das heißt seine auf meine antwortenden Einfälle. Andernfalls bleibt abzuwarten, was sich daraus entwickelt. Einmal ist die Zeit reif dafür.

1 M. L. Moeller, Selbsthilfegruppen, Reinbek (Rowohlt), S. 143 ff

Fünfte Einsicht:
Wir können lernen, unsere Gefühle als unbewußte
Handlungen zu verstehen, statt zu meinen,
sie überkämen uns von innen – wie Angst
und Depression – oder würden uns von außen
gemacht – wie Kränkung und Schuldgefühl

Ich bin für meine Gefühle
selbst verantwortlich

«If you want a thing done, do it yourself»

Dieses englische Sprichwort hat es in sich: Es fordert auf, eigenständig zu handeln, selbstverantwortlich zu sein, bei sich zu
bleiben und zu sich zu stehen. Es ist fair und ungewohnt. Es
richtet sich gegen die Methode, seinen seelischen Schwerpunkt
in den Partner zu verlagern. Es mobilisiert Ängste und Schuldgefühle, bevor es seine befreiende Wirkung entfaltet. Es stellt
uns auf unsere eigenen Beine. Deren Kraft oder Schwäche spüren wir erst dann. Wucht und Ausmaß dieses emanzipatorischen Satzes werden klar, wenn die wesentlichen Folgen umris-
sen sind.

Aus dem Zwiegespräch von Anna und Matthias:

MATTHIAS: ...Die ganze Zeit vorher hast du nichts von dir
gegeben...
ANNA: ...weil ich gewartet hab, daß du vielleicht kommst.

Willst du etwas gemacht haben, dann tue es selber, Anna: Sag
es offen, statt wortlos abzuwarten. Gleich darauf noch einmal:

MATTHIAS: …Die ganze Zeit machte ich rum, da hätten wir uns gut zusammensetzen können, du aber hast an deinem Schreibtisch gesessen…
ANNA: …da warst du doch beschäftigt…

Möchte sich Matthias mit Anna zusammensetzen, dann muß er es aussprechen. Sonst gelangt ein solcher Wunsch nur um zehn Ecken in die Beziehung. Hätte er sich zu einem kleinen Satz aufgerafft, der ganze Rattenschwanz von Komplikationen wäre ihm und Anna erspart geblieben. Ja, der ganze Abend hätte sich anders entwickelt, wenn Matthias ausgesprochen hätte: «Ich würde mich gern mit dir zusammensetzen, wie steht's mit dir?»

Ebensogut hätte Anna – statt im stillen anzunehmen, Matthias habe zu arbeiten – fragen können: «Bist du sehr beschäftigt? Ich wäre gern mit dir zusammen.» Jeder ist hundertprozentig selbst verantwortlich. Jeder hätte mit ein paar Worten die Zukunft des Abends wenden können. Da hatte es konkret die Gelegenheit gegeben, seines Glückes Schmied zu sein.

Aus gruppendynamischen Übungen ist diese Entwicklungsperspektive gut belegt: Der erste Satz eines Gesprächs kann den Verlauf einer Beziehung weit- und tiefreichend beeinflussen. Darin liegt eine Grundeinsicht der Entwicklungswissenschaften. Natürlich stecken unbewußte Kräfte und Konflikte in jedem Satz, den wir einander sagen. Doch reichen sie allein nicht aus, ein Geschehen festzulegen. Was zwischen uns geschieht, ist mehrfach bedingt. Die Bedingungen der Kommunikation bestimmen unter anderem, ob unsere Konfliktbereitschaft real aufflammt oder ruht. Am günstigsten für jede Art von Beziehung ist die «*offene Ich-Aussage*». Wo sie auftritt, wendet sich vieles von selbst zum Guten. Denn: Was unbewußt ohnehin da ist und wirkt, kann nun auch bewußt entdeckt und verarbeitet werden. Wir haben dann die Chance, uns so zu verhalten, wie es uns wirklich entspricht. Fehlt diese einfache, klare, unkomplizierte Offenheit, dann stehen wir sozusagen immer mit dem linken Bein zuerst auf. Wir können uns das Leben natürlich komplizierter machen, als es ohnehin ist. Wir müssen es aber nicht.

Das entdecken Matthias und Anna auch – aber (und wie sollte es bei der ständigen Schwerpunktverlagerung auf den anderen anders kommen?) einer entdeckt es immer nur am anderen und nicht bei sich selbst.

MATTHIAS: ...Ich hätte doch die ganze Zeit Zeit für dich gehabt.
ANNA: Das hast du mir aber nicht gesagt. Ich denke, du warst doch ständig mit irgend etwas beschäftigt.

Anna trifft ins Schwarze. Leider nicht bei sich. Hier ist eine Verflechtung mit den anderen Einsichten am Platze. Denn eine Einsicht für sich allein reicht nicht, ja, sie wird falsch. Ich meine die Einsicht, daß wir nie den anderen ändern können, bestenfalls uns selbst. Wenn nämlich Anna gesagt hätte, sie hätte ja schließlich selbst aussprechen können, was sie wünschte, dann wäre diese Kerneinsicht nicht als Vorwurf gegen Matthias, sondern als Vorbild in die Beziehung gekommen, sprich: statt belastend entlastend, anregend, angenehm, lernbarer. Der Einsichtsgewinn auf dem Umweg über den anderen, in der Schwerpunktverlagerung, als Projektion, als Belehrung wiederholt sich:

MATTHIAS: ...Die ganze Zeit bin ich da, mache sogar noch Sekt auf, will mit dir zusammensein...
ANNA: Das hast du mir doch nicht gezeigt.
MATTHIAS: Guck mal – wenn ich Sekt aufmache...

Jawohl, wozu mit Sektflaschen wortlos winken, wenn es mit Worten einfacher, eindeutiger, einfühlbarer geht? Wir können natürlich unsere Partner zum ständigen Rätselraten zwingen, statt zu sagen, wie es um uns steht. Wir können natürlich stumm grübeln, was mit unserm Partner los ist, statt ihn zu fragen. Wir können natürlich unseres Unglücks Schmied werden. Aber wir müssen es nicht. So auch und vor allem im Bett:

MATTHIAS: Ja, dann haben wir geschmust und miteinander geschlafen, und dann sagst du mir hinterher, daß du eigentlich keine richtige Lust gehabt hast. Das mag ich nicht. Wir haben darüber schon so oft gesprochen. Wenn du keine Lust hast, dann sag es vorher. Ich hab keinen Bock, das hinterher gesagt zu bekommen und die ganze Zeit zu merken, daß irgend etwas ist. Wieso kannst du das nicht vorher sagen?

ANNA: Weil ich es einerseits schön fand, wie es angefangen hatte, und weil ich es andererseits auch abblocken wollte.

Matthias sieht gestochen scharf bei Anna, was er im selben Augenblick ebenso klar bei sich selbst bemerken könnte. Aber er hatte seinen seelischen Schwerpunkt auf sie verlagert – mit dem Ergebnis: zu keinem Ergebnis zu kommen. Denn er war wieder einmal dabei, Anna ändern zu wollen und nicht sich selbst. Er hätte ja ebenso wie Anna merken und aussprechen können, daß irgend etwas in der Luft lag. Wir können einander mit solchen Fragen, die dem eigenen Gefühl entspringen, helfen, statt uns wie üblich wechselseitig zu behindern.

Anna verharrt im Zwiespalt der Gefühle. Damit begründen wir alle gern unser Schweigen. Wozu nur? Ambivalenz kennt jeder. Sie ist kein Makel. Sie ist allgegenwärtig und lebendig. Anna hätte ihre widersprüchlichen Empfindungen im Bett aussprechen können – wie sie nun auch im Zwiegespräch Worte dafür sucht und findet. Wenn wir durch die Familiendynamik unserer Kindheit ständig zu glattgekämmten Gefühlen angehalten wurden, können wir uns später im Paarleben den wilden Wirrwarr der Empfindungen natürlich weiterhin anklatschen.

Wir können das tun, wir müssen es aber nicht. Doch zugegeben: die offene Ich-Aussage, die uns als Kindern meistens aberzogen wird, will später erst wieder angewöhnt und regelrecht geübt sein. Kurz: alles vereinfacht sich durch offenes Aussprechen. Auch ich habe mir, um nicht unnötig zu leiden, zur Gewohnheit gemacht, wozu Anna sich entschließt:

ANNA: ... Ich dachte aber, es dauert noch zehn Minuten.
MATTHIAS: Ich war aber mit den anderen Sachen noch gar nicht fertig.
ANNA: Das konnt ich ja nicht wissen.
MATTHIAS: Da hättest du mal konkret fragen können.
ANNA: Ja, ich werde demnächst immer gleich fragen.

Direkt fragen – dieser scheinbar geringfügige Erkenntnisgewinn eines Zwiegesprächs vertreibt viele Wolken, macht mehr blauen Himmel über der Beziehung, als man denkt.

Was in meinen Träumen geschieht, bin ich nicht gewesen

Wer nicht ausspricht, was er empfindet, wer nicht fragt, wenn er verstehen will, der bleibt passiv. So meinen wir. Genau besehen ist er ebenso aktiv, als wäre er tätig. Er entschließt sich nämlich zu einem Verhalten: nichts zu tun, das heißt: sich zurückzuhalten. Sagen wir es offen: sich rauszuhalten. Man kann sich nicht nicht verhalten. Alles ist Handeln. Auch das Nicht-Handeln. Damit gerät unser Passiv-Bleiben in unsere Selbstverantwortlichkeit. Und genau das wollten wir ja vermeiden.

Mit diesen Sätzen beginnt eine wenig bekannte Abwehrform greifbar, begreifbar, angreifbar zu werden. In Analogie zu der schon häufig beobachteten und beschriebenen «Wendung in die Aktivität» könnte man hier von der «Wendung in die Passivität» sprechen. In Träumen erleben wir sie peinlich, ja schockierend unverhüllt.

Entsetzt über sich selbst berichtet Annegret in der Paargruppe: «Ich habe einen brutalen Traum geträumt. Meine kleine Tochter hat in Sport einen Lehrer, den ich nicht leiden kann. Der ist ein Ekel, sucht immer nur, was er bemängeln kann, geht gleich den Rechtsweg. Der hatte sich in meinem Traum auf dem Schulhof ein Kind gegriffen und wütend verprügelt, hat ihm ins Gesicht gehauen, daß die Nase schief stand. Es war ein kleiner Junge im Alter meiner Tochter. Danach hat der Lehrer versucht, die gebrochene Nase wieder zurechtzubiegen, damit ihm die Ärzte nichts nachweisen konnten, nur, um die Spuren zu verwischen. Ich stand wie gelähmt daneben und dachte: ‹So etwas darf man nicht tun, das darf man überhaupt nicht tun!›»

Annegret sieht diesen Traum im Zusammenhang mit einem eigenen Erlebnis. Sie hatte vor kurzem mit Kindern im Bus einen Ausflug gemacht. Ein Junge rannte wild hin und her. Er riß mutwillig die anderen zu Boden. Sie geriet in Wut und zerrte ihn an Haaren und Ohren zu seinem Platz. Nachträglich schämt sie sich furchtbar, so aggressiv geworden zu sein.

Annegret konnte begreifen, daß der Täter des grauenhaften Aktes im Traum sie selbst war. Für sie geht es nun darum herauszuarbeiten, welche wesentlichen Bedürfnisse bei ihr enttäuscht wurden und ihren – im Traum von dem Sportlehrer exekutierten – Zorn hervorriefen. Dann erst führt der Zorn über sich hinaus. Dann erst kann er zum besten Entdecker von Verborgenem werden.

Wer von seelischen Vorgängen nicht viel weiß, würde naiv reagieren, anders als Annegret. Hätte er diesen Traum geträumt, so würde er es ablehnen, selber dieser Sportlehrer zu sein. Er würde darauf hinweisen, daß er, der Träumer, ja selbst in diesem Traum vorgekommen sei. Er sei er selber, und die anderen seien wirklich die anderen. Und der Pauker sei doch in Wirklichkeit so ein brutaler Typ, oder nicht?

Das möchte ich gar nicht bestreiten. Im Traum können bewußte und vor allem auch unbewußte Wahrnehmungen des Tages zum Vorschein kommen; wir erkennen an unseren lieben Nächsten Züge, die wir tagsüber gern in der Verdrängung halten. Aber diese sogenannte «objektive Sicht» reicht nicht zum Verstehen des Traumes. Hinzu kommt die «subjektive Sicht»: Alles, was im Traum erscheint, ist auch ein Aspekt von mir selbst. Annegret war sich dessen bewußt. An den geträumten Aspekten der eigenen Person ist zu erkennen, daß wir uns unbewußt viel genauer wahrnehmen als bewußt. Die Traumfiguren sind eine Verdichtung von mir und anderen. Mit Hilfe erlebter Menschen stelle ich mich selbst dar.

Die Wendung in die Passivität ist die Verleugnung unserer selbst. Sie ist die Hauptmethode der Schuldabwälzung und Unlustvermeidung. Der erlogene Gewinn geht mit kräftigem Verlust einher: Die Selbstpassivierung macht jeden unfähig, etwas zu ändern, läßt schlechte Bedingungen bestehen und führt dazu, sich letztlich abrackern zu müssen, weil nichts sich richtig abstimmen kann: ich mich mit mir nicht und schon gar nicht mit dir. Lügen haben kurze Beine. Es ist mühsam, mit ihnen einen längeren Weg zu gehen.

Eine Methode der Selbstpassivierung oder Wendung in die Passivität ist der Gebrauch von «man» statt «ich». Anna zeigt, daß dieses «man» auftaucht, wenn «ich» zu sagen heikel ist: «Ich hab auch gemerkt, daß du manchmal wirklich ganz schön rapide dein Urteil fällst oder sauer wirst. Man muß nur mal was sagen.»
Ähnlich weicht Matthias vom «ich» und «du» ins allgemeine «einer» und «der andere» aus: «Ja, es ist aber auch sehr blöd, wenn einer irgend etwas macht, herumschießt in der Gegend und Pflanzen anguckt, anhält und wieder einsteigt, und der andere hat kein Interesse daran.» Ein anderes Mal, als ein

«wir» angemessen gewesen wäre, weicht Anna ins allgemeine «man» aus: «Dann hätte man das von Anfang an anders absprechen müssen.»

Das sind alltägliche Beispiele. Neue Mitglieder in Paargruppen brauchen Monate, bis sie diese versteckte Form, über sich zu reden, aufgeben können.

Die Selbstpassivierung kann sich mit einem Übergriff paaren: dann heißt es «wir», wenn «ich» gemeint ist. Das erlebe ich regelmäßig, wenn ich mit einem Paar ein erstes Gespräch führe. Ein anderer Ausweg aus der seelischen Zwickmühle ist das Ausweichen auf grammatische Passivformen. Statt: «Ich habe zuviel getrunken» lieber: «Es wurde unheimlich gesoffen.»

Nun ist das alles Vorgeplänkel für die Selbstpassivierung ersten Grades: daß wir kaum noch in der Lage sind, unsere Gefühle als unsere eigene Aktivität, als Vorform oder Impuls zur Handlung anzusehen. Wie bei den Träumen vergessen wir allzu gern, daß wir sie selber machen.

Kränkungen und Schuldgefühle mache ich mir selbst, niemand sonst

Sätze wie: «Du machst mir Schuldgefühle» oder: «Du kränkst mich» gehören zum Standardrepertoire der Paarvorwürfe. Daraus spricht der Glaube, der andere mache mir diese Gefühle, nicht ich. Durchschaue ich diese Annahme, so verliere ich eine Waffe: Ich kann dann nicht länger dem anderen zuschieben, was mich an mir plagt. Ich kann dann meinen seelischen Schwerpunkt nicht mehr in den anderen verlagern, mir selbst nicht mehr ausweichen. Das aber ist das Ziel der Auffassung, ein anderer mache mir Gefühle. Wir haben für solche Vorstellungen selbstverständlich unseren lebensgeschichtlichen Boden – die früheste Abhängigkeit von unserer Mutter und unsere magische Entwicklungsphase –, damit aber wird dieser Aberglaube des täglichen Lebens nicht wahrer. So ist die erste energische Beziehungsarbeit der Paare, die zu mir kommen, darauf gerichtet anzuerkennen, daß jeder seine Gefühle selbst macht – auch die, von denen er oder sie allzu gern annimmt, sie seien ihm oder ihr «von außen» hervorgerufen.

Wir wissen es alle, wollen aber aus seelischem Opportunismus nicht zu dieser Einsicht stehen: Schuldgefühle kann uns eine/r nur machen, wenn wir uns insgeheim selber Vorwürfe machen – gekränkt fühlen wir uns immer dort, wo wir selbst einen «wunden Punkt» haben.

Was geschieht bei einer Kränkung wirklich? Klar gesprochen muß es heißen: Ich kränke mich selbst mit Hilfe deiner Bemerkung. Ich nehme deinen Satz, um mich von mir selbst zu befreien. Ich sage einfach: «Du kränkst mich», dann brauche ich mich nicht mit mir selbst auseinanderzusetzen, genauer: mit meiner unsicheren Beziehung zu mir selbst, mit meiner geringen Selbstschätzung. Milder gesprochen – denn gerade hier bedürfen wir des gütigen und sanften Umgangs mit uns selbst – wird meine ständige Kränkungsbereitschaft durch deine Worte zu einer konkreten Kränkung. Aber vielleicht ist das doch schon gemogelt. Also besser gesagt: ich mache mir aus meiner Kränkungsbereitschaft mit deinen Worten eine konkrete Kränkung. So geschieht es auch dann, wenn es vermeintlich ums Schuldgefühle-Machen geht: Ich mache mir kraft meiner Bereitschaft, mit schlechtem Gewissen zu reagieren, aus deinem Vorwurf ein Schuldgefühl.

Wie erstaunlich wirkt demgegenüber die Bemerkung von Stefanie. Jahrelang waren sie und ihr Partner Meister im Vorwurfpingpong, das sich gelegentlich bis zur Gehässigkeit steigerte. Eines Tages reagierte Stefanie auf umfassende Vorwürfe von Nikolas gar nicht. Auf die verwunderte Nachfrage antwortete sie: «Ich muß nicht mehr auf deine Vorwürfe reagieren, ich erkenne mich in ihnen wieder.»

Zwei Einsichten wirkten hier gleichzeitig wohltuend: Zum

einen erkannte sie sich im Bewußtsein der Paarsymmetrie selbst in Nikolas, zum anderen blieb sie bei sich und der Auseinandersetzung mit ihren Selbstvorwürfen. Tatsächlich ist eine Beziehung entlastet, wenn beide Partner lernen, daß jeder für seine Empfindung selbst verantwortlich ist. Die wechselseitige Verfilzung der Gefühle löst sich. Die Beteiligten sehen plötzlich viel klarer.

Das gelingt nicht von heute auf morgen. Matthias sah schon sein schlechtes Gewissen und erlebte doch gleichzeitig Anna entsprechend vorwurfsvoll scharf:

MATTHIAS: Dann sind wir ins Bett gegangen. Das ging von dir aus. Als ich gerade den einen Pflanzennamen nachgucken wollte, drehst du dich völlig genervt um und stöhnst da rum...

ANNA: ...nicht stöhnen...

MATTHIAS: Ja, schon, du findest das bescheuert.

(Beide reden unverständlich durcheinander.)

MATTHIAS: Ich hab schon wieder ein schlechtes Gewissen, weil ich aufgestanden bin und noch mal was nachgeguckt habe. Das hat dich total genervt. Ich habe mich schon vorher zehnmal entschuldigt. Dann hast du gleich gesagt, daß dir das gestunken hat.

Das ist die Übergangsphase: Ich sehe schon den eigenen Schulddruck, doch hängt er teilweise noch am andern, den ich als mein wandelndes Überich erlebe. Anna formuliert es klar: «Na ja, wie gesagt, daß ich zum Schluß unzufrieden war, daß wir zuwenig von dem Abend hatten, mache ich dir gar nicht zum Vorwurf. Das lag schon auch an mir. Das stimmt schon. Ich habe dir nichts vorgeworfen, aber ich denke, ein Teil lag auch an dir. Ich vermute, es hängt mit unserem schnellen, schlechten Gewissen zusammen, weiß nur nicht wie. Vielleicht sollten wir uns das mal abgewöhnen.»

Leider sind Schuldgefühle tief verwurzelt, und selten wird sofort klar, wohin sie führen. Wer weiterkommen will, muß aber erst mal sein schlechtes Gewissen anerkennen, statt es abzuwehren. Auch die Abwehr der für die Schuldgefühle zuständigen seelischen Instanz, des Überichs, des Arsenals elterlicher Gebote, erfolgt nach mehreren Methoden. Die simpelste ist die häufigste: Wir wollen es einfach nicht wahrhaben. Da können wir uns in den Kindern wiederfinden. So taucht eine weitere Beziehungsarbeit nach der Entflechtung auf: Wir müssen lernen, unsere Schuldgefühle und ihre Äußerungsformen zu erkennen. Wir haben aber ein Recht auf unser schlechtes Gewissen. Die Verdrängung des eigenen Schuldempfindens ist in Zeiten eines fröhlichen Happy-go-lucky eine Art Beziehungsmode. Das erschwert die Paarlage. Schuldgefühle sind im wesentlichen unbewußt. Mit Selbstkränkungen steht es ähnlich. Sie sind den Schuldgefühlen nahe. Denn sie eignen sich hervorragend zur Selbstbestrafung, zum Ableisten von Buße also.

Wer die Verantwortung für seine Gefühle übernommen hat, sieht deutlich, was er früher gemacht hat, als er Kränkungen und Schuldempfinden noch von außen kommen sah: *Er verwandelte eine mißliche Selbstbeziehung in eine Beziehungsstörung*.

Was haben wir davon? Wir können uns vom Partner trennen – und sei es nur für eine Weile mittels Türenknallen. Der Gewinn ist eine momentane Entlastung von innerer Pein. Nach außen verlagert können wir sie umgehen, indem wir den Partner meiden. Der Verlust wiegt auf Dauer schwerer: Wir können die Störung so nie beheben.

Da diese Methode den Paaralltag beherrscht, dürfte die Distanz in der Beziehung auch davon erheblich bestimmt sein. Wer dieses Verfahren aufgibt, erweist sich eine doppelte Wohltat: Er fühlt sich unversehens seinem Partner nahe und hat nun wirklich die Chance, seine Probleme zu lösen. Er ist aus einer seelischen Sackgasse heraus.

Angst und Depression mache ich mir selbst – wer sonst?

Es gibt Gefühle, von denen wir annehmen, sie überkämen uns einfach. Angst und Depression zum Beispiel. Auch sie haben wir uns «gemacht». Sie entsprechen einer unbewußten Handlung mit geheimer Absicht. Bin ich also voll Angst oder schwermütig, so ist die aufschlußreichste Frage: Was will ich damit erreichen? Welche geheime Absicht hat meine Angst oder meine Depression? Wer familientherapeutisch arbeitet, kennt die Macht eines depressiven Elternteils, nach dem sich alle Angehörigen richten müssen. Dasselbe ist von der Angst zu sagen: ein Herzneurotiker wirkt auf alle anderen beklemmend und beeinflußt ihr tägliches Verhalten, ohne es selbst zu merken. So wie solchen Patienten ergeht es uns allen.

Es ist nicht nötig, nun gleich die geheime Absicht jeder Empfindung zu entschlüsseln. Das braucht manchmal Jahre. Für eine gute Entwicklung genügt die bescheidene Bereitschaft, auch diese Gefühle selbst zu verantworten. Wenn sie auch einem kleinen Kind nicht zuzumuten ist, gehört sie doch zu den seelischen Aufgaben des Erwachsenen. Ist übrigens die aktuelle Situation vorüber, erkennt mancher rückblickend leicht, was ihn einst bewegte.

Sonja, seit Jahren von ihrem Mann getrennt, entdeckte nachträglich beispielsweise: «Meine häufigen Depressionen überfielen mich immer dann, wenn ich an meinem Mann etwas zu kritisieren fand, es aber nicht zu äußern wagte. Sie schützten mich vor der Angst, mich mit ihm offen auseinanderzusetzen.» Es geht vielen Frauen wie ihr. Depressivität ist ein Geschlechtsunterschied: Frau und Mann unterscheiden sich darin mit statistischer Sicherheit. Das soll nicht heißen, daß Depressivität ausschließlich einer gegen sich selbst gerichteten Aggression entspricht. Sie ist vor allem Symptom einer Selbstabwertung. Oft genügt schon das Reden darüber – ohne

Änderungen im Leben –, um die Depressivität schwinden zu lassen, weil jeder spürt, daß Gespräch aktive Entwicklung bedeutet, und weil dieses Entwicklungsgefühl die Selbstschätzung begünstigt.

Zu sich stehen

> «Wisset, daß der Freund seiner selbst
> auch der Freund anderer ist»
>
> *Seneca*[1]

Ich kann meinen Partner nicht ändern, weil *er* sein Leben lebt und ich nur meines, nicht auch noch seines. Es ist meine Sache, zu mir zu stehen oder es zu lassen. Wir haben in der Welt nur einen einzigen Ort, an dem wir immer bleiben: uns selbst – auch wenn wir uns nicht erreichen. Gelingt es mir aber, mich selbst zu ändern, dann ändert sich die Beziehung und in der Regel mein Partner. Ich erwähnte schon: die tiefste Schicht des Paares ist die identifikatorische Beziehung. Wir sind in viel umfassenderem Ausmaß Modell füreinander, als wir mit unseren permanenten Unabhängigkeitserklärungen wahrhaben wollen.

Wenn ich aber nun umgekehrt dieser Partner bin, *werde* ich nicht *beeinflußt*, wie wir ins Passiv ausweichend gern sagen. Ich *lasse* mich auch nicht *beeinflussen*. Vielmehr übernehme ich etwas vom anderen, weil ich es will. Wenn es jedoch um negativ bewertete Eigenschaften geht, halten wir uns bedeckt oder schreien gar wie Kinder, die etwas ausgefressen haben, wir hätten es nicht gewollt, angefangen habe der andere. Auch dann verantwortlich für sich selbst einzustehen, fällt schwer.

Noch größere Schwierigkeiten machen jene Wünsche, die aus unseren wesentlichen Bedürfnissen aufsteigen. Und zwar

1 Episteln 6

aus zwei Gründen: sie sind selbst zart, flüchtig, verspielt, und sie lösen erstaunlich starke Schuldgefühle aus.

Daß sie nicht mächtig und mit Gewalt daherkommen, verblüfft viele. Ihre hohe Bedeutung und geradezu schutzbedürftige Schwäche ergeben sich aus der Tatsache, daß sie dem Bereich des unmittelbar gelebten Lebens und nicht dem Bereich des nützlichen Tuns und Leistens zugehören. Sie verfolgen kein anderes Ziel als sich selbst, sie sind unnütz, praktisch unbrauchbar. Sie sind wie reines Spiel, nicht vermarktbare Kunst und die Freude am Dasein. Weil wir bis in jede Faser gewohnt sind, unser Handeln nach Nützlichkeit zu bewerten – auch wenn wir es vielleicht weit von uns weisen –, fallen die Phantasien, Empfindungen und Wünsche durch das Sieb unserer üblichen nutzorientierten Erkenntnis. Anders gesagt: wir nehmen sie einfach nicht klar genug wahr.

Gerhard kauft mit seiner vierjährigen Tochter Schühchen ein. Lange wählt das Kind. Dann hat sie sich für kleine blaue Halbschuhe mit silbernen Schnürchen und Bommeln entschieden. Der Vater hat nicht eingegriffen, wie es viele Eltern tun. Als er gerade an der Kasse zahlen wollte, kam zufällig die ältere Haushälterin und Kinderfrau daher. Sie fragte das Kind, was es denn Schönes ausgesucht habe. Das Kind zeigte beglückt die Schühchen. Vorsichtig, aber entschieden begann nun die Kinderfrau Einwände zu erheben: ob diese Schühchen mit den Bommeln nicht schnell kaputtgehen würden, ob es nicht sehr unpraktische Schuhe wären, ob es nicht zu mühsam wäre, sie jedesmal zu schnüren. Schließlich empfahl sie dem Kind, unempfindliche Gummischlappen zu nehmen, in die man nur hineinzuschlüpfen brauche. Den Nutzwertargumenten konnte das Kind nichts entgegensetzen. Der Vater sah unter dem Vorwurfsdruck der Haushälterin tatenlos zu, wie das Kind mir nichts, dir nichts umschwenkte, den kleinen Zauber für die praktische Brauchbarkeit preisgab und sich selbst verriet.

Das ist ein Exempel für unser Aufwachsen: Was wir in

Traum, Spiel und seligem Dahintreiben lebendig finden, erweist sich in der Nutzwelt als unbrauchbar.

Schuldgefühle kommen nicht zuletzt deswegen auf, weil diese Wünsche im Wertsystem einer Leistungsgesellschaft nichts gelten. Sie sind nicht aufgabenorientiert. Sie «bringen nichts». Deshalb werden sie so leicht verweht. Viel zuwenig wird beachtet, daß sich die unbewußten Schuldgefühle vor allem mit dem Leistungssektor legiert sind. Wer schuftet, leistet Buße. Er dient vor allem der sozialen Gemeinschaft – in welcher verzerrten Weise auch immer: der Gesellschaft, den Kapitaleignern oder dem eigenen Profit, der meistens nicht mehr dem eigenen Leben zugute kommt. Nur wenig Besitz gehört zu den wesentlichen Bedürfnissen. Auch die überarbeiteten Ärzte und Psychotherapeuten – bekannt für ihren Leistungsmasochismus – tragen vor allem ihre eigenen unbewußten Schuldgefühle ab. Weil Leben und Leisten heute soweit auseinanderfallen, ist auch die Wechselwirkung von Beruf und Beziehung von höchster Bedeutung für das Paarleben und die Zwiegespräche.

Die wesentlichen Bedürfnisse machen also schon deswegen starke Schuldgefühle, weil sie nichts «leisten», weil wir sie mit nichts anderem rechtfertigen können als mit unserem Empfinden, mit ihnen wirklich am Leben zu sein. Das ist so gut wie alles, aber keinen Pfifferling wert.

Ähnliche Ausblicke bietet die zweite Geschichte: Daniel berichtet in der Gruppe, daß seine Mutter mit einem kleinen Jungen in den Wald gegangen sei. Die beiden hätten die Idee gehabt, Büsche und Bäume für eine Weile mit bunten Papierblumen zu schmücken. Es habe wunderschön ausgesehen. Sie seien begeistert gewesen. Da sei ein Freund des Jungen vorbeigekommen und habe angefangen, Vorhaltungen zu machen. Schließlich habe er geäußert, die Polizei würde das sofort bestrafen. Da seien die Schuldgefühle des Jungen so aufgeflammt, daß sie alles wieder abgerupft hätten und bedrückt nach Hause gezogen seien.

Das Schmücken des Waldes ist ein Ausdruck für die unnützen, aber wesentlichen menschlichen Bedürfnisse, an denen niemand sonst interessiert ist. Sie sind durch die Schuldgefühle stark bedroht. Das Überich kleidet sich häufig in das Bild der Polizei. Will ich zu mir stehen, muß ich also vor allem am eigenen Überich arbeiten. Der unbewußte Schulddruck in Beziehungen oder im Gespräch wird besonders gut sichtbar an der Verlagerung des seelischen Schwerpunktes. An diesem unscheinbaren, aber hartnäckigen Phänomen kann jeder sofort beginnen, seine Wahrnehmung zu schärfen und sich selbst weniger zu vermeiden.

Wenn Anna und Matthias das Empfinden haben, sie kämen nicht zu sich, wenn jeweils der andere anwesend sei, dann ist das ein Beispiel für die Schwerpunktverlagerung. Denn es liegt eben nicht am anderen, sondern an den eigenen Schwierigkeiten zu sich zu stehen. *Jede Beziehung wird eng, ja zum Gefängnis, wenn es dem Paar nicht gelingt, den wesentlichen Bedürfnissen beider gerecht zu werden.* So etwa Anna mit ihrem aufschlußreichen Satz: «Ich bin schließlich auch ein Mensch und habe Bedürfnisse. Ich stecke meine ganz weit zurück.» Dieses Zurückstecken wird oft für Rücksichtnahme gehalten, ist jedoch meist Angst, eigene Bedürfnisse anzumelden. Es bewirkt über viele Beziehungsjahre schließlich eine Bewußtlosigkeit für das, worauf es wirklich ankommt, und verhindert von vornherein jede gute Entwicklung. Ein Paarleben ist erfüllt, soweit die wesentlichen Bedürfnisse beider wahrgenommen und verwirklicht werden.

Matthias fühlt sich in seinen Bedürfnissen doppelt behindert. Er kann weder etwas ganz für sich tun – selbst Nützliches macht hier Schuldgefühle –, noch gelingt ein Zusammensein mit Anna – ihre Müdigkeit ist für beide ein Symbol des Schuldgefühls wegen wesentlicher Wünsche: «Ich hatte das Gefühl, ich konnte mich einfach nicht eine halbe Stunde in aller Ruhe hinsetzen und die Sachen erledigen, die mir noch wichtig waren. Dann hast du auf dem Sofa gesessen und hast gesagt, du wärst total müde und was weiß ich.»

Anna verteilt ihren Schwerpunkt auf Matthias und sich. Es geht um seine Schuldgefühle. Sie sind zwar wirksam, doch gehen sie Anna strenggenommen nichts an. Wahrscheinlich will sie ihre damit unbetrachtet lassen:

ANNA: ...Ich hab auch nur gefragt, wann setzen wir uns zusammen. Ich denke, das liegt teilweise ein Stück an dir...
MATTHIAS: ...
ANNA: Laß mich ausreden!
...daß du – wie du selber sagst – ein schlechtes Gewissen hast, wenn ich was sage. (*Spricht erregter.*) Dann schiebst du die ganze Wut und dein eigenes schlechtes Gewissen auf mich. Ich wollte nur wissen, wieviel Zeit ich ungefähr am Schreibtisch habe und wann wir uns zusammensetzen könnten.

Andererseits wird am folgenden Beispiel deutlich, daß Anna zu sich steht – und zwar auch in einer Episode, in der sie sich von Matthias abhängig machte:

ANNA: Ich habe dir den ganzen Morgen geholfen. Ich habe mir den ganzen Morgen für deine Planung Zeit genommen. Es hat mir auch Spaß gemacht. Ich habe mich aber den ganzen Morgen schon durch dich bestimmen lassen. Es war alles schön zusammen im Garten. Ich habe das auch ganz für mich genossen.

Da steht sie zu sich. Es war ihre Entscheidung. Das gibt nicht jeder so ohne weiteres zu.

Doris, selbstständig und erfolgreich als Ärztin, bittet in der Paargruppe Moritz, nicht zu sprechen, während sie still über einen Termin nachdenkt, an dem sie mit ihrem Ulrich Zwiegespräche führen will. Sie meint: «Das zu sagen, ist mir so schwergefallen. Ich entdecke jetzt erst nach Jahren mit Zwiegesprächen und Gruppe, wie wenig ich in der Lage bin, meine eigenen Bedürfnisse zu äußern. Das macht mich traurig.»

Bettina und Sebastian begannen im Rahmen meiner Vorlesung mit Zwiegesprächen. Sie sagten nach einem Vierteljahr, es komme im Grunde nur darauf an, zu seinen eigenen Wünschen zu stehen – und genau das sei schwerer, als sie je gedacht hätten.

So weit aber sind sie immerhin schon gekommen.

*

Mit der Formulierung der fünf Einsichten suchte ich den «einfachsten und greifbarsten Ausdruck der theoretischen Lehre».[1] Wenn hier auch «das reine Gold der Psychoanalyse reichlich mit dem Kupfer der Suggestion legiert ist»[1], so scheint mir dieser Selbstentwicklungsweg doch als große Chance, vielleicht als eine Form jener «Psychotherapie fürs Volk»[1], die Sigmund Freud schon 1919 voraussah – wenn auch nicht im Rahmen der Selbsthilfebewegung.

---

[1] «aber irgendeinmal wird es dazu kommen müssen» – Zitate nach Sigmund Freud, Wege der psychoanalytischen Therapie, Gesammelte Werke XII, Frankfurt (Fischer) 1919, 1947, S. 193–194

Fünftes Kapitel

Im Anfang ist das Paar

«Das Verhältnis der Geschlechter ist der
unsichtbare Mittelpunkt aller Handlungen.»
Arthur Schopenhauer,
Metaphysik der Geschlechtsliebe[1]

«Bei sich beginnen, aber nicht bei sich enden,
von sich ausgehen, aber nicht auf sich abzielen,
sich erfassen, aber nicht sich mit sich befassen.»
Martin Buber, Der Weg des Menschen[2]

1 Arthur Schopenhauer, Sämtliche Werke, Band 2, Die Welt als Wille und Vorstellung II, Ergänzungen zum vierten Buch, Kap. 44, Metaphysik der Geschlechtsliebe, Darmstadt (Wissenschaftl. Buchgesellschaft) 1968
2 Martin Buber, Der Weg des Menschen nach der chassidischen Lehre, Heidelberg (Lambert Schneider) 1981, S. 37

Barrieren nach
der ersten Begeisterung

Die Paare, die am Anfang über ihre ersten Erlebnisse mit Zwiegesprächen berichteten (siehe Seite 77 ff), vereinbarten einen zweiten Erfahrungsaustausch nach insgesamt neun Wochen. Die Begeisterung nach den ersten drei Gesprächen war einer ernsteren Stimmung gewichen.

«Wenn er eine Frage stellt, bin ich beeinflußt.»

Helga und Christian

CHRISTIAN: Ich fange bei dem Äußeren an: Wir treffen uns einmal die Woche regelmäßig, meistens abends, konsequent anderhalb Stunden, und haben bis heute neun Zwiegespräche geführt. Einmal haben wir die Zeit bis auf fast zwei Stunden überzogen, weil wir ein ganz heißes Eisen erst fünf Minuten vor Schluß angefaßt haben.
Wenn ich unsere bisherige Zwiegesprächsgeschichte betrachte, dann empfinde ich die ersten drei Gespräche als sehr intensiv. Ich habe über Helga sehr viel Neues erfahren und habe auch viel Neues von mir erzählt. Ich habe Themen aufgegriffen, die ich im normalen Leben nur schwer anzufassen gewagt hätte. Danach gab es eine Unterbrechung von zwei Wochen. Das Gespräch wieder anzukurbeln, war ein richtiger Akt. Das erste Zwiegespräch nach der Pause war schön.

Dann haben wir eine ziemlich problematische Woche erlebt. Seitdem habe ich das Gefühl, es geht nicht recht weiter. Ich meinte, ich hätte nun alles erzählt und sei an den Grenzen meines Bewußten angelangt. Dabei befürchtete ich, ich könnte Helga langweilen. Vor dem Zwiegespräch kam sogar die Befürchtung auf, mir könnte gar nichts mehr einfallen. Dennoch, muß ich sagen, gehe ich locker ins Zwiegespräch rein. Ich spare mir nie etwas für dieses Gespräch auf. Wenn mir etwas auf der Seele liegt, muß ich es *gleich* besprechen.

In unserer Problemwoche hatten wir so viel über unsere Beziehung geredet, daß auf einmal die Luft raus war. Wir brauchten eine Zeit zum Aufatmen. Doch war das Zwiegespräch direkt danach interessant: Wir hatten unsere Gefühle der Woche noch einmal reflektiert – etwa eine dreiviertel Stunde lang –, dann wurden wir albern und haben mit Absicht alle Regeln gebrochen. Wir haben uns angemotzt, wir haben uns nach Strich und Faden kolonialisiert und uns kaputtgelacht. Wir haben uns die blödesten Fragen gestellt. Es war super!

Über die Angst, Helga zu langweilen, habe ich beim letzten Zwiegespräch offen gesprochen. Gestern hatten wir übrigens beide überhaupt keine Lust anzufangen. Wir wollten das Zwiegespräch erst verschieben oder sogar ausfallen lassen. Aber in dem Augenblick, in dem wir das beide klar ausgesprochen hatten, ging das Zwiegespräch los. Es kamen Sachen auf, an die wir noch nie gedacht hatten. Ich wage offenbar noch nicht, meine Gefühle richtig wahrzunehmen. Wenn ich aber auf diese Weise die Augen schließe, dann kann ich – hart gesagt – das Zwiegespräch gleich vergessen. Ich bin dann einfach nicht engagiert dabei und erzähle eher Anekdötchen aus meinem Leben.

HELGA: Wir sprechen beide viel über das Zwiegespräch und seinen Verlauf. Ich schätze die Entwicklung ähnlich wie Christian ein: die spannenden ersten Gespräche, die Schwierigkeit, nach der Unterbrechung wieder zu beginnen, und zwei, drei Gespräche, bei denen nicht viel herauskam. Dabei hatte ich aber nicht das Gefühl, ihn zu langweilen. Eher war es mir in den ersten drei Zwiegesprächen peinlich, wenn etwa ein Schweigen aufkam. Da habe ich nach einem Thema gesucht. Jetzt ist mir das egal. Ich könnte eine ganze Stunde schweigend dasitzen, es würde mir überhaupt nichts mehr ausmachen.

CHRISTIAN: Das ging mir genau umgekehrt. In den ersten Gesprächen fand ich die Pausen schön, zuletzt dachte ich: Jetzt sitzen wir nur da und gucken uns an. Da habe ich nach einem Thema gesucht.

HELGA: Bei mir stelle ich immer irgendwelche Hemmungen direkt vor dem Zwiegespräch fest. Oft werde ich auch in der ersten viertel bis halben Stunde elend müde. Ich möchte mich am liebsten irgendwo hinlegen und schlafen. Dann wird es meist besser. Da ist eine richtige Blockade in mir. Die kann ich aber überwinden. Es dauert zum Glück nicht die ganze Zeit. Gerade das gestrige Zwiegespräch wollte ich überhaupt nicht machen. Christian hat mich – was ja eigentlich nicht sein sollte – dazu überredet. Plötzlich aber kam es bei mir heraus. Ich hatte so viel zu sagen. Es fiel mir so viel ein. Die Zeit war viel zu schnell vorbei. Sonst dachte ich in den Zwiegesprächen öfter mal an die Zeit: «Ist jetzt schon die erste Stunde vorüber?» Das war gestern überhaupt nicht so.

Nach der problematischen Woche hat Christian mir etwas gesagt, was mir weh getan hat. In dem Moment konnte ich nicht offen darüber reden. Ich habe dichtgemacht. Ich wollte einfach in den Boden versinken, nichts mehr sagen, ihn nicht mehr sehen. Ich hätte ihn am liebsten weggeschickt. Dann aber wurden wir albern. Das hat mich aufgeheitert und hat mir geholfen, es zu verdrängen. Erst am nächsten Tag kam es wieder hoch, ich konnte aber immer noch nicht darüber reden. Das wurde schwierig. Wir hatten einen entsprechenden Tag.

Mir ist in letzter Zeit etwas Besonderes aufgefallen: Wir haben erstaunlich oft während der Woche – unabhängig voneinander – dieselben Gedanken. Es ist kaum zu fassen. Wir denken genau dasselbe, es ist fast unheimlich: «Du bist doch nicht ich!» möchte ich manchmal sagen.

Im übrigen denke ich auch, daß wir unsere Probleme immer sofort besprechen und nicht für die Zwiegespräche aufheben müssen. Zwiegespräche vertiefen die Problemlösung natürlich. Die anderen Gespräche verlaufen jetzt sehr gut. Da haben sich die Zwiegespräche positiv ausgewirkt. Wir versuchen uns auch währenddessen nicht zu kolonialisieren und bleiben vielmehr bei uns selbst. Was ich noch als sehr schön empfand, waren die ersten Berichte über Kindheitserinnerungen. Mir fallen jetzt so viele Erlebnisse wieder ein – positive und negative –, das finde ich aufregend. Mich interessiert auch sehr, was Christian erlebt hat.

CHRISTIAN: Ich möchte noch etwas zu den drei Empfehlungen sagen. «Jeder über sich selbst» – das klappt ganz gut. Doch ist mir bei den letzten Malen aufgefallen, daß wir oft das Wort «wir» benutzten statt «ich». Dieses Wir ist aber nichts Festes, es bedeutet Larifari. Es kam in allerletzter Zeit auf, als uns auch das richtige Zwiegesprächsfeeling fehlte.

Die «Kolonialisierung» – in Form von Ratschlägen – macht uns zu schaffen. Vor allem gelingt es uns nicht, keine Fragen zu stellen. Jedenfalls mir nicht. Hin und wieder erwische ich mich natürlich. Je lockerer ich bei den Zwiegesprächen war, desto mehr Fragen stellte ich. Am Anfang war meine Selbstkontrolle stärker. Alles in allem klappt es aber ganz gut. Durchschnittlich stelle ich pro Zwiegespräch zwei bis drei Fragen und ärgere mich dann darüber.

HELGA: Wenn er eine Frage stellt, bin ich beeinflußt. Natürlich kann ich mich entscheiden, sie nicht zu beantworten. Aber ich weiß dann ja, was er will. Und meistens beantworte ich sie dann doch. Zwischendrin habe ich versucht, die Frage unbeachtet zu lassen, aber sie arbeitet in mir weiter. Manchmal sind es wirklich nur erlaubte Verständnisfragen, manchmal aber legen wir sie nur so aus.

Zu mir ist mir noch etwas eingefallen. Viele Themen habe ich noch in mir, die ich gern einmal besprechen möchte, was ich aber noch nicht wage. Ich bin noch nicht soweit. Es wäre ein Krampf, das jetzt zu versuchen. Ich warte lieber noch. Ich habe schon sehr viel gesagt, was ich früher nie ausgesprochen hätte.

CHRISTIAN: Wir haben übrigens nicht gleich zu Anfang über Sexualität gesprochen. Erst ab dem fünften Zwiegespräch haben wir damit begonnen. Aber wir sind auch erst ein halbes Jahr zusammen.

EIN ZUHÖRER: Warum ärgerst du dich, wenn du Fragen stellst? Ich wehre mich nur gegen bohrende Fragen, mit denen ich zu einer Antwort genötigt werden soll.

CHRISTIAN: Ich spreche nur von Fragen, die ich stelle. Helga hat in den neun Zwiegesprächen insgesamt höchstens zwei Fragen gestellt. Meine Fragen sind aber, ehrlich gesagt, bohrend: Ich will einfach etwas wissen. Manchmal kaschiere ich sie als Verständnisfragen – «Das verstehe ich jetzt nicht, wie meinst du das?» –, aber ich will was wissen. Deswegen bin ich so überzeugt von der Empfehlung «Keine Fragen». Helga würde auf ganz andere Sachen eingehen, wenn ich nicht fragte.

EIN ZUHÖRER: Jede Frage ist im Grunde bohrend. Sie steht in der Luft und will geklärt werden.

HELGA: Ja, wenn man etwas erzählt, dann nur so weit, wie man dazu Lust hat und es selbst gut findet. Nur so weit, wie das Unbwußte einen führt. Wenn aber jemand fragt, dann fühlt man sich unter Druck gesetzt, etwas mehr zu erzählen. Dann wird alles kanalisiert.

M. L. M.: Ich möchte etwas zu den Fragen sagen, weil der Widerstand gegen die intensiver werdenden Zwiegespräche so schön klar geworden ist und für sich selbst spricht. Der Psychoanalytiker Michael Balint sagte einmal, auf Fragen erhält man nur eine Antwort, mehr nicht. Christian hat das herausgestellt. Eine Frage kanalisiert auf einen Punkt und lenkt meistens vom spontanen Strom der Entwicklung ab. Sie ist ein «eingreifendes Verfahren». Ich frage mich bei jeder Frage nach Möglichkeit, warum ich sie denn jetzt wohl gestellt habe. Der innere Raum, aus dem sie kommt, ist des Rätsels Lösung. In der Regel war sie unnötig oder behindernd. Sehr selten führt sie weiter, bricht beispielsweise einen Bann; das wäre dann aber mit einer anderen Bemerkung vielleicht noch besser gelungen.

«Ich habe vor dem Zwiegespräch fast immer Herzklopfen.»

Bettina und Sebastian

BETTINA: Nach dem ersten Erfahrungsaustausch hatten wir noch einige Zwiegespräche. Dann fing eine Zeit an, in der ich ein, zwei Wochen lang sehr viele Termine hatte. Anschließend war Sebastian unter Druck. Einmal sagte ich: «Du, ich komme diese Woche gar nicht dazu, mit dir ein Zwiegespräch zu führen.» Darauf sagte Sebastian: «Das gibt's ja nicht, wir werden alle Zeiten durchsehen.» Daraus ergab sich ein Ausweichtermin: Wir waren in einer anderen Stadt, also nicht in unserer gewohnten Situation, es ging sowieso alles drunter und drüber, das Gespräch wurde krampfig. Da habe ich gemerkt, wie sehr ich am festen Termin hänge, an der gewohnten Umgebung, an den festen Abständen und an dem inneren Raum, wo ich mich nicht gedrängt fühle, sondern eine Sache ruhig entfalten kann. Es waren zwischen uns Dinge vorgefallen, die sich nicht mehr auf die lange Bank schieben ließen. Wir verschoben sie trotzdem ständig. Die Gespräche zwischendurch waren mir alle zu kurz und konnten die Lage nicht so bereinigen, wie ich das von Zwiegesprächen her kannte. Die können zwar auch nicht alle Wolken wegfegen, aber es war danach für mich gefühlsmäßig eine bereinigte Atmosphäre da, ich habe mich leicht gefühlt und mich ein Stück mehr loslassen können. Unter unserem Termindruck hatten wir also dieses bedrängte Wochenendgespräch und in der darauffolgenden Woche gar keins. Es war einfach übel. Zwei, drei Wochen kam ich gefühlsmäßig nicht gut damit zu Rande. Zudem ging es zwischen uns – so habe ich es jedenfalls empfunden – drunter und drüber. Die mangelnde Kontinuität war ein Symptom dafür. Ich fühlte dann den tiefen Wunsch, das müsse wieder klappen. Am liebsten am vereinbarten Montag. Ich bin auch wild entschlossen, es in die Tat umzusetzen.

Ich habe nicht erlebt, daß die Brisanz der Gespräche abebbte. Im Zwiegespräch erzählte ich erst mal von mir, oft etwas, was ich nur ahnungsweise spüre. Ich habe dabei noch nie Langeweile empfunden und fühlte mich auch nicht gedrängt, mir ein Thema aus den Fingern zu saugen. «Thema» finde ich überhaupt einen unpassenden Ausdruck. Ich brauche kein Thema. Ich setze mich hin. Zuerst herrscht vielleicht Stille. Dann fange ich an zu reden, was im Moment in mir vorgeht – und schon bin ich mittendrin. Ich brauche keine Gedanken auszuklügeln. Es ergibt sich alles wirklich von selbst. Brisanz ist da, solange zwei Menschen eine lebendige Beziehung miteinander leben. Und solange zwei Menschen miteinander verbunden sind, gibt es lebendige Gespräche. Gerade im letzten Zwiegespräch war wieder viel Pfeffer.

SEBASTIAN: Wir haben jetzt ungefähr zehn Zwiegespräche geführt. Dabei haben wir unterschiedliche Phasen erlebt. Nach der anfänglichen Begeisterung sind die Zwiegespräche alltäglich geworden. Ich habe nicht mehr die Regeln reflektiert, sondern versucht, mich auf das Gespräch einzulassen. Gleichzeitig merkte ich: Das Zwiegespräch gehört zu meinem Alltag. Es ist mir wichtig. Ich möchte es nicht missen.

Zum Bruch der Regelmäßigkeit kam es, als sich äußere Bedingungen geändert hatten. Früher haben wir das Zwiegespräch nachmittags führen können. Dann aber mußte Bettina länger arbeiten. Seitdem war der Wurm drin. Es gelang uns nicht, die Regelmäßigkit aufrechtzuerhalten. Darauf habe ich unterschiedlich reagiert. Zunächst war ich enttäuscht. Ich war gewillt, daß wir es dennoch hinkriegen. Das gelang nicht ganz. Ich merkte, wie sich dadurch Spannung und Aggression zwischen uns aufbaute. Es wurde schwierig zwischen uns beiden. Schließlich hatte sich das so aufgestaut, daß wir beide sagten, wir müssen uns jetzt die Zeit für das Gespräch nehmen. Dennoch ist seit der Unterbrechung die Luft bei mir ein bißchen draußen. Vom Kopf her ist es klar, ich möchte die Zwiegespräche nicht aufgeben. Aber in meinem Gefühl baue ich innere Widerstände auf. Außerdem habe ich früher immer noch einen roten Faden gefunden von Zwiegespräch zu Zwiegespräch. Den habe ich zur Zeit verloren.

Für die nächsten Wochen ist der Termin jetzt gesichert, ich hoffe auf einen Neuanfang. Übrigens habe ich vor dem Zwiegespräch fast immer Herzklopfen. Ich bin nervös. Wahrscheinlich deswegen, weil ich weiß, es ist ein Ort, an dem ich ehrlich sein möchte Bettina gegenüber. Für mich ist jedes Zwiegespräch brisant. Ich entdecke oft Dinge in mir, die ich Bettina gern sagen möchte, mich aber nicht zu äußern traue. Unser Grundthema ist Nähe und Distanz: Wieviel sind wir zusammen, wieviel können wir jeder für sich machen, ohne uns zu kontrollieren oder zu benachrichtigen. Das kommt immer und immer wieder. In unterschiedlichster Abwandlung – mal in der Sexualität, mal in Unternehmungen und so weiter. Wir entdecken schon sehr viel. Doch habe ich das Gefühl, da nicht herauszukommen. Wir spielen oft Katz und Maus miteinander. Da bin ich es einmal, der sich zurückzieht, und Bettina springt mir nach, worauf ich mich noch mehr zurückziehe – dann ist es wieder umgekehrt: ich möchte Nähe, und Bettina zieht sich zurück.

Eine Frage hängt noch immer wie ein Damoklesschwert über mir. Auf einem Spaziergang hat es einmal zwischen uns schwer gekracht. Da sagte Bettina: «Was willst du eigentlich?» Es mag sein, daß diese Frage unbewußt die Zwiegespräche mitbestimmt. Ab und zu kommen Trennungsgefühle in mir hoch. Dann denke ich: «Hoffentlich fragt jetzt Bettina nicht: Liebst du mich oder liebst du mich nicht?» Sie hat es noch nie gefragt. *(Zuhörer lachen)* Ja. – Was wollte ich denn noch sagen? – Ich habe den Faden verloren.

BETTINA *(lachend)*: Das ist doch der Faden gewesen!

EIN ZUHÖRER: Beruhte nun die Unterbrechung auf Terminschwierigkeiten oder auf Widerstand gegen Zwiegespräche?

BETTINA: Ich habe mir Gedanken gemacht, wie ich meine Arbeitszeit organisieren kann, um den Montagstermin zu bewahren. Schließlich habe ich es hinbekommen. Ich hätte auf diese Lösung aber auch drei Wochen vorher stoßen können, als es so schwierig wurde. Damals kam ich einfach nicht darauf. Viele Faktoren waren da im Spiel. Jedenfalls haben wir es am Termin festgemacht. Ich denke, es gab auf beiden Seiten Widerstände, die eine Regelmäßigkeit verhindert haben. Wäre uns wirklich daran gelegen, hätten wir das Zwiegespräch auch nachts um zwölf machen können.

SEBASTIAN: Ja, das denke ich auch. Wir hätten es schon in der ersten schwierigen Woche hinkriegen können.

EINE ZUHÖRERIN: Habt ihr ein schlechtes Gewissen bekommen und es deswegen wieder gemacht?

BETTINA: Nein, es war vielmehr so, daß ich nach einiger Zeit wirklich nach einem Zwiegespräch gelechzt habe. Vielleicht kannst du dir das gar nicht vorstellen: Es war einfach nicht mehr auszuhalten. Ich wünschte mir wenigstens ein kleines Stückchen Klarheit in diesem Chaos.

EIN ZUHÖRER: Wie war es denn, bevor ihr Zwiegespräche abgehalten habt? Welchen Ausweg hattest du da in solchen Situationen?

BETTINA: Wir sind erst ein halbes Jahr zusammen, haben also sehr frühzeitig mit den Zwiegesprächen angefangen. Im Gegensatz zu vorher verlieren Dinge, die mich stark bedrängen, ihre Gewalt über mich, wenn ich sie im Zwiegespräch besprochen habe. Ich kann sie nicht gleich auflösen oder ihnen die Spannung nehmen, aber ich fühle mich nicht mehr so ohnmächtig ihnen gegenüber. Ich werde von ihnen nicht mehr gefangengehalten. Es ist ähnlich, aber natürlich viel intensiver, wie wenn ich Tagebuch schreibe. Wenn ich mir da etwas reflektiere, schreibe ich es mir auch ein Stück weg. Dann bedrückt es mich schon nicht mehr so sehr, daß ich handlungsunfähig werde. So ähnlich wirken sich auch die Zwiegespräche aus.

M. L. M.: Wieder war von der starken Wirkung einer Unterbrechung die Rede. Man kommt aus dem Tritt und muß einen Neuanfang suchen. Die Gefahr ist groß, daß sich der Widerstand solche Gelegenheiten greift und die Zwiegespräche ganz zu Fall bringt. Denn das mühsame In-Schwung-Kommen der Zwiegespräche kann schnell als «das bringt nichts» fehlgedeutet werden.

Bettina hat wunderschön die Bindung an die Grundordnung beschrieben. Ich habe mich in ihren Worten wiedergefunden. Das «Lechzen nach Zwiegesprächen» kenne ich auch. Es muß für Paare, die Zwiegespräche gar nicht kennen, unglaublich klingen. Der Hintergrund ist ein gewachsener Anspruch an die Beziehung. Nun hat man erfahren, was Beziehung wirklich sein kann, und möchte nicht in die trostlose «kontaktreiche Beziehungslosigkeit» zurückfallen.

Im übrigen erkennt man eine neue Seite des Lebens: Es gibt Ereignisse, deren seelisches Durcherleben wir nicht auf die lange Bank schieben können. Genauer gesagt, ist alles wirklich einmalig, eine Chance also, die verlorengeht, wenn wir sie nicht aufgreifen. So betrachtet, geht Paaren, die sich wenig über ihre wesentlichen Erlebnisse austauschen, Leben verloren. Die Beziehung bleibt in großem Umfang brach liegen. Diese Menschen passen sich an ein karges Lebensminimum an und merken es kaum noch. Vielleicht ist es bequemer. Lebendig finde ich es nicht. Sebastian erwähnte eine sonst selten bemerkte Entwicklung: das Entstehen einer neuen Gewohnheit. Er achtet nicht mehr auf die Regeln, weil sie gebahnt sind und sich von selbst aufrechterhalten. Sie sind gelernt. Eine alte Gewohnheit – Stichworte: Kolonialisieren, seinen Schwerpunkt in den anderen verlagern, bohrende Fragen stellen – wich einer neuen. Sie wird eines Tages genauso mühelos wie die alte, bietet aber erheblich bessere Bedingungen für eine befriedigende Beziehung.

Immer wieder entdecken Zwiegesprächspaare, daß die Gereiztheit im Hause ansteigt, wenn die Gespräche ausfallen. Das ist ein Hinweis auf den erwähnten Teufelskreis: Weniger Gespräche bedeuten undeutlicheres Erkennen wesentlicher Bedürfnisse, vor allem aber keine Abstimmung miteinander; das führt zu stärkerer unterschwelliger Enttäuschung und zu täglichem Anfall kleinerer Zornmengen; im Laufe der Jahre entsteht ein destruktives Sediment, in dem das Paarleben schließlich versteinern kann. In Zwiegesprächen wird dieser Circulus vitiosus in einen Circulus vitalis, in eine belebende Selbstverstärkung der Beziehung, verwandelt. Ist man daran einmal gewöhnt, möchte man die Gespräche nicht mehr missen.

Das Zwiegespräch beschrieb Bettina als sprechendes Tagebuch zu zweit. Das macht deutlich, daß wir uns im Reden selbst gestalten und umgestalten. Wir wechseln von der passiven Position in die aktive. Schon das allein macht ein ganz anderes Lebensgefühl: wir empfinden uns als handelnd statt ausgeliefert.

«Wir haben über Dinge geredet,
von denen ich glaubte, ich könnte sie nie ansprechen.»

Karin und Max

MAX: In unseren acht Zwiegesprächen haben wir es nicht immer geschafft, anderthalb Stunden einzuhalten. Manchmal dauerte es etwas länger. Die Regelmäßigkeit wahrten wir mit dem Ausweichtermin.

In den ersten Gesprächen war wirklich etwas los. Bis wir uns beide gefunden hatten, konnten wir gut sprechen. Dann ist es abgeflacht. Das letzte Zwiegespräch empfand ich nicht als das Wahre. Doch drei Gespräche zwischendrin waren sehr aufschlußreich.

Ich habe mich dabei ertappt, Fragen zu stellen. Das ist mir unangenehm. Denn bei Verständnisfragen gerate ich selbst auch immer unter Druck, Antworten zu geben und dadurch abgelenkt zu werden.

Durch die Zwiegespräche – habe ich das Gefühl – ist unsere Beziehung tiefer geworden. Wir haben über Dinge geredet, von denen ich vorher glaubte, ich könnte sie Karin gegenüber nie ansprechen – eher schon einem Freund gegenüber.

Oft geriet ich vor dem Zwiegespräch in die Verfassung, nicht recht zu wissen, was heute noch zu bewältigen wäre. Manchmal fühlte ich mich aber auch sehr locker. Wenn ich mich dann fragte, was heute los sei, kam es einfach hoch und raus, ohne daß ich mir vorher krampfhaft Gedanken gemacht habe.

KARIN: Das Problem und die Angst, den anderen zu langweilen, kenne ich auch sehr gut. Ich neige zu depressiven Durchhängephasen. Im Zwiegespräch will ich halt erzählen, was mich so beschäftigt. Dann habe ich Angst, immer dasselbe zu erzählen.

In den Zwiegesprächen haben wir nun auch einen Kanal gefunden, über Sexualität zu sprechen. Das hatte vorher zwischen uns nie stattgefunden. Wir hatten uns eingebildet, danach gäbe es gar kein Bedürfnis. Jetzt haben wir es beide aber als ganz toll empfunden. Sachen, die mir sehr auf der Seele gelastet hatten, von denen ich auch glaubte, ich könnte sie nie aussprechen, weil Max ausflippen und die Beziehung zusammenbrechen würde, habe ich dann doch erzählt. Max hat darauf ganz anders reagiert, als ich dachte, viel verständnisvoller. Seitdem habe ich das Gefühl, ich kann ihm viel mehr vertrauen. Die Beziehung ist offener und schöner.

MAX: Unsere täglichen Erlebnisse erzählen wir uns oft abends.

KARIN: Aber einmal hatten wir in einer hektischen Woche wenig Zeit, über Alltagsverwaltung zu sprechen. Im Zwiegespräch dachten wir zudem, es liege überhaupt nichts an. Ich meinte, ich würde viel lieber darüber sprechen, wer einkauft in der Woche und so fort. Nach einer dreiviertel Stunde haben wir dann in gegenseitigem Einvernehmen das Zwiegespräch abgebrochen und unsere Organisation besprochen. Wir sahen einfach keinen Sinn mehr im Zwiegespräch.

EIN ZUHÖRER: Meinst du denn, daß sich das widerspricht, Zwiegespräch führen und über Einkauf reden?

KARIN: Nun, es war keine Grundsatzfrage zwischen uns, sondern nur die Regelung der Woche und die Urlaubsplanung.

CHRISTIAN: Ich hatte das auch im Zwiegespräch erlebt. Helga erzählte viel über ihre Kindheit, und ich saß da und dachte über Termine der Woche nach. Als ich Helga sagte, mich interessiere jetzt ihr Bericht überhaupt nicht, weil ich über den Termindruck nachdächte, kam das natürlich nicht so gut bei ihr an. Aber ich fügte hinzu, ich sei durch ihre Schilderung auf eine sehr glückliche Lösung gekommen. Dann war das wieder klar. Ich sehe da eine Parallele zum Einkaufen. Im übrigen: wenn so etwas aufkommt und geklärt werden kann, ist man dann wieder offen für die wesentlichen Dinge.

MAX: Ja, der Urlaubsplan ging mir dauernd im Kopf rum, schon die ganze Woche. Im Zwiegespräch verstärkte sich das.

KARIN: So geht es uns oft beim Gespräch: Wir fragen uns: Gehört das Thema jetzt noch ins Zwiegespräch oder nicht? Wenn ich etwas von meiner Mutter erzähle oder von Schwierigkeiten auf der Arbeit, sind wir beispielsweise sehr unsicher.

BETTINA: Da würde ich mir überhaupt keine Zwänge auferlegen. Es ergibt sich doch von selber, was es mit euch zu tun hat.

KARIN: Nach vielfältigen Warnungen vor dem Unterbewußtsein, das alles versucht, solche Gespräche zu blockieren, frage ich mich: Schieben wir etwas vor, um nicht besprechen zu müssen, was wirklich wichtig ist, oder ist es jetzt wichtig?

EIN ZUHÖRER: Sind vielleicht die Ansprüche zu hoch gesteckt, so daß man sich nicht traut, auch solche banalen Dinge anzusprechen und zu klären?

M. L. M.: Ich entdecke mehr und mehr, daß wir als Paar überhaupt nichts Unwesentliches bereden, allerdings kaum je begreifen, was in unseren Worten, Beispielen und Themen steckt. Reden Sie mal Kraut und Rüben. Dann greifen Sie sich irgendwann das letzte Thema ohne irgendwelche Tiefe heraus und fragen sich: Was könnte das jetzt für unsere Beziehung heißen? Ich glaube, Sie werden fündig.

«Über die Trennung bin ich durch
Zwiegespräche gut hinweggekommen.»

Sabine und Wolfgang

WOLFGANG: Ich war mir zunächst nicht sicher, ob ich über meine Erfahrung berichten soll. Denn unsere Zwiegespräche haben zur Folge gehabt: wir haben uns getrennt. Vielleicht wäre es auch ohne sie passiert. Interessant ist, daß ich durch die Zwiegespräche über diese Trennung gut hinweggekommen bin. Und zwar deswegen, weil ich die Entwicklung, die zu dieser Trennung führte, jetzt sehr gut nachvollziehen kann. Ich sehe, daß es eine ganz natürliche Entwicklung war, die sich in der Beziehung schon lange abgezeichnet hatte, aber nie deutlich herauskam. In den Zwiegesprächen ist das nun geschehen.

Mir haben die Zwiegespräche unheimlich viel gebracht. Ich war begeistert davon. Ich spürte in den Gesprächen, wieviel intensiver ich leben kann. Die Beziehung wurde lebensvoller, gefühlsstärker. Es war faszinierend, das zu empfinden und zu beobachten. Ich kam mir vor, als wäre ich aufgeblüht.

Vor den Zwiegesprächen war Sabine mir näher, während ich immer der Unabhängigere war, fort auf irgendwelchen Wochenendveranstaltungen, viel organisierend. Sabine hing an mir, wartete, daß ich nach Hause komme, und war deprimiert, wenn ich nicht da war. Durch die Zwiegespräche bin ich nun näher an Sabine herangerückt, während sie sich komischerweise von mir wegentwickelt hat. Ich verstehe noch nicht, wie das passieren konnte. Das Trennungsthema zog sich durch alle unsere Zwiegespräche, mal stärker, mal schwächer. Wir hatten von meinem Hustenanfall während des Zwiegespräches berichtet. Er trat auf, als Sabine sagte, sie könne auch ohne mich auskommen, ich wäre gar nicht so wichtig. Jedesmal, wenn sie etwas Ähnliches sagte, mußte ich husten.

Dann ging es schließlich auch um andere Beziehungen. Ich hatte mich verliebt und hab es ihr erzählt. Dabei wußte ich genau, daß dies etwas mit der Beziehung zwischen mir und Sabine zu tun hatte. Ich hatte auf die andere Frau etwas projiziert, was zu ihr gar nicht paßte und mit ihr nicht einmal möglich gewesen wäre. Ich entdeckte: Das hat auch was mit Sabine und mir zu tun. Als ich das Sabine erzählte, hat sie sich freier gefühlt und gemerkt, daß sie richtig aufatmen konnte. Sie hatte das Gefühl: Jetzt kann ich mich entfalten! Vorher war ihr das immer ein Problem. Sie konnte sich gegen ihre Eltern nicht richtig durchsetzen und nie etwas positiv sehen. Sie sah vor sich immer einen Berg und nicht das, was sie schon hinter sich gebracht hatte. Während der Zwiegespräche kam das nun von selbst bei ihr. Sie hat eine enorme Entwicklung durchgemacht.

Vorher habe ich schon darauf geachtet, daß ich sie nicht direkt oder indirekt beeinflusse. Sie hat sogar geklagt, ich würde nie sagen, was sie denn nun falsch mache. Das fand ich nicht richtig. Ich hätte sonst einen Rahmen gesetzt, in den ich sie reinhaben wollte. Dann wäre sie zu einem Bild geworden, das sie nicht ist, selbst wenn ich es gerne so hätte.

Früher hat sie mir vorgeworfen, ich spürte die Nähe zu ihr nicht und wolle nicht bei ihr sein. Jedenfalls hätte ich es nie deutlich gesagt. In den Zwiegesprächen wurde mir klar, daß sie selbst nie zu sagen wagte, daß sie meine Nähe wünschte. Ich wußte es deswegen nicht, ich begriff es auch nicht. So sagte ich also: «Du, ich muß jetzt weg» – obwohl ich den

Termin vielleicht hätte verschieben und sogar ausfallen lassen können. Sie sprach nicht offen über sich. So hatte sie mit den Vorwürfen auch ihre ganze Problematik auf mich abgewälzt. Einmal kam das nach einem Zwiegespräch zur Sprache. Da haben wir uns unheimlich kolonialisiert und angemotzt. Es hat geknallt. Sie ging ins andere Zimmer, und ich versuchte dann auf dem Boden zu schlafen. Ich hatte keine Lust, auf sie zuzugehen und alles wieder ins Lot zu rücken. Das habe ich sonst immer so gemacht. Dafür ist nach einer Weile sie zu mir gekommen. Wir haben darüber geredet, haben erkannt, daß jeder von uns seinen Anteil daran hatte, und haben uns wieder sehr gut verstanden.

Zuletzt also war ich ein Wochenende weg gewesen. Statt des Zwiegespräches hätte ich mich viel lieber vor den Fernseher gesetzt und an sie gekuschelt. Da sagte sie mir nun, daß sie mit einem anderen Mann weg gewesen sei und was gehabt habe. Ich war zuerst total fertig. Es war ziemlich hart. Sie hat gar nicht gerafft, daß ich es so schwer nehmen würde. Sie hat es im grenzenlosen Vertrauen zu mir gemacht. Sie machte mir klar, daß sie sich verliebt habe und es nun auch ausleben wolle. Sie wollte nicht gleich wieder zu mir zurück und das neue Gefühl in sich zerstören. Ich finde es gut, daß sie es so gemacht hat. Es war nur schwierig für mich, damit umzugehen. In der letzten Woche habe ich nun versucht, mit ihr wenigstens darüber zu reden. Das Zwiegespräch ist dann zusammengeklappt, weil ich nicht mehr weiterreden konnte. Sie versuchte mich zu trösten und zu streicheln, obwohl ich es gar nicht richtig aufnehmen konnte. Aber sie will die Zwiegespräche erst mal weitermachen. Das ist ein guter Anker für uns beide. Es war eine sehr vertrauensvolle Beziehung. Wir sind uns im klaren darüber, daß wir uns nicht trennen wollen als Menschen. Wir haben uns schon öfter in der Beziehung gewünscht, wir könnten ein Bruder-Schwester-Verhältnis haben. Wir haben uns sehr früh kennengelernt, und bedauerten oft, daß wir keine anderen Beziehungen außer unserer erlebt hatten. Im Grunde habe ich mir das auch immer verboten. Deswegen fühle ich mich jetzt freier, mit mehr Möglichkeiten, und ihr wird es wohl ähnlich gehen. Ich stellte jetzt auch fest, daß ich mich wieder verlieben kann und nicht vom Schmerz ganz gelähmt bin. Die Zwiegespräche wollen wir jetzt beide, nicht aber den geplanten Ski-Urlaub in einer Gruppe. Ich hatte mir noch etwas Hoffnung gemacht, in den Ferien die Beziehung wieder zurückzugewinnen. Sabine möchte das aber nicht und drohte, dann sogar die Zwiegespräche zu kappen. Das wollte ich aber nicht. Wir einigten uns, daß ich nicht mitgehen würde in die Skiferien, daß dafür aber noch ein Zwiegespräch stattfinden solle. Da konnte ich ihr dann auch sagen, daß ich über die Trennung einigermaßen hinweggekommen sei und wieder Perspektiven sähe. Ich merke also: Es geht weiter. Ich habe auch wieder eine sehr positive Einstellung bekommen. Aber ich brauche die Verarbeitung mit ihr zusammen. Ich könnte die Trennung nicht isoliert und einseitig betrachten, ich brauche den Austausch darüber. Im Moment unterliege ich absoluten Gefühlsschwankungen. Einerseits finde ich die Entwicklung schön, andererseits schmerzhaft. Manchmal bin ich auch sehr traurig, aber ich merke, ich bin unheimlich am Leben.

CHRISTIAN: Wie lange wart ihr denn zusammen?

WOLFGANG: Dreieinhalb Jahre.

CHRISTIAN (*erstaunt*): Das ist ganz schön lange. Kannst du denn die kommenden Zwiegespräche aushalten?

WOLFGANG: Ich will es probieren. Ich muß selbst sehen, wohin meine Gefühle gehen. Zuerst dachte ich, ich brauchte die Beziehung sehr. Jetzt denke ich oft: So verliebt bist du vielleicht gar nicht mehr. Es ist schon gut, daß ich die Trennung jetzt einmal erlebe. Meine Trennungsangst war sehr groß. Allein hätte ich die Trennung nie geschafft. Wenn ich Sabine so am Boden gesehen hätte, wie sie mich gesehen hat – das hätte ich nicht gepackt. Ich wäre hingegangen, hätte sie getröstet, hätte die Beziehung wieder aufgebaut, selbst wenn ich das Gefühl dafür gar nicht gehabt hätte. Sie hat es durchgezogen. Das finde ich bewundernswert. Im nachhinein halte ich es für richtig. Selbst ein grenzenloser Schmerz geht vorbei. Ich habe es ja an mir selber gemerkt. Ich verliebe mich wieder, ich lerne neue Frauen kennen. Es geht weiter. Und das ist das Tolle. Die Entwicklung ist auf einmal wieder da. Ich merke, daß sie eben in Konflikt mit der Geborgenheit steht. Ich möchte die Sicherheit haben, aber auch neue Abenteuer erleben. Jetzt bin ich also auf neuen Wegen. Obwohl ich mich auch in dieser Beziehung unheimlich gut habe entwickeln können, in allen Bereichen, deswegen fand ich es sehr schade, daß sie jetzt gerade abgebrochen ist. Wir hatten immer davon gesprochen, daß wir uns mal verlieben könnten. Jetzt ist es eben auch bei ihr konkret geworden.

M. L. M.: Meinem Eindruck nach haben die Zwiegespräche Sabine und Wolfgang befähigt, ihre insgeheim gewünschte, aber nicht riskierte Trennung zu realisieren. Mir legt sich diese Deutung nahe, weil Wolfgang trotz seines Leidens das Leben so intensiv spürt. Es scheint Sabine ähnlich zu gehen. Aus dem klaren und intensiven Empfinden von Wolfgang möchte ich schließen, daß hier jene wesentliche, tiefere Beziehungsebene offenliegt, in der bei beiden Partnern Ähnliches geschieht, die Paarsymmetrie.

WOLFGANG: Das stimmt genau.

M. L. M.: Was man selbst erlebt, geschieht in der Regel auch im anderen. Die Paarsymmetrie ist nur dann schwer zu erkennen, wenn einer stark abwehrt – etwa seine Trennungsangst in betont unabhängiges Verhalten ummünzt oder passives Leiden in aktive Drohung verkehrt.

WOLFGANG: Ja, ich war im Gefühlsdusel, völlig verwirrt. Ich mußte immer etwas tun, um mich abzulenken. Wenn wir zusammen waren, war das abgestellt. Dann aber entwickelte Sabine genau dasselbe Gefühl der Unruhe wie ich. Immer wenn sie mit mir zusammen sei, sagte sie, werde sie rastlos, müsse sie etwas tun. Das scheint asymmetrisch, ist aber doch eine genaue Symmetrie.

M. L. M.: Mich erinnert das noch einmal an das Phänomen, von dem Bettina berichtete: Zur selben Zeit haben wir dieselben Gedanken. In solchen Momenten entdecken wir nur, was ohnehin dauernd geschieht. Wir können es dann einmal zulassen, während wir es sonst immer abwehren. Wir denken, es handle sich vielleicht um Gedankenübertragung. Wirksam ist hier aber schlicht und einfach das gemeinsame Unbewußte, das heißt seine blitzschnelle, umfangreiche Informationsabstimmung.

Zwiegespräche bieten auch eine Lösung für das, was ich den Paar-Grundkonflikt nenne. Alle Paare müssen die Balance finden zwischen Geborgenheit und autonomer Entwicklung. Dieser Grundkonflikt zwischen Intimität und Autonomie ist zurückzuverfolgen bis ins Tierverhalten. Wie können wir unsere Geborgenheit bewahren und gleichzeitig die Welt erobern, lautet dieser Zwiespalt der Bedürfnisse. Der Grundkonflikt hat viele Namen, beispielsweise das Nähe-Distanz-Problem. Er ist selbstverständlich innerhalb der Beziehung zu lösen. Wir *müssen* uns dazu nicht trennen. Diese Balance ist das Kernstück der Kunst, in der Beziehung zu bleiben. Doch wird sie eine sehr schwere Aufgabe, wenn es sich um die bisher einzige Beziehung handelt – wie bei Sabine und Wolfgang. Darüber hinaus kam es in dieser Beziehung zu einer Art «Geborgenheitsdruck», weil der gemeinsame Trennungsangstpegel zu hoch war. Jetzt haben Wolfgang und Sabine die Trennungsangst so weit aufgelöst, daß sie freier werden konnten. Im Bericht waren die Wechsel der Initiativen gut zu erkennen: die Eingeständnisse, sich verlieben zu können, als entscheidendes Symbol der Ablösung;

die konkrete erste Verliebtheit von Wolfgang; Sabines Schmerz darüber, dann Sabines Überwindung des Leidens durch ihre neue Verliebtheit, die Wolfgang Schmerzen zufügt – und nun die Überwindung des Schmerzes durch Wolfgangs neue Bindung. Daß dieser Akt der Trennung von beiden Seiten vollzogen wurde, wäre anhand der Zwiegespräche in allen Feinheiten nachzuzeichnen. Im Zwiegespräch ist das Geheimnis des Verbundenseins eine schnelle unbewußte Oszillation in allen Kommunikationsformen. Mimik, Gesten, Tonlage, Körperhaltungen, kleine Handlungen spielen eine viel bedeutendere Rolle als die Worte. Paradoxerweise wirkt das Zwie*gespräch* vor allem sprachlos, also im averbalen Bereich der Beziehung. Neun Zehntel von allem, also auch von Gesprächen, nehmen wir unbewußt wahr. Es fällt unserem nur seiner selbst bewußten Bewußtsein schwer, die eigene Begrenztheit und Schwerfälligkeit anzuerkennen.

Daß Wolfgang und Sabine ihre Zwiegespräche nach dem Trennungsentschluß weiterführen, halte ich für sinnvoll. Beide haben einen reichen gemeinsamen Erlebnisfundus, die große Basis einer Freundschaft. Wenn jeder sich in seinem Schmerz fangen und dem andern seine neue Entwicklung gönnen kann, könnte ihre geschichtliche Verbundenheit und ihr Aufeinandereingespieltsein außerordentlich hilfreich sein. Sie könnten die neue Entwicklung besser verstehen und sich vor allem unvergiftet voneinander lösen. Was die beiden gemeinsam erlebt haben, kann ihnen auch die größte neue Verliebtheit nicht ohne weiteres bieten. Es ist eine einmalige Chance, die Phasen der Trennung gemeinsam zu durchleben, eine seelische Ernte, für die allerdings nur wenige Menschen zu danken bereit sind. Üblicherweise werden mittels Vorwerfen, Kränken, Leugnen, Verwunden und Klagen Beziehungen nicht gelöst, sondern abgebrochen. Allerdings kenne ich inzwischen auch Paare, die sich mit Zwiegesprächen freundlicher zu trennen versuchen.

EIN ZUHÖRER: Meiner Erfahrung nach ist die Zeit direkt nach der Trennung eine sehr fruchtbare Phase. Es wird so viel klar in einem. Ich sehe dann die Beziehung aus einem ganz anderen Blickwinkel. Ich finde es gut, wenn gerade dann der Austausch da ist – soweit ich es dann allerdings noch kann.

M. L. M.: Es scheint mir eine Frage der persönlichen Leidensfähigkeit zu sein und des Respekts vor dem Leben des anderen, die einen davon abhält, vor Schmerz zu vergehen oder den anderen aus Wut zu zertrümmern.

EIN ZUHÖRER: Wenn ich und meine Freundin sich jetzt trennten und weiter Zwiegespräche führten, würde sie mir doch von den intensiven Erlebnissen der neuen Verliebtheit erzählen. Da würde ich verbrennen.

M. L. M.: Das hatte ich auch einmal gedacht. Merkwürdigerweise wird es ganz anders. Es ist, als lernte man eine neue Art zu leben. Ich hatte mich bald umgewöhnt und sah die übliche Zurückhaltung nach Trennungen als einen Schutz an, der Lebendigkeit verlorengehen läßt und Verleugnung einübt. Im übrigen ist zu bedenken, daß jede Trennung eine Tat von zweien ist, also auch von dem mitbewirkt wird, der als der Verlassene erscheint. Zudem wirkt ein gutes Zwiegespräch selten verletzend, weil alles, was in ihm geschieht, von beiden dosiert wird.

Sofern Schmerzen doch auftreten, muß man sich zuallererst nach dem Einfachsten fragen: ob ich sie nicht insgeheim beabsichtige, um mich selbst zu bestrafen. Wofür bestrafen? – Für etwas, was ich als ungehörig empfinde. Wolfgang beispielsweise vermutet, allein hätte er die Trennung von Sabine nicht geschafft. Das heißt, er hätte es unerlaubt gefunden, einen Menschen so leiden zu machen. Solche Vorstellungen (daß ich einem anderen mit der Trennung *nur* Schmerzen zufüge) entspringen meinen Schuldgefühlen. Heute halte ich es für einen Kunstfehler, sich zu entzweien und nichts mehr voneinander wissen zu wollen, wenn eine schöne erotische Beziehung zu Ende geht. Wir sollten die Beziehung austragen, nicht abrupt aufhören. Die Transformation einer vergangenen Liebesbeziehung in eine gute Freundschaft ist mein persönliches Ideal, obwohl oder gerade weil «die wahre Revolution unserer Zeit das Verschwinden der Freundschaft»[1] ist.

Lebensgeschichtlich steht hinter unseren Trennungsschwierigkeiten unsere Ablösung von der Mutter. Je weniger sie selbst ihre Kinder lassen kann, desto mehr Schuldgefühle impft sie dem Kind ein, desto selbstbestrafender reagieren wir später auf unseren eigenen Trennungswunsch. Ja, wir sehen ihn oftmals gar nicht, eher schon seine Umkehr: daß wir ein beklagenswertes Opfer seien, auf dessen Seite alles Recht der Welt stehe. Ganz die Mutter.

Deswegen sprechen wir während der Trennungszeit auch so wenig miteinander. Wir wollen voneinander fortkommen und bleiben gerade deshalb unbewußt durch Unerledigtes und Unverarbeitetes miteinander verklebt. Meines Erachtens ist das Bedürfnis, sich in solchen Umbruchzeiten miteinander auszutauschen, außerordentlich stark. Wir begreifen es eher von der Seite dessen, der sich trennen will: er möchte sich mitteilen und sehen, wie sich das Neue entwickelt. Und wie wir wissen, ändert sich alles. Nach einem Jahr sieht es schon wieder ganz anders aus. Als sogenanntes Opfer setzt man ja insgeheim darauf. Wenn es dann aber soweit ist, haben sich die eigenen Bedürfnisse aber auch verschoben. Entwicklung kennt keine Sicherheit. Es gilt also abzuwarten.

Da ist es nun günstig, die einmalige Chance zu ergreifen, für sich zu lernen, für weitere Beziehungen zu lernen. Alles steht doch in neuem Licht da – auch die vergangene Beziehung.

1 Ignazio Silone, italienischer Romancier, zitiert nach M. Friedman, R. H. Rosenman, Rette Dein Herz, Reinbek (Rowohlt) 1974, S. 201

Sie ist der reiche Hintergrund, der nicht abgeschafft werden *kann*. Sie ist ja nicht tot, sondern lebt in neuer Gestalt weiter. Die dreieinhalb Jahre von Sabine und Wolfgang sind in ihren nächsten Beziehungen weiter lebendig. Jede neue Beziehung erbt alles von den vorigen. Das wollen wir meist nicht sehen, weil wir so gern die Alleinseligmachenden wären – ohne Vorgänger und Nachfolger.

EIN ZUHÖRER: Ich denke, es geht nicht so sehr um die alte Beziehung als um einen selbst. Wie war ich in der alten Beziehung, wie wirkte ich auf meinen Partner? Ich wollte gerade die Zwiegespräche beginnen, als wir uns trennten. Danach aber sprachen wir miteinander. Meine Freundin hat mir da Sachen erzählt, die haben mich vom Stuhl gehauen. Ich sagte ihr: «Hör mal, wir haben ja völlig aneinander vorbeigeredet, aneinander vorbeigelebt.» Deswegen finde ich Trennungszwiegespräche eine hervorragende Sache – wenn man die Kraft dazu hat.

M. L. M.: Das Aneinandervorbeileben nehme ich zum Anlaß, etwas zu tun, wovor ich mich sonst hüte: einen Rat zu geben. – Von ganzem Herzen und mit vollem Bewußtsein rate ich auch denen, die eine Beziehung erst beginnen, von Anfang an Zwiegespräche zu führen. Sie tun sich das Beste an. Sie entwickeln eine andere, lebensvollere Paarwirklichkeit. Zwiegespräche sind keine Garantie fürs Zusammenbleiben, aber fürs Lebendiger-werden.

«Schon beim Aufwachen reicht's mir – denn abends ist Zwiegespräch»

«Das Reden tut dem Menschen gut,
besonders, wenn er's selber tut, –
von Angstprodukten abgesehn,
denn so etwas bekommt nicht schön.»

Wilhelm Busch [1]

Aus den letzten Berichten ist deutlich geworden: Zwiegespräche mobilisieren unerwartete Angst. Diese Wirkung bleibt nicht aus. Oft wird die Angst nicht gefühlt. Sie kleidet sich dann in Vorwände, Zwiegespräche nicht abzuhalten. Jawohl: wir scheuen uns vor echtem, offenem, wesentlichem Reden. Der Widerstand kann so stark sein, daß Zwiegespräche verfälscht, gekürzt oder ganz abgebrochen werden, daß sie einschlafen oder gar nicht erst beginnen. Ich kenne Paare, die ganz überzeugt waren von der Bedeutung der Zwiegespräche und dennoch drei Jahre brauchten, bis sie regelmäßig damit begannen.

Wer es nicht so weit kommen lassen möchte, greife zur List der *Vorgespräche*: Das Paar vereinbart zunächst keine Zwiegespräche, sondern Gespräche über den Sinn von Zwiegesprächen für die eigene Beziehung. Schwerpunkt dieser Vorgespräche sollte das Dafür und Dagegen sein. Es kommt insbesondere darauf an, Bedenken, Vorbehalte, Ängste und Gegenargumente ausführlich und gründlich durchzusprechen. Nur so können sie aufgelöst werden. Eine Angst, die unausgesprochen bleibt, trennt und behindert. Wenn sie jedoch ausgesprochen ist, beginnt sie sich nicht nur zu verwandeln, sie bindet auch aneinander. Vorgespräche sind für viele Paare die Pforte zu Zwiegesprächen. In ihnen wird das Arbeitsbündnis gemeinsam geschaffen. Ein Paar sollte sich reichlich Zeit dafür neh-

---

1 «Maler Klecksel»

men und nichts übers Knie zu brechen versuchen. Vereinbart es solche Gespräche einmal wöchentlich und begrenzt sie auf anderthalb Stunden, gleitet es wie von selbst in Zwiegespräche hinüber. Die List liegt aber nicht darin. Vielmehr mobilisieren Vorgespräche deutlich weniger (unbewußte) Angst. Denn die Paar-Partner können sich noch weitgehend heraushalten. Vorgespräche werden also viel unbefangener als Zwiegespräche begonnen.

Jede mobilisierte Angst kann in Zwiegesprächen aufgelöst werden, wenn das Paar sie bespricht. Leider aber verhindert sie in ihrer *Maskierung als «Lustlosigkeit»* eher das Zwiegespräch. Matthias: «Ich hab keine Lust mehr zu diesen Mistgesprächen, wenn es da Beziehungskiste gibt und Krach.» Katrin: «Zwiegespräche können ein ‹Streitgespräch zum festen Termin› sein... dann habe ich wenig Lust.» Die Lustlosigkeit wurde von diesen Paaren noch nicht als Symptom erkannt, als ein Zeichen für etwas, was entschlüsselt werden sollte. Besonders, wenn der andere zur selben Zeit gern Zwiegespräche führt.

Offensichtlich ist die Lustlosigkeit bei vielen auf ihre Angst vor Aggressivität zurückzuführen. Meist stehen dahinter *noch nicht bewußte Schuldgefühle*. Sie machen das *Gros des Widerstandes gegen Zwiegespräche* aus. Franz: «Ich habe keine Lust, in diese Inquisition zu gehen.» Hinter solchen Vorstellungen stehen starke Strafbedürfnisse, also Schuldgefühle. Auf alle Fälle konstelliere ich meinen mich tatsächlich strafenden oder von mir nur als strafend erlebten Partner mit. Gerade diese gärenden Schuldgefühle vergiften aber untergründig eine Beziehung und die eigene Lebenslust am stärksten. Nicht umsonst hat die Kirche der Beichte so viel Bedeutung beigemessen. Jenseits ihrer tieferen, religiösen Bedeutung ist sie die gewaltigste Tat für die seelische Gesundheit der Gläubigen.

Auf die Vielschichtigkeit der Schuldgefühle bin ich bereits eingegangen (siehe Seite 138 ff). Die tiefste – das heißt lebensgeschichtlich früheste und damit bedeutendste – Schicht ist das Dilemma der unvollendeten seelischen Geburt: Wir empfinden dumpf, kein Recht darauf zu haben, so zu handeln und zu sein, wie wir sind. So betrachtet ist die *Lustlosigkeit und Weigerung, Zwiegespräche zu führen, gleichzusetzen mit der unbewußten Auflage, sich eigenes Leben nicht zu gestatten.*

Die beiden Hauptwiderstände sollte jedes Paar kennen, um gegen sie besser gefeit zu sein: *«Ausfallenlassen» ist der erste, «die Grundordnung Verändern» ist der zweite Hauptwiderstand.* Selbstverständlich kommen sie nicht nackt und ungeschminkt daher. Sie kleiden sich vielmehr in Argumente. Gründe gibt's wie Sand am Meer: Sie sind nicht aufzulisten, weil gegebenenfalls alles herbeigezogen wird, um sich die Angst vor dem eigenen, unakzeptierten Selbst vom Leibe zu halten. Denn nicht die Furcht vor dem Partner, sondern die Angst vor sich selbst ist der Klartext des Widerstandes. Peter: «Ich bin in Gesellschaft ein guter Unterhalter – das sagen mir alle –, aber mit ihr fällt es mir so schwer zu reden, daß ich kaum ein Wort rausbringe.» Peter fand des Rätsels Lösung: ihr gegenüber ging es um «Persönliches» – und da baut sich eine innere Barriere auf. In Zwiegesprächen schmilzt sie nach und nach dahin. Mehr Männer als Frauen müssen gefühlsnahes Sprechen erst lernen. Wer aber aus dieser Scheu Zwiegespräche von vornherein ablehnt, konserviert seine Sprachlosigkeit.

Das Agieren mit dem Arrangement, der zweite Hauptwiderstand, betrifft so gut wie alle Elemente der Zwiegespräche: zu lang, zu kurz, zu unregelmäßig, als Monologe, als Vorwurfskanonaden, in der Kneipe, im Auto, überredet statt vereinbart und so fort. Jedes Paar entdeckt seine stets gemeinsam bewirkte Abwehr hinterher relativ leicht von selbst – wenn nämlich der Angstpegel gesunken ist.

Den beiden genannten Hauptwiderstandsformen kann von einem aufmerksamen Paar gut entgegengewirkt werden, weil sie leicht zu erkennen sind. Es gibt eine Fülle weiterer gemeinsamer Widerstände – beispielsweise *über etwas* zu reden statt *von sich*, ständige Vorwürfe, gleichbleibende Freundlichkeit (Wegstecken aggressiver Gefühle), Aussparen der Erotik, Langeweile, Flucht in Verallgemeinerungen und so fort. Jedes Paar ist selbst auch eine Abwehrorganisation. Es vermeidet zunächst seine stärksten Angstfelder. Der Widerstand ist kein Anlaß, sich oder dem anderen Vorwürfe zu machen. Er zeigt eine noch nicht bewußte Angst an; er kann als Wegweiser genutzt werden. Mit ihm dosiert jedes Paar seinen optimalen Angstpegel – unbewußt, von selbst. Erfahrungsgemäß führt ein offenes, reflektierendes Gespräch nach und nach dazu, bisher verdrängte Empfindungen zuzulassen. Das Paar wird angst- und konfliktfähiger. Es gewinnt an Lebendigkeit.

Anna und Matthias haben zum Abschluß eine Bewertung des Zwiegespräches eingeführt, eine Art Resümee. Das kann, wer Lust hat, erweitern auf eine Betrachtung jener Verhaltensweisen, in denen er seinen typischen Widerstand in diesem Gespräch zu erkennen meint. Wo habe ich mich gedrückt? Wie habe ich mich verhalten, um Wesentliches auszusparen? Habe ich das Empfinden, bei mir geblieben zu sein? Wann erlebte ich einen Übergriff von dir und von mir? – das wären einige Fragen für die letzte Viertelstunde einer «*deskriptiven (beschreibenden) Widerstandsbearbeitung*». Sie ist mit Erfolg bei professionellen Psychotherapien angewandt worden [1] und hilft, sich des inneren Gegenspiels ständig bewußt zu bleiben.

Im übrigen läßt sich eines vorhersagen: die Art der bevorzugten Abwehrformen wird lebenslang beibehalten. Alles

---

[1] Sie bezieht sich nur auf unerwünschte und bewußte Anteile des Widerstandes, nicht auf den weitgehend unbewußt wirkenden Gesamtwiderstand, vgl. Gerhard Zacharias, Zum Begriff des Widerstandes und über die Methode der deskriptiven Widerstandsbearbeitung, Zeitschrift f. Psychotherapie und Medizinische Psychologie 17, 1967, 1, S. 27 ff

andere, haben intensive Längsschnittstudien ergeben, bleibt unvorhersehbar.[1] Betrachtet ein Paar seine konkreten Widerstandsformen[2], kann jeder seine typische Weise, mit Angst umzugehen, kennenlernen – ein besonderer Gewinn fürs Leben.

Selbstkontrolle gegen das Scheitern

Praktische Bedeutung hat die Kenntnis der Hauptwiderstände für die *Selbstkontrolle gegen ein Scheitern*. Mißlingen Zwiegespräche, liegt es daran, daß ein Bestandteil der Grundordnung unbeachtet blieb. Höre ich von scheiternden Zwiegesprächen, so bearbeite ich zuerst die sechs häufigsten Fehler, deren sich das Paar oft gar nicht bewußt war:

1. *Haben die Zwiegespräche regelmäßig einmal in der Woche stattgefunden* (oder ersatzweise gebündelt mit einer Anzahl von Zwiegesprächen, die den vergangenen Wochen entspricht)?
   Wenn nicht, ist der «unbewußte rote Faden» gerissen.

2. *Gingen sie über anderthalb oder zwei Stunden?*
   Waren sie zu kurz, blieben sie zu oberflächlich, brachten nichts und enttäuschten. Waren sie zu lang, hat sich das Paar überfordert.

3. *Ist jeder bei sich geblieben, erkannten beide die Formen ihres Kolonialisierens?*

---

1 Vgl. George E. Vaillant, Werdegänge. Erkenntnisse der Lebenslaufforschung, Reinbek (Rowohlt) 1980
2 Vgl. Anna Freud, Das Ich und die Abwehrmechanismen, München (Kindler) 1964. Stavros Mentzos, Interpersonale und institutionalisierte Abwehr, Frankfurt (Suhrkamp) 1976, 1988

Häufig agieren Paare ihre unbewußten Schuldgefühle in einem «Streitgespräch zum festen Termin» aus; sie entwickeln die Abwehrform der «Beziehungskiste», in der jeder seinen inneren Schwerpunkt in den anderen verlagert hat.

4. *Blieben die Gespräche ungestört durch äußere Einflüsse?*
Jede Ablenkung, ja sogar nur die Erwartung einer Störung, behindert die unbewußte Wahrnehmung und die Konzentration. Dadurch geht viel Austausch verloren: beim Spaziergang übers Feld, beim Autofahren, durch Telefonanrufe.

5. *Hat sich jeder von beiden für die Zwiegespräche entschieden, haben sie gemeinsam diesen Termin vereinbart?*
Es ist erstaunlich, wie viele Partner auf Wünsche des anderen eingehen, ohne es zu wollen. Wer Zwiegespräche «für den anderen mitmacht», ist sich noch nicht des unbewußten Zusammenspiels mit ihm bewußt.

6. *Ist die Sprechzeit – über mehrere Zwiegespräche hin gesehen – ungefähr gleich verteilt?*
Im Schweigenden sammelt sich oft das, was aus der Beziehung herausgehalten werden soll. Sein Wort ist wesentlich. Viele Paare bestehen aus einem, der viel und leicht redet, und einem, dem zu sprechen schwerfällt. Beide sollten dafür sorgen, daß jeder gleich viel Zeit erhält – und sei es, indem der fließend Sprechende einfach schweigt. Manche Paare brauchen lang, bis sich das Ungleichgewicht ausbalanciert hat. Auf keinen Fall sollte die Asymmetrie dazu führen, daß sich die Polarisierung verfestigt.

Zwiegespräche
verbessern sich selbst

«Das Ideal der Harmonie auf der Basis nonverbaler
Kommunikation erweist sich in unseren Untersuchungen
eher als ein großes – nonverbales – Mißverständnis»

Hans W. Jürgens [1]

Unsere Erfahrung ist zuverlässig: sie fällt nicht hinter sich zurück. Zwiegespräche entwickeln bessere Zwiegespräche. Diese *Selbstoptimierung* [2] ist ein guter Trost nach einem miserablen Zwiegespräch. Denn auch dann trifft sie zu. Wir können nicht nicht erfahren. Was wir erreicht haben, stärkt unser Bedürfnis nach Zwiegesprächen. Christine nach drei Jahren: «Im Gegensatz zu den Anfangszeiten bin ich viel motivierter zu Zwiegesprächen.» Diesen Erfahrungsprozeß kann jedes Paar anregen, wenn es einige Gespräche auf Tonband aufnimmt und gelegentlich abhört. Viele sind verblüfft über sich und ihr Verhalten. Sie gewinnen ein neues Selbstbild, wenn sie sich auf diese Weise von außen betrachten können. Die größere Distanz zum Geschehen läßt oft sofort erkennen, was sonst nur mit Mühe deutlich wird.

Zwiegespräche wirken über sich hinaus: auch die anderen Gespräche werden wesentlicher, offener. So verbessern sie langsam die ganze Beziehung und auch die Gespräche und Beziehungen zu anderen Menschen, etwa zu Kindern, Eltern, Freunden, Arbeitskollegen. Mit ihnen kann man übrigens ebenfalls Zwiegespräche führen.

1 Bevölkerungswissenschaftler, briefliche Mitteilung, vgl. Seite 16 und 26
2 Vgl. dazu Michael Lukas Moeller, Zum therapeutischen Prozeß in Selbsthilfegruppen, Gruppenpsychotherapie und Gruppendynamik, Band 12, Heft 1/2, Mai 1977, S. 141 ff

Aller Anfang ist schwer

Zu Anfang fühlen sich Paare verständlicherweise unsicher, weil ihnen die eigene Erfahrung noch fehlt. Diese Orientierungslosigkeit schwindet in den ersten zehn Gesprächen, der Bildungsphase der Zwiegespräche. Die Gespräche gelingen nicht sofort. Man sollte es gelassen hinnehmen. Es ändert sich bald, wenn beide den wenigen Empfehlungen folgen und sich Fehler gönnen – beispielsweise in Form der zweiunddreißig wissenschaftlich nachgewiesenen Kommunikationsabweichungen, in denen es «einem Zuhörer unmöglich ist, sich aus den Worten des Sprechers ein konkretes visuelles Bild oder eine konkrete Vorstellung zu machen»[1]. Wer gezielt üben möchte und sich dadurch nicht zu sehr von sich abgelenkt fühlt, versuche es mit einem der Angebote zur Verbesserung der Paarkommunikation.[2] Im sog. «kontrollierten Dialog»[3] kann jeder die leidvolle Erfahrung machen, daß wir in einem Zweiergespräch nur etwa ein Drittel (35 %) dessen, was wir mitteilen, so vermitteln können, daß der Partner das darunter versteht, was wir meinen.

Es gibt für Anfänger oder Fortgeschrittene einen Paarspiegel, der mich und andere faszinierte: *das partnerprofil*. Die eingangs erwähnte Forschergruppe um H. W. Jürgens bietet einen Vergleich jedes einzelnen Paares mit dem durchschnitt-

1 Lyman Wynne, Die Epigenese von Beziehungssystemen: ein Modell zum Verständnis familiärer Entwicklung. Familiendynamik, 10. Jahrgang, Heft 2, April 1985, S. 127.
2 beispielsweise Jerry Berlin, Das offene Gespräch. Paare lernen Kommunikation, München (Pfeiffer) 1975
3 siehe Klaus Antons, Praxis der Gruppendynamik. Übungen und Techniken, Göttingen (Hogrefe) 1976, Anleitung Seite 87–89, «eine der durchschlagendsten Übungen überhaupt» (K. Antons)

lichen Profil bundesdeutscher Paare an[1]. Man erhält einen Fragebogen für «Sie» und «Ihn» zugesandt, den das Paar ausfüllt und wieder zurücksendet. Nach zwei bis drei Wochen folgt die Auswertung in einer kleinen Broschüre. Ich möchte hier nicht mehr verraten, als daß der Grad wechselseitiger Ergänzung in sieben Lebensbereichen dargelegt wird. Dieser Befund ist eine hervorragende Grundlage für die Gespräche und die Selbstentwicklung des Paares. Das *partnerprofil* bietet dem Paar einen möglichen Zugang zu sich selbst. Vielleicht lindert es die Anfangsschwierigkeiten: Man kann *über etwas* sprechen und ist es doch selbst.

Was unterscheidet Zwiegespräche von anderen wesentlichen Gesprächen?

Die Anfangsirritation ist aber noch aus einem ganz anderen Grund interessant. Sie widerspricht nämlich dem häufig auftretenden Empfinden, man führe doch Zwiegespräche schon immer. In diesem Falle wäre aber keine Unsicherheit zu erwarten. Mir scheint die Phantasie, Zwiegespräche kenne man, eine Schutzvorstellung zu sein. Sie macht das Unbekannte zu etwas Bekanntem, sie sorgt für Vertrautheit. Oft drängt sie sich in den Vordergrund, wenn ich beispielsweise in Seminaren über Zwiegespräche berichte. Nach dem konkreten Erlebnis der ersten Zwiegespräche ist sie völlig verschwunden.

[1] Gegen Einsendung von 50,–DM an partnerprofil Demos e.V. Hegelstr. 20, Postfach 1872, 2300 Kiel. Einen Einblick bietet ein Bericht im «Stern», Nr. 20, 9.5.1985, von Barbara Brauda «Ein TÜV für die Liebe. Was Männer und Frauen für ihre Partnerschaft tun können», S. 32–39

CHRISTINE: Jetzt merke ich, daß wir eine bestimmte Zeit und einen bestimmten Raum brauchen. Allerdings kenne ich auch den Unterschied zwischen Zwiegespräch und anderen wesentlichen Gesprächen. Der war mir früher ganz unklar.

Was also ist der Unterschied zwischen Zwiegesprächen und anderen wesentlichen Gesprächen zu zweit?[1]

Die *feste Umgrenzung* und die *gemeinsame Bindung an sie* nannte ich schon als eine Art Faustformel für den Hauptunterschied. Die Partner warten nicht einfach auf irgendeine daherkommende Stimmung, die gesprächsgünstig ist, sondern nehmen sie sich wirklich vor.

Im einzelnen sind für mich bedeutsame Unterschiede zu anderen wesentlichen Gesprächen mit Partnern oder Freunden die folgenden Momente:

1. Wir wiederholen sie regelmäßig: Unbegrenztheit

ANDREAS: Was mir auch sehr wichtig ist: wenn ein Zwiegespräch zu Ende ist, hab ich die Sicherheit, daß es das nächste Mal weitergeht.

CHRISTINE: Genau, das ist noch ein Unterschied zu anderen wesentlichen Gesprächen. Egal, was im Zwiegespräch passiert, ob ich dich verletze oder selber verletzt werde, ob ich wütend oder gekränkt bin, ich weiß, daß das irgendwann aufgelöst wird. Es bleibt nichts stecken oder stehen.

---

1 Die Zitate beziehen sich manchmal auf Tonbandprotokolle, die sonst nicht in den Text übernommen wurden.

2. Wir vereinbaren sie gemeinsam:
Entschlossenheit

ANDREAS: Das Zwiegespräch ist auch ein schützender Raum.
CHRISTINE: Es erlaubt, sich so zu zeigen, wie man ist.

*

ANDREAS: Es ist im Grunde die Einstellung: Zwei wollen wirklich etwas verstehen und versuchen, hinter die Fassade zu gucken.

*

M. L. M.: Der *feste Platz*, auf den sich das gemeinsame Unbewußte einlassen kann, ist von großem Vorteil für die Entwicklungspotenz der Zwiegespräche. Vor allem aber ist es nötig, klar zu wissen: das ist jetzt unser Zwiegespräch. Denn damit verhalten wir uns seelisch verbindlich und nicht unentschlossen.

3. Wir begrenzen sie in ihrer Dauer:
Überlastungsschutz

BETTINA: Jedenfalls hab ich gemerkt – dieses erste Zwiegespräch ging so stark rein, ich hab es so durchlitten, es war ungeheuer. Nachher dachte ich, das hältst du nicht jede Woche aus.

*

CHRISTINE: Eine starke Erinnerung ist das Gefühl, nach einem Zwiegespräch erschöpft und ausgelaugt zu sein und doch ganz in mir zu ruhen. Sehr merkwürdig. Es klingt paradox. Aber es zieht mich mächtig an.

4. Wir haben ein erklärtes Ziel:
Verbindlichkeit

ANDREAS: Unser Frühstück finde ich nun wirklich schön. Aber im Unterschied zum Zwiegespräch entgeht mir viel von dir. Im Zwiegespräch widme ich mich dir, mir und unserer Beziehung viel klarer.

*

CHRISTINE: Man ordnet nicht so viel weg. Es ist aber auch ein Gespräch, das nicht so an Themen gebunden ist. Das ist ein Unterschied zu wesentlichen Frühstücksgesprächen zum Beispiel.

*

ROBERT: Wenn ich mit guten Freunden rede, ist der Austausch nicht in dieser großen, radikalen Offenheit da. Ich nehme zum Beispiel doch auf deren Eigenarten Rücksicht. Ich traue mich auch nicht zu einer so intensiven Auseinandersetzung, weil oft die Zeit einfach fehlt. Wenn ich sonst mit Katrin Wesentliches rede, dann merke ich, daß die Zwiegespräche eine ganz andere Qualität haben. Ich lasse mich stärker ein und bin auch viel gelöster.

*

CHRISTINE: Ich habe das Gefühl, daß ich diesen Raum in mir selbst schaffe. Er ist weiter und geht tiefer hinunter.
Ich traue mich plötzlich auch Seiten von mir zu zeigen, die ich häßlich finde. Ich habe gespürt, daß du sie verstehst, weil du sie da eher annimmst. Also: ich fühle mich im Zwiegespräch eher angenommen. Das finde ich wesentlich.

*

CHRISTINE: Wenn ich mich sonst offen zeige, schäme ich mich und lache dann. Im Zwiegespräch kann ich mich ausziehen und mich schämen, ohne lachen zu müssen.

*

CHRISTINE: Die Art und Weise der Beziehung ist im Zwiegespräch genauso offen, aufeinander bezogen und durchlässig wie beim Liebemachen.

5. Wir führen sie ungestört: Konzentration

ROBERT: Im übrigen haben wir – mit all den Kindern – sonst keine so ungestörte Zeit.

*

ANDREAS: Wo finden wir denn auch sonst im Alltag diese ungestörte Konzentration füreinander?
Für mich ist die frei dahinfließende Aufmerksamkeit auch entscheidend. Sie richtet sich nicht nur auf die Worte, sondern auf alles. Ich habe dich ja oft ganz anders wahrgenommen, durchmischt beinahe mit Traumbildern, fällt mir jetzt ein. Ich bin viel geöffneter für die Phantasien, die in mir ablaufen.

CHRISTINE: Ja, du nimmst Seiten vom anderen wahr, die du normalerweise nur am Rande bemerkst.

ANDREAS: ...die man im Alltag mehr oder weniger in den Hintergrund drängt.

*

CHRISTINE: Ein weiterer Unterschied liegt für mich auch darin, daß ich mir sonst deiner Aufmerksamkeit nicht so sicher bin. Ich kann dann in diese Tiefe nicht eintauchen.

*

CHRISTINE: Zwiegespräche sind für mich ein besonderer Raum zu zweit. Sie sind ganz anders als andere wesentliche Gespräche, die wir ja auch führen.

Wenn es losgeht, ist plötzlich eine innere Stille da, eine Aufmerksamkeit auf etwas, was noch gar nicht da ist, was sich erst zeigen wird...

ANDREAS: ...als wenn ein Engel durch den Raum geht, so sagt man doch manchmal.

6. Wir folgen den Einsichten: Beziehungsvorbild

EIN ZUHÖRER: Wie klappt es mit den drei Empfehlungen: Keine Fragen, keine Ratschläge, jeder über sich?

GERD: Darauf müssen wir uns immer wieder aufmerksam machen. Wenn man sie nicht klar vor Augen hat, fällt man sehr schnell in die Beziehungskiste. Dann fängt man wieder an, «du hast, du hast», bis man selbst merkt: Aha, du bist wieder auf dem falschen Weg, und sich korrigiert. Das muß man sich also immer wieder bewußt machen.

*

WOLFGANG: Ich habe glatt ihr den Vorwurf gemacht, der eigentlich an mich geht. Das war faszinierend zu sehen. Dabei ist mir klargeworden, daß dieses Setting auch seinen Sinn hat. Es ist sehr gut überlegt. Mir ist viel dabei aufgegangen.

*

CHRISTIAN: Wir hatten unsere Gefühle der Woche noch einmal reflektiert – etwa eine dreiviertel Stunde lang –, dann wurden wir unglaublich albern und haben mit Absicht alle Regeln gebrochen. Wir haben uns angemotzt, wir haben

uns nach Strich und Faden kolonialisiert und uns kaputtgelacht. Wir haben uns die blödesten Fragen gestellt. Es war
super!

*

HELGA: Wenn aber jemand fragt, dann fühlt man sich unter
Druck gesetzt, etwas mehr zu erzählen. Dann wird alles kanalisiert.

CHRISTIAN: Meine Fragen sind aber, ehrlich gesagt, bohrend:
Ich will einfach etwas wissen. Manchmal kaschiere ich sie
als Verständnisfragen – «Das verstehe ich jetzt nicht, wie
meinst du das?» –, aber ich will was wissen. Deswegen bin
ich so überzeugt von der Empfehlung «Keine Fragen».
Helga würde auf ganz andere Sachen eingehen, wenn ich
nicht fragte.

*

HELGA: Mir ist gerade noch etwas eingefallen: daß ich nämlich viel mehr über mich nachdenke, seit wir Zwiegespräche führen. Ich meine damit: über unsere Beziehung denke
ich nicht mehr und nicht weniger nach, über mich selbst
sehr viel mehr. Ich male ständig an meinem Selbstporträt.

Wodurch wirken Zwiegespräche?

«Der wirksamste Faktor bei einer Veränderung ist die Ich-Einübung im Handeln und nicht die Einsicht einer Deutung in Worten, – vielmehr also die andauernde korrigierende Interaktion mit anderen.»

S. H. Foulkes[1]

«Es ist ständig ein übendes und lernendes Erleben, ohne daß man es merkt.» Katrins Bemerkung trifft ins Schwarze. Wir müssen nicht wissen, wie es geschieht. Neun Zehntel der Zwiegespräche einschließlich ihrer Selbstregulation vollziehen sich unbewußt. Insofern spricht Friedrich Nietzsche mit seinem Gedicht Wahres an[2]:

Zwiegespräch

A. War ich krank? Bin ich genesen?
   Und wer ist mein Arzt gewesen?
   Wie vergaß ich alles das!
B. Jetzt erst glaub ich dich genesen:
   Denn gesund ist, wer vergaß.

Nehmen wir an, daß Nietzsche mit dem Vergessen nicht Verdrängung gemeint hat. Dann ist es das Zeichen eines gegenwärtigen, unbehelligten Lebens.

Um jedoch die Zwiegespräche nicht wie die Psychotherapie zu einer Variante von Geheimwissenschaft werden zu lassen,

---

1 Psychoanalytiker und Gruppenanalytiker – Group Analysis, Vol VIII, London 1975, S. 62
2 Friedrich Nietzsche, Werke in drei Bänden (Hg. Karl Schlechta), Band II, Die fröhliche Wissenschaft, Scherz, List und Rache, München (Hanser) 1956, S. 17f

möchte ich den einfachen Schlüssel zur Vielfalt der Wirkungen noch einmal hervorheben: Alle Wirkungen beruhen auf nichts anderem als dem Geschehen in Zwiegesprächen. Es ist vor allem die für sich selbst tätige Beziehung. Sie ist sich selbst zugewandt und stärkt sich dadurch. Sie versucht sich einzufühlen und gewinnt nach und nach an Einfühlung. Sie beobachtet sich – absichtlich oder unwillkürlich – und läßt eine Beziehung zur Beziehung wachsen. Sie redet und lernt reden. Sie teilt Empfindungen mit und kommt mit der Zeit an die eigenen Gefühle heran. Die Beziehung möchte sich klarwerden über sich selbst und klärt, ob sie sich will oder nicht. Was beide tun, lernen beide. Auch wenn es Schweigen ist. Jeder kann versuchen, sich selbst zu besinnen, was seines Erachtens in Zwiegesprächen geschieht. Das bedingt langfristig die Wirkungen.

Es gibt somit auch ungünstige Wirkungen, wenn man sich ungünstig verhält. Entscheidend ist nicht das Reden, sondern die Qualität des Redens. Im Zeitalter der narzißtischen Schäden, die uns alle betreffen, ist eine Form des fruchtlosen Redens häufig, die den Namen «verbales Agieren» verdient. Es geht dann gar nicht ums Mitteilen, sondern in der Regel um den Versuch, mit aktivem Reden ein innerlich erlebtes ohnmächtiges Ausgeliefertsein zu bewältigen. Oft paart sich das mit aggressiven Attacken. Meist ist es beidseitig. Dann ist der Wortkrieg so lange unvermeidlich, bis beide langsam, aber sicher an der Unfruchtbarkeit des Gesprächs leiden und sich eher zu ändern wünschen.

Es gibt auch eine Einfühlungsgier, die mit dem Wunsch, das Leben des anderen mitzuerleben, nicht viel zu tun hat. Wenn Frauen zu sehr lieben [1], geschieht es aus Zuwendungssucht, um eigene ungestillte emotionale Bedürfnisse ersatzweise über

---

1 Robin Norwood, Wenn Frauen zu sehr lieben. Die heimliche Sucht, gebraucht zu werden, Reinbek (Rowohlt) 1986

den anderen zu befriedigen. Die Lage ist leicht daran zu erkennen, daß man Zwiegespräche eher für den Partner und weniger für sich aufnimmt: um den anderen durch «Liebe» zum Besseren zu bekehren. Der eigene Überlegenheitswunsch und die eigene Leidensbereitschaft wirken dabei Hand in Hand.

Martin Buber machte auf «monologische Dialoge» aufmerksam, in denen zwei Partner nur noch sich selbst hören und in den Vordergrund stellen.[1]

Das wesentliche, wirklich dialogische, das heißt aufeinander bezogene Gespräch und das monologische Zwiegespräch wirken trotz äußerer Gleichheit ganz unterschiedlich. Es gibt noch eine dritte Form: das technische, organisierende Gespräch. In ihm weicht das Paar auf alle Angelegenheiten aus, die zu erledigen sind. Es kommt nicht auf sich selbst zu sprechen. Beruf, Alltag, Ferien und Einkauf werden verwaltet. Es ist die häufigste Abwehrform, wenn es um Beziehungsprobleme geht. Man lernt dann Dinge regeln. Mehr nicht. Immerhin: das ist auch nicht wenig.

Einen entscheidenden Einfluß auf die Qualität des Miteinanderredens hat die Grundordnung des Zwiegesprächs. Sie konzentriert beide aufeinander. Allein deswegen ist sie in dem üblichen hektischen Alltag unschätzbar. Sie erschwert unauffälliges Ausweichen, was sonst bei Gesprächen leicht gelingt oder unversehens geschieht. Sie sorgt für die alles bewirkende Kontinuität. Sie enthält einige fundamentale Erfahrungswerte der Beziehung. Wir kennen sie alle und beachten sie nicht.

1 Martin Buber, Zwiesprache, in: ders., Das dialogische Prinzip, Heidelberg (Lambert Schneider) 1979, S. 182

Zwiegespräche enthalten
die Gestalt der genügend guten Mutter

> «Sie hat das Geheimnis der Welt erfahren, nicht durch
> Erkenntnis, sondern durch Sein, die einzige Art, etwas
> wirklich zu erkennen.»
>
> *Evelyn Underhill*[1]

Was macht denn nun die Einheit der fünf Einsichten aus? Welche lebendige Gestalt verbirgt sich in der Grundordnung?

Sie ist im Kontrast zur üblichen konflikthaften und defekten Beziehung, an der wir leiden, eine Art konkreter Utopie: die Wirklichkeit der guten Beziehung. Sollten wir auch schwerer geschädigt sein im Zeitalter der narzißtischen Störungen, so tragen wir doch wenigstens Bruchstücke gut erlebter Beziehungen in uns. Die Psychoanalyse spricht von den guten «inneren Objekten», den lebensvollen Beziehungen, die wir schon in früher Kindheit verinnerlichten. Diese guten Erlebnisse sind unser innerer Maßstab. Sie versagen nur sehr selten. Es ist eine Form des inneren Paradieses. Anders könnten wir uns nicht danach sehnen.

Die Urgestalt hat auch einen Namen: *die genügend gute Mutter*.[2] Alle Beziehungsqualitäten der Zwiegespräche kann man in dieser Mutter wiederfinden. Ihr gelingt es noch, zum Leben zu verführen. Und zwar dadurch, daß sie selbst lebt und ihre Kinder leben läßt. Das ist schwer geworden in einer Zeit, in der die Katastrophen der Umwelt und Lebenswelt zu übermenschlichen und unmenschlichen Belastungen

---

1 Evelyn Underhill, Mystik. Entwicklung des religiösen Bewußtseins im Menschen, Bietigheim (Turm) 1928 (Nachdruck), S. 444
2 «Good enough mother» vgl. D. W. Winnicott, Primäre Mütterlichkeit, in: ders., Von der Kinderheilkunde zur Psychoanalyse, Frankfurt (Fischer Taschenbuch) 1958, deutsch 1983, S. 157 ff

herangewachsen sind. Welche Mutter kann in einer siebenfachen Überlastung noch einfühlsam sein, und wie soll ein Mann in einer vaterlosen Gesellschaft Vater werden?[1] Wenn das Gegenbild der genügend guten Mutter, die uneinfühlsame Mutter, der Kern der heutigen seelischen Störungen und unser aller Lebensbehinderungen geworden ist, so ist der Kern dieser unzulänglichen Mutter unser zerstörerischer Umgang mit der Natur in uns und um uns über viele Generationen hinweg.

Wir müssen also doppelt ansetzen, nicht nur draußen, auch bei uns selbst. Der erste Schritt zu einer wirklichen Veränderung beginnt bei uns selbst. Die Arbeit an der eigenen Beziehung geht immer über das persönliche Glück hinaus. Es ist eine Arbeit an einer besseren Beziehungskultur. Sie ist damit gleichzeitig politische wie persönliche Arbeit. Mit den Zwiegesprächen ist jedem Paar die Chance gegeben, die eigene Entwicklung zu fördern und zu begreifen, daß ein Dahinsinken der Beziehung kein unvermeidliches Schicksal ist. Ich glaube, daß jedes Paar die Kräfte der guten Mutter in Zwiegesprächen gleichsam wiedererwecken kann. Das erfordert allerdings seelische Arbeit. Und dazu haben manche einfach keine Lust. Sie schmoren lieber im eigenen Saft.

Ich habe die Theorie der Zwiegespräche nur selten gestreift. Einiges aber ist hilfreich zu wissen: *Nur diese Aktualisierung der guten Beziehung versetzt ein Paar in die Lage, belastende Momente auf sich zu nehmen.*[2] Der «Geist» der Zwiegespräche – die Grundordnung und die Einsichten – sind eine ge-

1 M. L. Moeller, Das Schweigen des Vaters im Körper der Mutter, in: ders., Die Liebe ist das Kind der Freiheit, Reinbek (Rowohlt) 1986, S. 187–201
2 Vgl. dazu Peter Fürstenau, Praxeologische Grundlagen der Psychoanalyse, in: Handbuch der Psychologie, 8. Band: Klinische Psychologie, 1. Teilband, Göttingen (Hogrefe) 1976, S. 847 ff

wisse Garantie für eine freiere Entwicklung, das heißt für wirksame seelische Arbeit.

Denn wir brauchen die Sicherheit einer genügend guten Beziehung, ehe wir sie mit angstbeladenen Erlebnissen, Enttäuschungen und mit Zorn zu belasten wagen. Das Kreuz heutiger Paare besteht in der wechselseitigen Übertragung der negativen Mutterfigur. Dies geschieht, wenn Paare langfristig oder intensiv zusammen sind. Eine Liebesaffäre bleibt zunächst davon verschont. Gerade zwei, die sich über längere Zeit viel bedeuten, kommen aber um diese wiederbelebte Hölle selten herum. Wenn es schlimm kommt, wird das feste Paar selbst zum Symbol der einschnürenden, enttäuschenden, lebensbehindernden, nicht loslassenden Mutter.[1]

Der dann erstrebte Beziehungswechsel bringt zwar immer etwas Neues. An der Übertragung der enttäuschenden Mutter aber wird er schließlich auch nicht vorbeiführen. Natürlich ist diese Dynamik nicht zufällig. Sie ist ein Selbsthilfeversuch, das heißt ein Selbstentwicklungsschritt. Sie gründet in unserer ununterbrochenen Tätigkeit an uns selbst: *Wir können nicht nicht aktiv sein, solange wir leben.* Was passiv scheint, dient nur anderen Zielen. Menschen versuchen die in ihnen rumorenden Probleme bei anderen Gelegenheiten und Kräfteverhältnissen in stets neuer Hoffnung zu lösen. Eine Paarkrise ist fast immer eine Befreiungsaktion. Wir wollen alle ins Paradies. So sind in einer Beziehung, die sich entwickelt, schwierige Phasen oft ein Fortschritt, obwohl sie wie ein Rückschritt scheinen. Das Paar riskiert nun, unerledigte Probleme aufzuarbeiten. Sein dunkler Rauch ist das Zeichen des Feuers.

---

1 Vgl. dazu etwa Jean G. Lemaire, Das Leben als Paar, Olten und Freiburg im Breisgau (Walter) 1980, S. 209: «Dieselbe Gefahr, die früher von der übermächtigen Mutter ausging, droht nun von seiten der Paar-Gruppe. Und offenbar richtet sich die Abwehr gegen den Partner als den sichtbaren Vertreter der Paar-Gruppe» (= des Paares)

Neun Namen der Zwiegespräche

«Das Zwie ist die Kirche im Dorf»
Ein Zwiegesprächler

Im Laufe der Jahre versuchten viele, das Wesen der Zwiegespräche bildhaft zu beschreiben. Einige Bezeichnungen habe ich schon erwähnt. Die wesentlichen Anschauungen ergeben eine vielseitige Definition. Da in Bildern auch gefühlsnahe Momente eingefangen sind, scheinen mir solche Namen umfassender, lebensgerechter und genauer als eine rationale Begriffsklärung.

1.
Austausch von Selbstporträts

Zwiegespräche gründen auf freier Selbstdarstellung. Diese wurde erstmals durch die Psychoanalyse als seelisches Heilmittel in die sonst verordnende Medizin eingeführt.[1] Sie wirkt, weil sie die Entwicklung fördert. Die Verwandtschaft des Zwiegesprächs mit der professionellen Dualunion der psychoanalytischen Therapie ist unverkennbar und nicht zufällig. Weil Zwiegespräche den augenblicklichen Zustand der Beziehung wiedergeben, der im Alltag oft gar nicht gegenwärtig wird, gelten sie als *Seelenspiegel des Paares*.

Alles wird klar, weil jeder aufs Durchleuchten verzichtet. So werden wir auf offene Weise durchsichtig. Die bewußte Beziehung gleicht sich der unbewußten an, die schon alles weiß.

Jeder nimmt am Leben und Werden des anderen teil. Da-

---

1 Alfred Lorenzer, Intimität und soziales Leid, Frankfurt (Fischer) 1984

durch wird das Zwiegespräch zum *besonderen affektiven Ort*.[1] Allein seine seelische Bedeutung macht das Zwiegespräch zu einer «Energiezentrale»: «Hafen», «Kriegsschauplatz», «Knotenpunkt», «Zauberland», «Schaltzentrum», «Magnetfeld», «Bodenstation», «Garten», «Mikroskop» des Paares. Oder – brüchig, weil der Dialog in diesem Bild ausgespart ist – «Television»: jeder könne ungestört sein Bild zeigen und erläutern.

Weil Zwiegespräche den doppelten Teufelskreis des Paares zu wechselseitiger Belebung umkehren, werden sie auch als *Selbstverstärkerkreis der Beziehung* angesehen: «Perestroika und Glasnost der Beziehung».

1 Siegfried Bernfeld, Der soziale Ort und seine Bedeutung für Neurose, Verwahrlosung und Pädagogik, in: ders., Antiautoritäre Erziehung und Psychoanalyse, Band 1, Darmstadt (März) 1969, S. 198 ff

2.
Seelisches Aphrodisiakum

«Sei genügsam bei Tisch und unersättlich in der Liebe»
Eine chinesische Kaiserin

«Der Mensch kann Erdbeben, Epidemien, fürchter-
liche Krankheit, jede Form geistiger Qual ertragen,
aber die entsetzlichste Tragödie, die sich für ihn abspie-
len kann, ist und bleibt die Tragödie im Schlafzimmer.»
Leo N. Tolstoi zu Maxim Gorki [1]

Da Zwiegespräche den zweiten Teufelskreis, der die Erotik
erlahmen läßt, umkehren, da sie seelische Irritationen beseitigen und die wechselseitige Einfühlung fördern, werden sie
zu einem starken Aphrodisiakum. Ihre gelungene Beziehungsform entspricht dem Zusammensein beim Liebemachen.

3.
Meditation zu zweit

Die ungestörte Konzentration auf sich und den anderen, die
Zweierklausur wirkt wie eine aufeinander bezogene «Medita-
tion»: «Paarbesinnung», «sprechendes Tagebuch zu zweit».
Andreas: «Die Bündelung der seelischen Energien finde ich im
Zwiegespräch einfach am besten.»

1 zitiert nach Irving Wallace, Amy Wallace, David Wallechinsky, Sylvia
Wallace, The Intimate Sex Lives of Famous People, deutsch: Rowohlts
indiskrete Liste, Reinbek (Rowohlt) 1986, S. 114

4.
Schule der Gefühle, Éducation sentimentale

Mit Überraschung erleben wir die andere Sichtweise des anderen. Zwiegespräche sind «Augenöffner», eine «Sehbildung», eine «Koedukation des Paares». Wir gehen mit ihnen in die «Schule der Gefühle». Diese Éducation sentimentale hebt eine vierfache Blindheit auf:
- die Blindheit für sich selbst – was ich verleugne und verdränge; welches Selbstpotential in mir steckt; meine Konflikte und Defekte; den Einfluß meiner Lebensgeschichte; die unbemerkten Enttäuschungen.
- die Blindheit für die Beziehung – daß ich die Abhängigkeit von meinem Beziehungsgeflecht leugne oder sehr unterschätze: von der Zweiermatrix; der Familiendynamik, die mich geprägt hat; dem Einfluß der Arbeitswelt.
- die Blindheit für die Bedingungen der Beziehung – daß sie so werden, wie die Verhältnisse, die wir für sie schaffen, sehen wir zu wenig; als Kind werden wir in eine Grundordnung geboren, jetzt müssen wir sie uns als *Eltern unserer selbst*» schaffen: für unsere Liebe, für unsere Kinder, für unsere eigene Gesundheit.
- die Blindheit für die ununterbrochene Entwicklung der Beziehung – die Hochzeit ist nicht die erste Verliebtheit; ein lebendiges Paar kann sich des nächsten Morgens nicht gewiß sein; «das einzig wirkliche an der Fotografie ist der Moment der Aufnahme»; das zehnte Zwiegespräch ist nicht das fünfzigste.

So sorgt die «Weiterbildung des Paares in eigener Sache», die «Eheschule», die «Koevolution»[1] auch dafür, daß die üblichsten Formen blinden Paar-Agierens abnehmen:

1 Jürg Willi, Koevolution. Die Kunst des gemeinsamen Wachsens, Reinbek (Rowohlt) 1985

- Jammern, weil die «Beziehung nicht klappt»;
- Bagatellisieren der Probleme, besonders, wenn sie den anderen betreffen;
- Mit-dem-Finger-auf-den-anderen-Zeigen, sich mit dreckigen Vorwürfen reinwaschen;
- anfallsweise Nothandeln – beispielsweise erst reden, wenn alles zu spät ist.

5.
Fenster zum gemeinsamen Unbewußten

Zwiegespräche werden von selbst ein Fenster zum gemeinsamen Unbewußten. Was in ihnen geschieht, ist nur zu einem Zehntel bewußt. Neun Zehntel des Geschehens wirken unbewußt. Der andere ist das Zehnfache dessen, was wir bei Bewußtsein von ihm erfahren. Auch unser bewußtes Selbstbild entspricht nur diesem winzigen Fragment. Wir entdecken – nicht immer entzückt – die Paarsymmetrie: Was mich bewegt, bewegt auch dich. Das Tun des einen ist das Tun des anderen. Das Symptom eines häßlichen Fußes wird in eine aggressive Beziehung verwandelt und damit entwicklungsfähig. Zusammenhänge werden gesehen, weil wir im Zusammenhang des Zweierlebens wahrnehmen. So wird Unbewußtes bewußt. Die Wahrheit beginnt zu zweit – wenn sie dort auch nicht endet. Zwiegespräche werden zu einem «Bewegungsspielraum für die Beziehung». Die Vertrauensbildung erlaubt gewagtere Explorationen. Sind wir fortgeschritten, ist der andere kein Bild mehr für uns, sondern unser Fenster.

6.
Werkstatt der Selbstentwicklung

«Ohne Du ist das Ich unmöglich».[1] Nur wenige begreifen, daß jedes Ich beziehungsgeboren ist. Zwiegespräche sind «Identitätswerkstätten»: Ich erblicke mich im andern, er spiegelt mich zurück. Unsere narzißtische Schädigung kann als Ergebnis eines Mangels an bestätigendem Spiegeln in der Kindheit angesehen werden. Zwiegespräche sind «nachholende Sozialisation». Der Partner «validiert meine Selbstdarstellung».[2] So verstehe ich, wer ich bin. Ich finde in mir selbst Geborgenheit. Stelle ich eine Frage nicht mehr nach außen, sondern dorthin, woher sie kommt, an mich selbst, erhalte ich eher eine Einsicht, die mir angemessen ist. Das Zwiegespräch, der «Platz ohne Flucht», wird zum «Ort der Selbstbeantwortung».

So erkenne ich mein «Bedürfnis nach jemandem, der Geborgenheit spendet».[3] Das ist mein Wunsch nach Abhängigkeit. Indem ich meine Abhängigkeit akzeptiere, werde ich autonom. Zwiegespräche werden das «Gebiet der autonomen Abhängigkeit». Für den «Urkonflikt zwischen Autonomie und Geborgenheit»[3] in mir selbst, zwischen Anlehnungsbedürfnis und Abenteuerlust, zwischen Bindung und Freiheit bieten sie einen Lösungsweg.

Im selben Moment «werden aus einer Zelle zwei». Sie sind für sich und doch zusammen, eigenständig und doch verbunden. *Zwiegespräche «ziehen die freundliche Grenze».* Sie min-

---

1 Friedrich Heinrich Jacobi, 1785, zitiert nach Martin Buber, Zur Geschichte des dialogischen Prinzips, in: ders., Das dialogische Prinzip, Heidelberg (Lambert Schneider) 1979, S. 301
2 Niklas Luhmann, Liebe als Passion, Frankfurt (Suhrkamp) 1982
3 Norbert Bischof, Das Rätsel Ödipus, München (Piper) 1986, S. 169

dern die verbreitete Angst vor Nähe[1], weil Distanz- und Nähe-
bedürfnis sich balancieren können. Diese Selbstverwirklichung hat einen unschätzbaren Vorzug: Sie ist nicht auf einen
beschränkt. Soweit sie eingeschliffene Stereotype auflöst – ein
durch Projektionen verkrustetes Partnerbild oder immerglei-
che Reaktionen beispielsweise –, trägt sie zum Abbau der «Pri-
vatbürokratie des Paares» bei.

7.
Ökologische Nische der Beziehung

In einer Gesellschaft, die der Beziehung und der Liebe schlechte
Bedingungen bietet, muß ein Paar gegensteuern und sich einen
Freiraum für die eigene Entwicklung schaffen. Das Zwiegespräch, der «Jour fixe für das Leben zu zweit», ist ein Akt der
Gegenplanung, ein «Paar-Reservat», ein «Naturschutzgebiet
für die Beziehung». Wir können nicht warten, bis bessere ge-
sellschaftliche Bedingungen entstanden sind, die das derzeitige
Paarsterben verhindern. Wir müssen sie für uns selber schaffen. Zwiegespräche sind eine «Politik des Paares», weil bessere
Beziehungen nicht nur dem Paar zugute kommen, sondern
auch den Kindern, das heißt den künftigen Generationen, wie
auch allen Menschen, mit denen wir zusammen sind. Unvermeidlich, obgleich nicht angestrebt, verbessern wir auch unsere Leistung am Arbeitsplatz. Bis zu einem gewissen Grad ist
heute jede funktionale Leistung von der in unseren Beziehungen gründenden Lebensqualität abhängig. Mehr als eine «ökologische Nische» wird ein Paar allerdings kaum erreichen können. Doch «auch ein Weg von tausend Meilen beginnt mit dem
ersten Schritt». Viele Paare könnten die Beziehungskultur verändern. Dieses kleine «Almosen an uns selbst» reicht jeden-

[1] Wolfgang Schmidbauer, Die Angst vor Nähe, Reinbek (Rowohlt) 1985

falls, um überleben zu können und für bessere Bedingungen zu kämpfen.

Die schlechten Verhältnisse sind schon seit einigen Generationen verinnerlicht. Manche erkennen, daß das Zwiegespräch gut ist, weil «wir insgeheim ein Bedürfnis haben, über uns zu reden, aber uns selbst das Recht dazu nicht einräumen», wie Sabine sagte. «Our Hyde Park Corner», meinte deshalb einer. Dem indirekten Redeverbot durch die Entwicklungsbedingungen im Zeitalter der narzißtischen Störungen, durch die Leistungsgesellschaft und Massenmedienkultur entgeht ein Paar, das im Zwiegespräch wieder reden lernt. So sichert es die Menschenrechte, vor allem das Recht zu reden und damit das Recht zu handeln und zu sein. In einem Land, wo in Beziehungen häufiger kein Platz für zwei ist als in anderen Nationen[1] – wird diese Beziehungsarbeit auch eine aktive Bewältigung unserer nationalen Vergangenheit. Denn diese schlägt sich vor allem in unseren Beziehungsformen nieder.

1 Elisabeth Noelle-Neumann, «Nationalgefühl und Glück» in: Elisabeth Noelle-Neumann, Renate Köcher, «Die verletzte Nation», Stuttgart (dva) 1987, S. 100

8.
Zweipersonen-Selbsthilfegruppe

«Ich glaube, daß der Arzt der Zukunft nicht nur Mediziner, sondern auch Lehrer sein muß. Denn seine wahre Aufgabe wird darin bestehen, die Leute zu lehren, wie man ein gesundes Leben führt. Die Ärzte werden darum nicht etwa weniger, sondern noch mehr zu tun haben als heutzutage. Es ist nämlich viel schwerer, die Menschen gesund zu erhalten, als sie nur von irgendeiner Krankheit zu kurieren.»

D. C. Jarvis[1]

«Arzt, hilf dir selber, so hilfst du auch deinem Kranken noch. Das sei seine beste Hilfe, daß er den mit Augen sehe, der sich selber heil macht.»

Friedrich Nietzsche[2]

Zwiegespräche sind eine Folge langfristiger gesellschaftlicher Entwicklungen. Sie entsprechen der *Weiterentwicklung der Selbsthilfegruppen in den privaten Bereich hinein.* Alle Gesetzmäßigkeiten dieser Gesprächsgemeinschaften gelten auch für sie – und umgekehrt.[3] Vor allem das zentrale Wirkungsprinzip, das Lernen am Modell, am Vorbild: *Jeder entwickelt sich selbst und hilft damit dem anderen, sich selbst zu entwickkeln.* Die vielfachen gesellschaftlichen Wurzeln der Selbsthilfebewegung habe ich andernorts ausgeführt.[4] Sie gelten ebenso für die Zwiegespräche. Die siebziger Jahre, schrieb die

1 D. C. Jarvis, 5 mal 20 Jahre leben (Folk medicine), Bern und Stuttgart (Hallwag) 1956, deutsch 1986, 30. Auflage, S. 10
2 Friedrich Nietzsche, Werke in drei Bänden (Hg. Karl Schlechta), Band II, Also sprach Zarathustra, München (Hanser) 1956, S. 339
3 Vgl. dazu M. L. Moeller, Selbsthilfegruppen, Kap. 6 Erfahren statt Geführtwerden, S. 204–233 und Kap. 7 Werte und Prinzipien der Gruppenselbstbehandlung, S. 237–279, Rowohlt (Reinbek) 1978
4 M. L. Moeller, Anders Helfen. Selbsthilfegruppen und Fachleute arbeiten zusammen, Stuttgart (Klett-Cotta) 1981, S. 278–291

«New York Times» am 1. 1. 80, sind das *«Jahrzehnt der Selbsthilfegruppen»*.

Ebenso wie diese eigenverantwortlichen Kleingruppen gründen Zwiegespräche auf der Erkenntnis, daß wir gemeinsam stärker sind. *Ein Paar ist mehr als die Summe zweier Menschen.* Die Kombination der Fähigkeiten potenziert die seelischen Kräfte. Im Zwiegespräch sind wir eine «Power Company». Das Paar bildet Realität, entwickelt Identität und ist in seelischen wie intellektuellen Leistungen dem einzelnen überlegen – sofern es kooperiert, was in Zwiegesprächen geschieht.

Das Zwiegespräch wird auch als «Hefe» gesehen, die den Teig der Beziehung aufgehen läßt: auch andere Alltagsgespräche werden wesentlicher; Beziehungen zu Freunden, Kindern, Eltern gewinnen.

Wie Gesprächsgemeinschaften mehrerer sind auch Zwiegespräche ein *«konfliktlösendes und defektbehebendes Arrangement»*, eine «Paarselbstbehandlung». Denn Psychotherapie ist «Begleitung der Selbstklärung»[1], Förderung der Selbstentwicklung. Das geschieht auch in Zwiegesprächen. Ihr Wert für die seelische Gesundheit und Gesundung des Paares, seiner Kinder und Angehörigen ist kaum zu überschätzen.

Zwiegespräche könnten eine entscheidende Rolle in der familiären Verarbeitung von Erkrankungen und schweren Schicksalsschlägen übernehmen – als sozialpsychologische Prävention und Rehabilitation im Bereich der Medizin, wie es beispielsweise Katrin und Robert taten.

Ich empfehle Zwiegesprächspaaren, sich gelegentlich mit anderen zu treffen. Ein vierteljährlicher Austausch in jeweils einer eigenständigen Gruppe von drei bis fünf Paaren, die auch

1 Peter Fürstenau, Praxeologische Grundlagen der Psychoanalyse, in: Handbuch der Psychologie, 8. Band: Klinische Psychologie, 1. Teilband, Göttingen (Hogrefe) 1976, S. 847 ff

wechseln können, ist im Rhein-Main-Gebiet entstanden. Mit Hilfe von Kleinanzeigen oder Aushängen können sich solche Paare ebenso finden wie andere Selbsthilfegruppen. Zu diesen Treffen kann später auch ein/e Paartherapeut/in hinzugezogen werden.

Eine bedeutende Vorhut von Zwiegesprächlern bilden alle, die selbst schon in einer psychotherapeutischen Behandlung waren oder sind. Sie können, was sie erfahren haben, aktiv weiternutzen – eine ganz neue Perspektive für die «unendliche Analyse», die Sigmund Freud jeder endlichen folgen sah.[1] Zwiegespräche sind aber auch eine gute Ergänzung jeder laufenden Psychotherapie, weil die großen Irritationen im Umfeld eines Patienten dadurch entstehen, daß die seelische Entwicklung des Behandelten sich beschleunigt und der andere verständnislos und schließlich oft erkrankend hinterherhinkt.[2]

Manchmal kommen Paare zu mir, die mit ihren Zwiegesprächen an einen Punkt gelangt sind, an dem sie nicht weiterkommen. Eine professionelle Zwischenphase erweist sich dann als hilfreich und wegen der Aufgeschlossenheit dieser Paare als therapeutisch ebenso angenehm wie fruchtbar.

Kurz: als Zweipersonen-Selbsthilfegruppe sind Zwiegespräche in jedem Intensitätsgrad und auf vielfältige Weise mit der professionellen psychotherapeutischen und psychosomatischen Behandlung von einzelnen oder Paaren zu kombinieren – zum Vorteil der Psychotherapeuten, der Klienten und der Krankenkassen. Auch Mitglieder von bestehenden Selbsthilfegruppen können sich bei Bedarf – beispielsweise in einer Krise oder bei Stagnation der Entwicklung – zwischen den

1 Sigmund Freud 1937, Die endliche und die unendliche Analyse, Gesammelte Werke, Band XVI, Frankfurt (Fischer) 1950, S. 57 ff
2 M. Hessler und F. Lamprecht, Der Effekt stationärer psychoanalytisch orientierter Behandlung auf den unbehandelten Partner, Zeitschrift für Psychotherapie und Medizinische Psychologie 36, 1986, S. 173–178

Gruppensitzungen zu Zwiegesprächen treffen. Das entspräche dem sogenannten «Co-Counseling», der wechselseitigen Zweierberatung.

Alle Paare in meinen Gruppen oder in Einzelbehandlung ermutige ich, parallel Zwiegespräche zu führen: der Wirkungsgrad der Behandlung erhöht sich erheblich, die Therapie kann kürzer gehalten werden, Selbstverantwortung und Eigenaktivität werden stärker mobilisiert – und diese Vorteile sparen noch erhebliche Kosten.

9.
Forschungszentrum der Beziehung

Zwiegespräche sind ein «gemeinsames Brainstorming», eine «Aktionsforschung zu zweit». Ein Paar lebt, handelt und erforscht sich in ihnen. Diese Forschung ist nicht abgehoben von den Betroffenen und versinkt nicht in den Archiven der Wissenschaft. Sie kann auf künstliche und teure Laborsituationen verzichten.

Durch aktive wie passive Teilnahme, durch mehrseitige Entfaltung der Beziehung und durch alltagsbegleitende Reflexion bieten sie die idealen Bedingungen für «learning by doing». Jeder ist Forscher und Untersuchter zugleich, was zwar besondere Probleme mit sich bringt, aber auch große Vorteile hat: «Expertentum des Betroffenseins». Jeder ist die Fachkraft für seine eigene Lebensgeschichte.

Diese Erforschung hat kein Ende in sich. Sie ist ein grenzenloses Abenteuer. Wir entdecken, daß wir den anderen nicht erkennen wollen – weil er uns dann so anders vorkommt, so fremd. Die durch das Zwiegespräch aber gleichzeitig wachsende Geborgenheit erhöht unsere Fremdheitstoleranz – und die erotische Spannung.

Soll ich sagen, was das letzte Ziel dieser Zwiegesprächsforschung sei, so antworte ich: Lebenskunst. Sie ist die Wiederauferstehung der guten Mutter. Sie ist der Boden jeder gelungenen Beziehung, jeder glücklichen Liebe. *Wir erfahren, daß wir in der Lage sind, uns die Wünsche nach einer guten Beziehung selbst zu erfüllen – auch in einer Gesellschaft, die sie allseits behindert.*

«Was sagt dein Gewissen? Du sollst werden, der du bist»

Das Gewissen in diesem Aphorismus Nietzsches[1] ist nicht das archaische Gewissen, das elterliche Gebote gleichsam fremd über die eigene Existenz legt und eher im Gegenteil sagt: Du sollst werden, wie wir dich haben wollen. Es ist das Gewissen der Person selbst, ein Gewissen, das wir uns mühsam als wirklich eigenes im Leben erwerben, ein umgewandeltes Gewissen also, das eher dem durch Erfahrung realistischer gewordenen Ichideal gleicht.

Dieser Bereich einer ganz persönlichen Ethik umschließt eine Selbstverantwortung im Sinne einer *Verantwortung sich selbst gegenüber, dem eigenen Leben gegenüber.* Sie ist das seelische Gegengewicht zum versäumten ungelebten Leben – wie es etwa dieser Satz widerspiegelt «Ich habe gelernt, nicht der zu sein, der ich bin, sondern das, was ich leiste». Das «persönliche Gewissen» versucht, ab hier und jetzt die Versäumnisse nicht noch größer werden zu lassen. Mehr kann es nicht tun. Es ist schon fast zuviel.

1 Friedrich Nietzsche, Werke in drei Bänden (Hg. Karl Schlechta), Band II, Die fröhliche Wissenschaft, München (Hanser) 1956, S. 159

«Mein Essen mit André»

«Und als ich mir erlaubte, über die Möglichkeit nachzudenken, mit Chiquita nicht mein ganzes Leben zu verbringen, hatte ich plötzlich nur noch den Wunsch, das ganze Leben mit ihr zu verbringen. Aber ich hatte damals noch nicht gelernt, wie man reagieren soll, damit der andere aufmerksam wird. Denn, wenn du nicht reagieren kannst auf einen anderen, ist es so gut wie unmöglich, eine Beziehung herzustellen. Und wenn das nicht geht, dann weiß ich nicht, was das Wort ‹Liebe› bedeutet – außer Pflicht, Verpflichtungen, Sentimentalität, Furcht. Ich weiß nicht, ich weiß nicht, wie's bei dir ist, aber ich brauchte ein Trainingsprogramm, um überhaupt ein Mensch zu werden. Wie waren meine Gefühle damals? Ich weiß es nicht. Welche Dinge gefielen mir? Mit was für Menschen wollte ich überhaupt zusammensein? Die einzige Möglichkeit, sich darüber klarzuwerden, war: in sich zu gehen, damit aufzuhören, sich was vorzumachen und nur noch die Stimme in mir zu hören. Ich sag dir, es kommt mal die Zeit, wo du's tun mußt. Na ja, vielleicht mußt du aus diesem Grund in die Sahara gehen, vielleicht ist's auch zu Hause möglich, aber du mußt aufhören, dir etwas vorzumachen.»

Zwiegespräch

«Das Zwiegespräch ist das vollkommene Gespräch, weil
alles, was der eine sagt, seine bestimmte Farbe, seinen
Klang, seine begleitende Gebärde *in strenger Rücksicht
auf den anderen*, mit dem gesprochen wird, erhält, also
dem entsprechend, was beim Briefverkehr geschieht, daß
ein und derselbe zehn Arten des seelischen Ausdrucks
zeigt, je nachdem er bald an diesen, bald an jenen schreibt.
Beim Zwiegespräch gibt es nur eine einzige Strahlenunter-
brechung des Gedankens: diese bringt der Mitunterredner
hervor, als der Spiegel, in welchem wir unsere Gedanken
möglichst schön wiedererblicken wollen.»

Friedrich Nietzsche, Menschliches, Allzumenschliches [1]

1 Friedrich Nietzsche, Werke in drei Bänden (Hg. Karl Schlechta), Band I,
Menschliches, Allzumenschliches, Erster Band, Nr. 374, München (Hanser) 1956, S. 643

psychologie aktiv

Die praktische Psychologie ist traditionell ein Schwerpunkt im Sachbuch bei *rororo*. Mit praxisorientierten Ratgebern leisten sie Hilfestellung bei privaten und beruflichen Problemen.

Eleonore Höfner / Hans-Ulrich Schachtner
Das wäre doch gelacht! *Humor und Provokation in der Therapie*
(rororo sachbuch 60213)

Joan Frances Casey / Lynn Wilson
Ich bin viele *Eine ungewöhnliche Heilungsgeschichte*
(rororo sachbuch 19566)

Eva Jaeggi
Zu heilen die zerstoßnen Herzen *Die Hauptrichtungen der Psychotherapie und ihre Menschenbilder*
(rororo sachbuch 60352)

Spencer Johnson
Ja oder Nein. Der Weg zur besten Entscheidung *Wie wir Intuition und Verstand richtig nutzen*
(rororo sachbuch 9906)

Ursula Lambrou
Helfen oder aufgeben? *Ein Ratgeber für Angehörige von Alkoholikern*
(rororo sachbuch 9955)

Frank Naumann
Miteinander streiten *Die Kunst der fairen Auseinandersetzung*
(rororo sachbuch 9795)

Bruno-Paul de Roeck
Dein eigener Freund werden *Wege zu sich und anderen*
(rororo sachbuch 8097)

rororo sachbuch

Friedemann Schulz von Thun
Miteinander reden 1 *Störungen und Klärungen. Allgemeine Psychologie der Kommunikation*
(rororo sachbuch 7489)
Miteinander reden 2 *Stile, Werte und Persönlichkeitsentwicklung. Differentielle Psychologie der Kommunikation*
(rororo sachbuch 18496)

Martin Siems
Souling - Mehr Liebe und Lebendigkeit *Eine Anleitung zur Selbsthilfe*
(rororo sachbuch 60219)

Ann Weiser Cornell
Focusing - Der Stimme des Körpers folgen *Anleitungen und Übungen zur Selbsterfahrung*
(rororo sachbuch 60353)

Ein Gesamtverzeichnis aller lieferbaren Bücher und Taschenbücher zum Thema finden Sie in der *Rowohlt Revue*. Vierteljährlich neu. Kostenlos in Ihrer Buchhandlung.

Laurie Ashner /
Mitch Meyerson
Wenn Eltern zu sehr lieben
(rororo sachbuch 9359)

Karola Berger
**Co-Counseln: Die Therapie ohne
Therapeut** *Anleitungen und
Übungen*
(rororo sachbuch 9954)
Co-Counseln bedeutet: sich
gegenseitig beraten. In dieser
neuen Form der «Laien-
Therapie» finden sich zwei
Menschen zum therapeuti-
schen Gespräch zusammen.
Das Buch vermittelt mit
leicht verständlichen Anlei-
tungen und einfachen
Übungen die Grundlagen
und Techniken dieser neuen
Methode.

Nathaniel Branden
Ich liebe mich auch *Selbstver-
trauen lernen*
(rororo sachbuch 8486)

Wayne W. Dyer
Mut zum Glück *So überwinden Sie Ihre inneren
Grenzen*
(rororo sachbuch 60230)
Der wunde Punkt *Die Kunst,
nicht unglücklich zu sein.
Zwölf Schritte zur Über-
windung unserer seelischen
Problemzonen*
(rororo sachbuch 17384)

Diane Fassel
**Ich war noch ein Kind, als meine
Eltern sich trennten ...** *Spät-
folgen der elterlichen
Scheidung überwinden*
(rororo sachbuch 9984)

Daniel Hell
Welchen Sinn macht Depression?
Ein integrativer Ansatz
(rororo sachbuch 19649)

Klaus Kaufmann-Mall /
Gudrun Mall
Wege aus der Depression *Hilfe
zur Selbsthilfe*
(rororo sachbuch 60232)

Robin Norwood
Warum gerade ich? *Ein
Ratgeber für die schwierig-
sten Situationen des Lebens*
(rororo sachbuch 60126)

Tim Rohrmann
Junge, Junge – Mann, o Mann
*Die Entwicklung zur
Männlichkeit*
(rororo sachbuch 9671)

Shelly E. Taylor
Mit Zuversicht *Warum
positive Illusionen für
uns so wichtig sind*
(rororo sachbuch 9907)

Ein Gesamtverzeichnis aller
lieferbaren Bücher und
Taschenbücher zum Thema
finden Sie in der *Rowohlt
Revue*. Vierteljährlich neu.
Kostenlos in Ihrer Buchhandlung.

Wolfgang Schmidbauer

rororo sachbuch

Gisela Krahl / Andrea Riepe
Wonnestunden *Betörende
Düfte, schlüpfrige Öle und
berüchtigte Salben *Ero-
tische Räucherungen und
Aromalampen für die
liebevolle Erleuchtung
*Die Wonne in der Wanne
*Aphrodisische Gaumen-
freuden *Kissen zum
Küssen *Ein Tag und eine
Nacht aus lauter Lust und
Liebe*
Mit Illustrationen von Brian
Grimwood
192 Seiten. Gebunden.
Wunderlich
«Schon die Aufmachung des
Buches ist eine Wonne. Wir
werden optisch verführt, den
Verführungen nachzugeben,
die die Autorinnen vor uns
ausbreiten ... Folgen wir dem
Buch, wird es unserem
Wohlbefinden – und dem
unseres Partners – an nichts
mehr fehlen.» *Journal für die
Frau*

Gisela Krahl / Magrit Szabo
Tausendschön *Die großen
Rezepte um die kleinen
Geheimnisse der Kosmetik
zum Selbermachen
*Cremes, Gele und Öle für
Gesicht und Körper
*Duftende Sei-fen und
Shampoos *Bade-wonnen
*Aromamassagen und
Muskelöle *Parfüm und
Duft für Wohnung und
Büro*
Mit Illustrationen von Brian
Grimwood
176 Seiten. Gebunden.
Wunderlich
Mit Witz und viel Knowhow
haben die Autorinnen ihre
guten und vor allem prak-
tischen Tips zu Papier
gebracht.

John Selby
Magische Ekstase *Das Tor zu
Erfüllung und Seelen-
partnerschaft*
(rororo sachbuch 60280)

Lonnie Barbach
Mehr Lust *Gemeinsame
Freude an der Liebe*
(60397)

Ulrich Hoffmann /
Sybille Wagner
Untreu – aber richtig! *Kleiner
Ratgeber für Seitensprünge*
(rororo sachbuch 60283)
Der ultimative Ratgeber fürs
erotische Abenteuer: zum
Beispiel Tips zur Partnerwahl, eine kleine Flirtschule,
die besten Orte für einen
Seitensprung und – nicht zu
vergessen – Ratschläge füpr
den Tag danach.

Matthias Frings (Hg.)
Lust
*... träumen
... erleben
... genießen*
(rororo sachbuch 60466)